INTERAÇÕES

PESSOA-AMBIENTE E SAÚDE

INTERAÇÕES
PESSOA-AMBIENTE E SAÚDE

Ariane Kuhnen
Roberto Moraes Cruz
Emílio Takase
(ORG.)

Casa do Psicólogo®

1ª edição
2009

Editores
Ingo Bernd Güntert e Jerome Vonk

Assistente editorial
Aparecida Ferraz da Silva

Preparação de originais
Ana Paula Ribeiro

Revisão
Flavia Okumura Bortolon

Editoração eletrônica
Sergio Gzeschnik

Produção gráfica
Fabio Alves Melo

Capa
Danilo Pasa

Dados Internacionais de Catalogação na Publicação (CIP)
(Câmara Brasileira do Livro, SP, Brasil)

Interações: pessoa-ambiente e saúde/ Ariane Kuhnen, Roberto Moraes Cruz, Emílio Takase [organizadores]. -- São Paulo: Casa do Psicólogo, 2009.
Vários autores.

Bibliografia.
ISBN 978-85-7396-626-8

1. Neurociências 2. Psicologia ambiental 3. Psicologia ambiental - Pesquisa 4. Trabalho - Aspectos psicológicos I. Kuhnen, Ariane. II. Cruz, Roberto Moraes. III. Takase, Emílio.

09-01785   CDD-155.9

Índices para catálogo sistemático:
1. Psicologia ambiental e saúde 155.9

Impresso no Brasil / *Printed in Brazil*

Reservados todos os direitos de publicação em língua portuguesa à

Casapsi Livraria, Editora e Gráfica Ltda.
Rua Santo Antônio, 1010
Jardim México • CEP 13253-400
Itatiba/SP - Brasil
Tel. Fax: (11) 4524-6997
www.casadopsicologo.com.br

SUMÁRIO

APRESENTAÇÃO

A evolução do conhecimento psicológico deriva de mudanças sociais e tecnológicas inscritas em um movimento mais amplo que marca a emergência das ciências humanas. Seu destaque, como forma de conhecimento, remete às tentativas de descrição e interpretação sobre a natureza do objeto de conhecimento o ser humano, presente já nos primórdios da nascente psicologia. Como bem assinala Boaventura de Souza Santos, em uma passagem de seu discurso na abertura solene das aulas da Universidade de Coimbra no ano letivo de 1985/1986, "chegamos ao final do século XX possuídos pelo desejo quase desesperado de completarmos o conhecimento das coisas com o conhecimento do conhecimento das coisas, isto é, com o conhecimento de nós próprios" (1993, p. 30).

Nesse mesmo discurso, Boaventura de Souza Santos faz alusão às "fraturas" epistemológicas que as ciências humanas se impuseram na tentativa de atender aos preceitos da ciência moderna por meio da constituição de disciplinas. Nessa direção, a ciência psicológica tem se organizado em torno de sistemas teórico-metodológicos, subáreas disciplinares segmentadas, por sua vez, em abordagens e correntes de pensamento. Entretanto, muitos cientistas, entre eles, os psicólogos, vêm tentando superar posturas que fragmentam campos disciplinares, pensando não mais em compreender o complexo da realidade humana a partir unicamente de suas disciplinas, mas em compor temas de estudo organizados como "galerias por onde os conhecimentos progridem ao encontro uns dos outros... o conhecimento avança à medida que o seu objeto se amplia..." (Id., Ibid., p. 47).

Imbuídos do espírito de enfrentar de tal distanciamento, os organizadores desta coletânea construíram e desenvolveram juntos um curso denominado **Interações sociais e saúde**, oferecido como uma disciplina optativa aos alunos do Programa de Pós-Graduação em Psicologia da Universidade Federal de Santa Catarina. A denominação dessa disciplina levou em consideração ser esse um tema aglutinador às atividades científicas de nossos colegas da área de concentração de **Processos psicossociais, saúde e desenvolvimento psicológico**. Nessa área de concentração nos dedicamos aos estudos sobre desenvolvimento psicológico, processos psicológicos individuais e de interação social, considerados no âmbito da saúde humana, da comunicação, da cognição e da construção de métodos e medidas psicológicas.

O curso transcorreu ao longo do primeiro semestre de 2008, com a participação efetiva dos três professores em sala de aula, tendo como base um programa de estudos organizado em três módulos especializados – **Psicologia Ambiental, Psicologia do Trabalho e Neurociências** –, intercalados por debates amplos entre professores e alunos, buscando construir um conhecimento comum dentro do universo do tema **Interações**

sociais e saúde, objeto do curso. O programa do curso previa sessões específicas dedicadas à apresentação e discussão de sínteses elaboradas pelos alunos com base nos textos de estudo e nos debates realizados. Os resultados dessas discussões, agora expressos nos capítulos deste livro, são exemplos do estágio em que chegamos. Para nós, significou compartilhar e construir conhecimentos, uma espécie de *aventura encantada* que agora nos arriscamos a divulgar ao público.

Os professores responsáveis por este curso e pela organização desta obra sistematizaram, em capítulos específicos, o horizonte temático de cada um dos módulos especializados. A professora **Ariane Kuhnen** organizou um capítulo denominado **Interações humano-ambientais e comportamentos socioespaciais.** O capítulo seguinte, do professor **Roberto Moraes Cruz**, é desenvolvido sob o título **Trabalho, saúde e ambiente.** Já o professor **Emílio Takase** apresenta, no terceiro capítulo, o tema **Interações humano-ambientais: as contribuições da neurociência.**

Os capítulos seguintes que constituem este livro retratam dimensões exploradas pelos respectivos autores na investigação dos processos psicossociais nas interações pessoa-ambiente e suas implicações sobre a saúde humana.

No texto **Contribuições da psicologia ambiental para o planejamento urbano**, o psicólogo **Ricardo Carlos Hartmann** e seu orientador, professor **Carlos Loch**, desenvolvem o entendimento de que a configuração do espaço físico pode facilitar ou inibir as interações sociais, o que interfere ou tem implicações nas políticas públicas socioambientais. Se admitirmos que a qualidade dos ambientes seja um atributo importante nas regulamentações da vida social nas cidades, devemos ter em mente que fornecer subsídios claros aos planejadores ampliará as possibilidades de oferecer ambientes que incluam paisagens e elementos arquiteturais apreciáveis à população.

O capítulo **Territorialidade, privacidade e atenção em saúde mental**, do psicólogo e especialista em atenção psicosso-cial em saúde mental e psicologia da saúde, **Jeovane Gomes de Faria**, também é um bom exemplo dessa complexidade. Busca problematizar aspectos da reforma psiquiátrica e da situação da saúde mental, focalizando o papel da territorialidade e da priva-cidade nas residências terapêuticas. A percepção do espaço e as condições nas quais os diferentes espaços são ocupados permi-tem avaliar qualitativamente a compreensão do meio ambiente.

No âmbito da percepção do ambiente, o capítulo **Ambiente pessoal: o papel da personalização na construção de espaços saudáveis**, da arquiteta **Maíra Longhinotti Felippe**, busca pro-blematizar a personalização do espaço como um mecanismo de controle da qualidade ambiental e do poder de intervenção e influência do usuário sobre o meio. Ao tratar da personalização dos ambientes, a autora oferece uma contribuição importante quanto à complexidade da apropriação do espaço e suas impli-cações para a saúde humana.

O capítulo **Ambiente e desenvolvimento psicológico/A importância dos espaços físicos abertos nas escolas infantis**, da psicóloga **Luana dos Santos Raymundo** e sua orientadora, a pro-fessora **Ariane Kuhnen**, busca ampliar o conhecimento acerca da influência sobre o desenvolvimento infantil dos aspectos físico-es-paciais de pátios descobertos de instituições de educação. Sabe-se que as configurações contextuais, pela combinação de seus com-ponentes físicos e sociais podem tanto favorecer como dificultar a aquisição e a expressão de competências cognitivas e sociais em diferentes etapas do desenvolvimento psicológico e social.

Em **Ambientes criativos: a relação pessoa e trabalho**, o *designer* **Igor Reszka Pinheiro** e o psicólogo **Roberto Moraes Cruz** exploram as relações entre ambiente, trabalho e criatividade, destacando as mais recentes contribuições teóricas sobre os processos criativos e suas possíveis articulações com os determinantes ambientais e com a eficiência produtiva. Independentemente do conceito de criatividade atribuído, o fato é que a criatividade é descrita, ao mesmo tempo, como um atributo e como um processo que se verifica e se desenvolve no nível do indivíduo e da sociedade, isto é, está intimamente relacionada a fatores culturais, socioeconômicos, educacionais e pessoais.

O capítulo **Resiliência nas interações grupais, como identificá-la?**, desenvolvido por **Luciana Rabello da Silva**, questiona os modos de enfrentamento das situações adversas ao desenvolvimento das pessoas: O que acontece para que alguns sejam mais vulneráveis e outros apresentem mais competência para lidar com essas situações? Qual é a interferência que os processos grupais exercem e como auxiliam para o comportamento de enfrentamento e superação de situações desafiadoras aos seus integrantes? Essas interrogações são tratadas cientificamente por meio da discussão do conceito de resiliência, definida como a capacidade que tem uma pessoa, ou grupo de pessoas, de se recuperar psicologicamente, quando é submetida a situações adversas, violências e catástrofes na vida.

Estudos atuais discutem a relação entre as dificuldades que o indivíduo pode possuir para tolerar, superar ou se adaptar às exigências ambientais e o desgaste emocional e físico no trabalho. O texto de **Mariana López**, intitulado **A técnica de meditação como prática de gerenciamento no estresse ocupacional**, discute a infuência das tensões emocionais sobre a saúde das pessoas, tanto no ambiente do trabalho como em outros âmbitos da vida. Avalia o papel da meditação como uma das práticas auxiliares no controle do estresse ocupacional e no gerenciamento das emoções.

O psicólogo **Roberte Araújo Metring**, no seu capítulo **Contribuições do *biofeedback* de variabilidade de frequência cardíaca no controle do estresse**, vai apresentar aos leitores, no contexto da saúde, a aplicabilidade dos equipamentos de *biofeedback*, uma área em ascensão na realidade brasileira. O capítulo tem por objetivo apresentar a importância do *biofeedback* de análise da Variabilidade da Frequência Cardíaca (HRV) – *Biofeedback*, como ferramenta de controle consciente das reações fisiológicas desencadeadas pelo Sistema Nervoso Autônomo (SNA) em situações de enfrentamento do estresse e da importância da interface gráfica no monitoramento desse tipo de *feedback* para treinamento clínico.

A educadora física **Caroline Di Bernardi Luft**, no capítulo **Psicofisiologia da interação pessoa-ambiente: mecanismos básicos e ambiente virtual**, descreve alguns aspectos do comportamento das pessoas usuárias do ambiente de virtual. A autora frisa que é necessário abordar os aspectos ambientais da realidade virtual, pois esta vem se consolidando como um espaço de interações sociais. Além disso, a concepção de espaço deve se configurar para além das suas características físicas, considerando-o como uma realidade relacional: coisas e relações juntas.

A psicóloga **Talita Lopes Marques** discute no texto **Fatores ambientais e genéticos que contribuem para a obesidade** alguns aspectos genéticos e ambientais relacionados ao desencadeamento e à manutenção da condição de obesidade. Demonstra, com base na literatura científica atualizada, a coexistência de vários casos de obesidade em uma mesma família, confirmando a ação da herança genética na incidência da obesidade; ao mesmo tempo, constata a influência dos processos de interação com o ambiente na determinação da obesidade como doença.

Uma maior compreensão dos mecanismos perceptivos e da consciência, que integram e mobilizam as diferentes atividades atencionais, é significativa para o desenvolvimento de estratégias e técnicas capazes de promover a saúde. É com esse objetivo que o psicólogo **Pedro Paulo Mendes Sbissa**, no capítulo **Desenvolvimento da atenção como mecanismo restaurador da saúde**, se propõe a explorar os impactos socioambientais nos mecanismos atencionais e suas relações com a saúde.

Ao considerar a organização geral desta obra, talvez seja importante acrescentar que a presença no título deste livro do termo **pessoa-ambiente** deve ser entendida dentro do mesmo espírito explicitado na apresentação do livro *Métodos de pesquisa nos estudos pessoa-ambiente*, lançado por esta editora, em maio de 2008, na Reunião da ANPEPP (Associação Nacional de Pesquisa e Pós-Graduação em Psicologia). Advertem os organizadores da coletânea que a relação entre pessoa(s) e ambiente(s) vêm se concretizando como objeto de estudo de várias áreas, entre elas, a Psicologia (Pinheiro; Gunther, 2008).

Por fim, esperamos que este livro seja, para os leitores, uma contribuição à integração dos estudos sobre a relação pessoa-ambiente e saúde humana, com base nas reflexões oriundas dos domínios da psicologia ambiental, psicologia do trabalho e neurociências. Sentimos, entretanto, que apenas estamos começando. Esperamos contar com os leitores e críticos para seguir aprofundando nessa direção de estudos.

REFERÊNCIAS

PINHEIRO, J. Q.; Gunther, H. *Métodos de pesquisa nos estudos pessoa-ambiente*. São Paulo: Casa do Psicólogo, 2008.

SANTOS, B. de S. *Um discurso sobre as ciências*. 6. ed. Porto: Afrontamento, 1993.

1

INTERAÇÕES HUMANO-AMBIENTAIS E COMPORTAMENTOS SOCIOESPACIAIS

Ariane Kuhnen[1]

INTRODUÇÃO

A problemática da relação entre o ser humano e o meio ambiente é um tema fronteiriço a várias ciências. A questão mais difícil tem sido sempre situar o sujeito. É sempre difícil diferenciar um ser vivo de outros seres e saber qual o limite para tal. A única certeza que se tem é que o ser humano pode distanciar-se e antecipar-se aos outros seres que constituem o planeta. Mas esse distanciamento tem, frequentemente, levado a certo tipo de dominação que fragiliza todos e tem provocado rompimentos importantes no interior dos ecossistemas.

Tanto o conceito de homem como o de meio ambiente são históricos. O conceito de meio ambiente, por exemplo, é sujeito a novas interpretações a cada dia e é utilizado pelas mais diversas disciplinas em diferentes perspectivas. O biólogo Uexkull

[1] Professora do Departamento de Psicologia - Programa de Pós-Graduação em Psicologia. E-mail: ariane@cfh.ufsc.br

(1956), em 1956, introduz a ideia de ambiente (*umwelt*) como um mundo em volta de nós. Os etólogos adotam o mesmo entendimento. Para ambos, o ambiente é fundamentalmente a materialidade física e biológica, uma entidade exterior ao indivíduo. De igual forma, há, no campo epistemológico, uma rica discussão acerca do conceito de homem. Diferentes concepções de homem e ambiente têm persistido no campo do conhecimento e no senso comum, ao mesmo tempo em que vemos a emergência de novos conceitos.

Na história da ciência psicológica, já se encontram formulações que consideram os fatores contextuais (ambiente ou meio físico) do comportamento como parte de suas preocupações de estudo. Mas, apesar disso, tal aspecto nem sempre tem sido estudado de forma específica, já que apenas demonstra-se o papel que o meio físico cumpre no comportamento. Uma das primeiras preocupações da psicologia ambiental é ampliar esse entendimento para além da explicação, ou seja, falar da relação específica do ser humano com os elementos próprios do meio.

Como qualquer área do conhecimento em construção, a psicologia ambiental apresenta fragilidades na sua definição. Valera (1996) oferece uma noção ampla ao afirmar tratar-se de uma disciplina "que se ocupa de analisar as relações que, a nível psicológico, se estabelecem entre as pessoas e seus entornos" (p. 1). Ou, ainda, Aragonés e Amérigo (1998) que a tratam como uma "disciplina que estuda as relações recíprocas entre o comportamento das pessoas e o ambiente sociofísico tanto natural quanto construído" (p. 24).

A partir dessas definições, pode-se observar que os psicólogos ambientais buscam um entendimento tanto do contexto como do comportamento, ou seja, o que leva as pessoas a se comportarem de determinadas formas em determinados lugares. E assim preconizam que devem ser considerados certos aspectos psicológicos na relação pessoa-ambiente. Esses processos psicológicos podem modificar a natureza da influência que o ambiente exerce sobre os comportamentos, assim como deste sobre o ambiente (Corral-Verdugo, 2005; Rivlin, 2003; Gunther, 2005).

A psicologia ambiental pressupõe o homem não apenas como uma existência psíquica e social, mas também como física, que ocupa um lugar, um espaço com propriedades específicas onde vai desenvolver as suas atividades. Como especificidades da área, podem-se apontar: novos conceitos, técnicas e metodologias, enfoque transacional (visão bidirecional, reciprocidade das inter-relações pessoa-ambiente), flexibilidade no emprego de níveis variados de análise (individual, social, cultural), variabilidade de uso da escala espacial e temporal, busca de modelos explicativos integrados, uso de multimétodos, formação de equipes multidisciplinares, desenvolvimento de pesquisas interdisciplinares etc. (Pinheiro; Gunther, 2008).

A psicologia ambiental tem se consolidado como uma área de estudo desde que surgiu como campo teórico e metodológico distinto de outros ramos da ciência psicológica. Um dos fatores que levou à consolidação da área foi o advento da revolução tecnológica, em que conceitos vinculados ao bem-estar, à qualidade de vida, ao redirecionamento dos meios de produção e estilo de vida, entre outros, foram sendo pensados e aplicados. Ao se firmar como disciplina autônoma, a psicologia ambiental vem sendo marcada pela sua estreita relação com uma demanda social crescente. A tendência atual e os estudos enfatizavam a determinação humana e social da crise ambiental e preconizava que as questões ambientais deveriam ser encaradas como questões humano-ambientais (Pinheiro, 1997).

Duas premissas impõem-se a essa direção: a de que o meio ambiente é um dos participantes da construção social da realidade e a de que todos os nossos comportamentos acontecem em determinado meio físico. A relação entre sociedade e meio ambiente é construída a partir de várias determinações, sejam a nível cultural, social, psicológico, físico, espacial ou histórico. Define-se, então, a realidade como um sistema de relações, no interior do qual a pessoa é uma das partes constitutivas como integrante ativo, em que as relações que estabelece com as características ambientais apontam para a existência de uma interdependência da pessoa e do meio. Portanto, o ambiente não é simplesmente uma fonte onde suprimos nossas necessidades, sendo físico e social é rico em significações por intermédio do qual a humanidade desenvolve-se. As suas qualidades, permeadas de valores, de simbologias e de afetividade, vão muito além de sua eficacidade.

No Brasil, apesar de as pesquisas e experiências serem recentes, a permeabilidade entre os setores de ensino, pesquisa e intervenção vem permitindo a geração de um conhecimento amplo, que não apenas embasa ações como cria também condições para uma real evolução da psicologia num exercício transdisciplinar contemporâneo. O estudante, profissional ou pesquisador, tem então mais instrumentos disponíveis para lidar com as especificidades da relação pessoa-ambiente. Pinheiro (2003) oferece um apanhado geral da área e indica dez temas presentes nessa perspectiva e que podem ser encontrados em manuais e literatura pertinente. São eles:

- Comportamento socioespacial humano – territorialidade, aglomeração, espaço pessoal, privacidade, ecologia de pequenos grupos, espaço e lugar, apropriação;
- Conhecimento ambiental – percepção e cognição, processos psicológicos, representação de entorno, significado ambiental;
- Ambientes específicos – naturais, cidades, escolas, creches, residências, locais de trabalho/lazer, hospitais, abrigos, prisões, *behavior setting* ou cenários comportamentais, paisagem, gerenciamento de recursos;
- Populações específicas – infância, velhice, deficientes, questões de gênero, usuários de ambientes;
- Adaptação humana às variáveis ambientais – estresse, sobrecarga e privação, ruído, iluminação, vibração, temperatura, poluição atmosférica, clima;
- Avaliação e planejamento ambiental – avaliação social de ambientes construídos e avaliação pós-ocupação (APO), avaliação de qualidade ambiental, qualidade de vida;
- Conduta ecológica responsável – atitudes, crenças, normas e valores, modificação de comportamento, educação ambiental;
- Percepção social de riscos e comportamento em situação de emergência e desatres;
- Gestão ambiental – empresa, administração pública;
- Teorias e abordagens – aspectos conceituais e metodológicos, relação com outras áreas.

A psicologia ambiental brasileira vem sendo especialmente historicizada por Pinheiro (1997; 2003). Segundo esse autor, a variedade temática parece ser tanto um indicador da amplitude de possibilidades quanto da recém-iniciação dos temas abordados por essa disciplina em cursos de formação avançada. O último trabalho já apresenta uma série de trabalhos desenvolvidos no país. Ressalta-se a implantação em 2001 da Repala – Rede de Psicologia Ambiental Latino-Americana[2] –, que vem proporcionando, via internet, a comunicação entre pessoas interessadas no assunto.

O CONTEXTO ESPACIAL E TEMPORAL DA RELAÇÃO PESSOA-AMBIENTE

O contexto espacial e temporal da relação pessoa-ambiente, assim como certas dimensões relativas ao indivíduo, como a etapa do ciclo de vida, o projeto, o modo de vida, o apego, a expressão identitária e simbólica, as aspirações, os valores constituem-se em um agrupamento de fatores que têm um peso importante na avaliação do meio. Podemos também falar da cultura. Segundo Fischer (1992/sd), todo espaço é uma imagem de nossa cultura. Os ambientes arquitetônicos e urbanos são a expressão de processos de filtragem cultural e permitem desvelar como os diferentes povos usam seus sentidos.

Seja em uma cidade, um escritório ou uma casa, as *dimensões ocultas*[3] da cultura estarão colocadas mesmo que não as procuremos ou não as tornemos explícitas, seguindo em uma *linguagem silenciosa*[4]. A humanidade tende a identificar sua

[2] Disponível em http://www.cchla.ufrn.br/repala/lista_repala.html. Acesso em: 03/03/2009.
[3] Alusão ao título do livro de Edward T. Hall (1966): La dimension cachée.
[4] Alusão ao título do livro de Edward T. Hall (1984): *Le langage silencieux*.

própria imagem àquela do espaço que ela habita. Mas há, contudo, diversas maneiras de entender a noção de espaço. Mesmo levando-se em conta as forças de um universo homogêneo que impõe um espaço modelado pela sociedade industrial, percebe-se que o arranjo espacial, em diferentes níveis de organização social, pode diferenciar-se segundo as significações que lhe são atribuídas. O caráter multidimensional do meio ambiente é vivido por intermédio de atributos significativos e, assim, o mundo físico adquire qualificações particulares para cada indivíduo ou grupo. Valores e significados imprimidos culminam em um processo de apropriação e expressão de si ou de identidade. O investimento afetivo imprime tamanha importância a um objeto que pode levá-lo a constituir-se como um elemento da identidade.

Embora já admitamos que o meio físico não sirva apenas de cenário para nossas ações, ainda não conhecemos muito do quanto o desenho dado ao ambiente importa ao comportamento. Há, contudo, que se concordar que o ambiente físico é deveras importante para as interações sociais. Alguns conceitos podem auxiliar nessa compreensão. Veremos a seguir.

TERRITORIALIDADE E APROPRIAÇÃO

O espaço pode ser entendido como a expressão de práticas de grupos e pessoas. Assim como das representações e a da morfologia que são dimensões dependentes entre si e necessariamente mediadas pelas interações humanas. Por isso, estudos sobre o espaço exigem a presença de múltiplos níveis de análise. Deve-se reconhecer a importância que têm os mecanismos de apropriação do espaço e os elementos que o configuram, pois por meio deles os indivíduos são capazes de criar ou captar significados, simbolizando e interagindo com os mesmos, levando-os a incorporá-los à própria identidade (Ramadier, 2003).

Estudos etológicos colocam em evidência a importância da noção de espaço sobre o comportamento dos animais. Daí deriva a ideia de que, como os animais, o ser humano necessita de um espaço vital mínimo, que corresponde a certas normas de distância e proximidade entre si. A distância ótima estabelecida dependerá das relações entre os indivíduos, dos sentimentos e de suas atividades, classificada por Hall (1977) como distância íntima, pessoal, social ou pública, sendo interdependentes. Esse autor entende que, devido ao comportamento humano estar muito próximo das condutas territoriais animais, o ser humano também usa seus sentidos para diferenciar as distâncias e os espaços.

A noção de espaço vital é necessariamente ligada à de território. Lynch (1982) definiu o homem como um animal territorial, ancorando-se nos estudos de Margareth Mead ao reconhecer o território como uma necessidade humana de base. Pode-se então afirmar que as pessoas utilizam o espaço como meio de regular e controlar suas interações sociais, e a territorialidade é o mecanismo usado para conseguir o grau de privacidade desejado.

Deve-se ter em mente, entretanto, que o controle do espaço o transforma e o personaliza. Esse processo é chamado de apropriação do espaço. Trata-se de um fenômeno complexo que pode ser definido como o conjunto de processos afetivos, cognitivos (percepção, representação), simbólicos e, sobretudo processos comportamentais, desenvolvidos através do tempo, que intervém na configuração do espaço. Portanto, há uma interdependência do espaço e do comportamento, ocorrendo uma dinâmica de troca entre ambos, ou seja, o quadro físico não deve ser dissociado do contexto social. Não se pode também esquecer que a influência que o meio pode exercer sobre o comportamento depende da natureza do comportamento em questão.

Os espaços e as coisas que têm um papel ativo no mundo referencial de uma coletividade repercutirão nos significados através do tempo e da manipulação dos usuários ou receberão a influência de uma série de intervenientes, entre eles, as experiências anteriores dos sujeitos. Nesse campo de interfaces, a simbolização é um processo importante, pois é por meio dela que as coisas e os espaços tornam-se relevantes para a experiência humana, podendo ocorrer até mesmo como um "simbolismo *a posteriori*" (Casanovas, Franco; Sánchez, 1996).

A fim de ampliar a compreensão, o item seguinte trata da identificação. É importante explicar como se dá a apropriação e a identificação, pois parece certo que somente tendemos a nos apropriar daquilo com que nos identificamos. Ao final das contas, a apropriação seria um processo de identificação. É a partir dela que as características de um lugar podem oferecer prazer e realização ou sensação de estranheza às pessoas. A impossibilidade de apropriação do espaço ou a sua desapropriação faz com que o indivíduo ou o grupo sinta que tal espaço não lhe pertence (Valera e Vidal, 1998).

Para Canter (1976) é por meio da apropriação que podemos transformar o espaço em lugar, ou melhor dizendo, a criação de sentido de lugar, que definirá o resultado das conjugações, ações, concepções e dos atributos físicos de um espaço. Como conclusão, podemos entender que, quando uma pessoa se identifica com um espaço, tende a personalizá-lo, a identificá-lo como seu, sente-se pertencente àquele lugar. Observa-se que, quando as pessoas se identificam com determinado lugar, tendem a imprimir-lhe atributos ou signos que transmitem uma imagem de propriedade.

O fato de a apropriação ter o papel de transformar espaços em lugares significativos para a pessoa ou o grupo, este processo tem dois sentidos, segundo Proshansky (1976): um que se dirige aos outros na conquista do espaço e outro a si mesmo, quando procura adaptar o espaço às suas necessidades. Ainda segundo esse autor, a apropriação do espaço apresenta consequências positivas para o indivíduo ou grupo, pois proporciona o sentimento de bem-estar.

Outro fator importante diz respeito à atenção que deve ser dada à origem de uma apropriação. Não se pode visualizar um processo de apropriação apenas pela orientação de um fenômeno individual. Devem ser observadas como distintas as apropriações de origem individual, grupal e de organizações sociais, desviando-se assim dos frequentes reducionismos individualistas tão presentes nos estudos psicológicos. Tais processos de apropriação do espaço possuem elementos unificadores comuns, aplicados em todos os níveis da organização humana, seja ela individual ou grupal, enraizados na complexidade e particularidade de cada um. É preciso também entender que a apropriação não é um processo instantâneo ou automático e, por essa razão, haverá sempre a possibilidade de ocorrer uma má apropriação do espaço.

Não se pode neglicenciar as propriedades intrínsecas e contextuais de determinado espaço quando se busca compreender o processo de apropriação. Estas servem, em um primeiro momento, para classificar o quadro físico em questão, seja ele familiar, de trabalho ou de lazer. Outro passo é classificar os acontecimentos de aproximação duráveis e passageiros e, por último, verificar o grau que se encontram outros indivíduos presentes no processo. Nessa categorização dos quadros físicos será também de grande importância a natureza dos fatores normativos implicados, assim como seu papel em relação à apropriação do espaço.

Vale lembrar que "não há quadros físicos que não sejam também por definição quadros sociais" (Id., Ibid., p. 41) e que as influências de variáveis do sistema social se fazem sempre presentes. Ou seja, tratando-se de apropriação do espaço a nível individual, do grupo ou da organização social, segundo o autor, "o processo de apropriação de espaço será formado pela natureza, assim como pelo objetivo, as tradições, as exigências e pelos tipos de indivíduos encontráveis nestes quadros" (Id., Ibid., p. 42). Como, por exemplo, pode-se citar o estudo acerca da relação dos moradores da Lagoa da Conceição, na cidade de Florianópolis e o meio ambiente local. Este permitiu identificar como os moradores realizam a síntese entre a ancoragem física e simbólica do bairro (Kuhnen, 2002). O estudo chegou à reconstituição de imagens do mundo que justificam as representações sociais dos dois grupos estudados – nativos e novos moradores. Se em muitos estudos torna-se difícil saber que lugar o meio ambiente ocupa em uma hierarquia de apreciações, neste ficou bastante evidente. Viu-se que o simbólico teve a capacidade de evocar uma imagem clara da situação ambiental do bairro, em especial, o complexo lagunar da bacia da lagoa. Os elementos ambientais, urbanísticos e arquitetônicos aliados à lagoa consagram-se em símbolos de "pertencimento" ao local. Mas conclusivamente chama a atenção que não podemos perder de

vista que a apropriação não é um processo contrário à socialização. Não é apenas o exercício de um controle ou poder sobre
o espaço, é um elemento deste que indica o lugar alcançado e
que dá certo *status* à pessoa. A origem e o local de moradia são
assim representados na Lagoa da Conceição.

Conceitualmente falando, a apropriação permite compreender a intencionalidade de certas práticas sociais e as
modalidades da relação que os sujeitos estabelecem com o espaço físico e social. Por certo, vê-se que o espaço existe em
sua materialidade física, mas o que concerne especificamente às
ciências humanas e sociais é como se dá a transformação desses
espaços físicos em espaços sociais e a relação que o ser humano
estabelece com estes.

A pessoa possui, além de uma existência social, uma existência física ocupante de um espaço; este, por sua vez, apresenta
características ou propriedades intrínsecas, como temperatura,
iluminação etc. Caso o ambiente não venha a atender às suas
necessidades e alcançar seus objetivos, o indivíduo tenderá a
modificá-lo favoravelmente a seu interesse. A identificação se
efetivará se ele tiver um sistema conceitual organizado do que
representa o objeto em questão, se apropriará deste espaço e
o defenderá. Por exemplo, um novo morador de um conjunto habitacional poderá passar da sensação de estranheza à de
sua casa (*chez soi*) utilizando para isso certos elementos que
demonstram sua "marca". As referências estáveis são buscadas
a fim de dar certa segurança ao locomover-se, portar-se, identificar-se. Isso demonstra que o espaço não tem um sentido
somente funcional, ele é o resumo de uma vida, de experiências na vida pública e privada.

Apego e identidade de lugar

A relação afetiva com os lugares tem sido objeto de inúmeros estudos, principalmente após os anos 1970, e se traduz em uma nova corrente de pesquisa em ciências humanas (Giuliani, 2003; 2004; Corraliza, 2000). O primeiro critério observado é o de um sentimento de bem-estar ao viver em determinado lugar ou o sentimento de perda quando se é obrigado a deixá-lo. Outra característica importante é o sentimento de pertencer a uma comunidade. Apesar da dificuldade em medir sentimentos, pesquisadores elegem indicadores que avaliam pertinentes, como, por exemplo, a satisfação expressa, o interesse dispensado aos problemas do bairro, a participação em redes sociais ou de amizades e as reações presentes quando deixam o local, assim como a verificação do tempo ou a rotatividade de residência. Esses critérios poderão ser determinantes no processo.

O investimento afetivo ao lugar tem sido alvo de estudo em vários domínios de pesquisa. Por essa razão, a riqueza multidisciplinar tem, muitas vezes, produzido uma série de conceitos nem sempre concordantes. A maioria deles coloca a questão das origens e do desenvolvimento do apego, firmando-se sobre a análise da influência de um ou outro fator, como, por exemplo, a vizinhança, as recordações do passado, a proximidade, o ciclo de vida, a vida profissional etc. Alguns poucos estudos fazem referência ao ambiente físico, além de entendê-lo enquanto contexto. Fried (1982) observou em suas pesquisas que o acesso a espaços verdes favorece o apego ao lugar de moradia. Sustenta a importância da *identidade espacial* para o funcionamento humano.

O antigo conceito de *behavior setting* de Barker, publicado em 1968, postulado na origem do que se convencionou chamar de psicologia ecológica, aplica-se, ainda hoje, aos estudos de lugar. Barker (1968) entendia-o a partir de propriedades físicas, temporais e comportamentais ligadas entre si e que permitiriam ao ser humano um estado de equilíbrio, assim como de modificar-se e adaptar-se a um novo ambiente com regras ainda desconhecidas.

Os trabalhos de Proshansky, nos anos 1970, sobre identidade residencial e de lugar possibilitaram uma avaliação mais complexa da relação entre o passado residencial do sujeito e a qualidade do lugar invocada na relação com o meio no qual ele vive atualmente. Holahan, em 1986, amplia os conhecimentos na área com a conclusão de que a vegetação é altamente importante no processo de valorização que as pessoas impõem a um lugar. Seus estudos comprovam que são mais satisfeitas as pessoas que têm disponíveis, visualmente ou nas proximidades, árvores e bosques. De forma similar, já se encontravam indícios desses aspectos nos trabalhos de Fried publicados em 1982.

Sem dúvida, Proshansky é o autor referência desta ordem de trabalhos. Para ele, a identidade de lugar seria uma subestrutura da identidade geral, como um componente dela que se desenvolve junto à socialização humana. Constrói-se a partir das relações com as pessoas, mas especialmente em relação aos locais onde se vive, onde a convivência com determinados elementos proporciona qualidades específicas ao sujeito. A maneira como ele aprende a deslocar-se, a orientar-se nos lugares assim como as vibrações, os odores, ou seja, as variáveis físicas do espaço constituem uma experiência que posteriormente terá um papel fundamental sobre as apreciações e os gostos, e culminará em uma espécie de apego a certos ambientes. Essa identidade não é adquirida de maneira definitiva, ela evolui em função de experiências vividas assim como em função de possíveis modificações no meio físico e no contexto social no qual se vive (exemplo: urbano ou rural).

Foi a partir dessas primeiras conclusões de Proshansky, que o investimento afetivo das pessoas a determinados lugares, em especial ao lugar onde habitam, recebeu na literatura as designações *Attachment to place* ou *place identity*. Há, por certo, outros autores que recorrem à noção de identidade a fim de analisar o processo que intervém quando da ligação a um local. Esses estudos são encontrados no campo de estudo da geografia, antropologia, sociologia, psicologia ambiental, assim como na arquitetura e no urbanismo[5]. Tal multiplicidade de pesquisas tem gerado uma produção científica, conceitual e metodológica significativas. No entanto, é necessário prestar atenção e dar-se conta das particularidades presentes nas diversas definições e que levam por sua vez a modelos teóricos distintos e muitas vezes discordantes[6]. Mas o que se pode generalizar é que estes trabalhos oferecem a nítida noção de que o meio ambiente

---

[5]   Há uma variedade de conceitos análogos encontrados na literatura, incluindo sentimento de pertencimento (Fried; Gleicher, 1971), dependência em relação a um lugar ou dependência de lugar, como em Stokols e Shumaker (1982), sentimento de comunidade como em Hunter (1975), topofilia em Tuan (1974). Rowles (1980) usa *insidedness*, Chawla (1992) *sense de place* ou *rootedness*, Hummon (1992) *environmental embeddedness*, *community sentiment*. Proshansky indica em Tuan (1974; 1980), Relph (1976) e Buttimer (1980) o mesmo termo *place-identity*, apesar de cada um definir espaço diferentemente.

[6]   O trabalho de Bahi-Fleury (1996) possibilita um rico acesso ao estado da arte desses conceitos tanto em língua francesa como inglesa. A partir de uma confrontação desses diferentes modelos, seu estudo oferece uma reflexão das similaridades fundamentais e, ao final, constrói uma síntese destes. Segundo a autora, são duas as dimensões mais presentes, ou seja, o investimento afetivo aos lugares e a sociabilidade vivida localmente. A primeira indica que apegar-se se conjuga com afetividade, em que estão presentes satisfação ou sentimento de bem-estar. A segunda característica dá conta das características físicas e funcionais do lugar, assim como dos habitantes e das relações que se estabelecem.

físico e social, assim como as modalidades das interações sociais cotidianas, contribuem para a construção de representações e comportamentos.

A identidade é, então, vista como um fenômeno dinâmico e que está em constante evolução e não se configura como o resultado automático das experiências, mas uma construção em que o sujeito tem papel ativo, a relação entre a qualidade da experiência com o lugar e o investimento afetivo possibilita um sentimento de apego e pertencimento.

Segundo Proshansky (1976), uma pessoa tanto se apropria de um espaço como se reapropria em reação às mudanças ocorridas nela e no espaço de um contexto social mais amplo. Isso vai depender do gênero do evento indivíduo/meio em questão. Nesse processo, há a manifestação de sua individualidade e de seu poder de criação, expressos tanto na maneira como arranja o meio físico como no modo que se apresenta integrando aspectos deste meio. Sobre o processo de identificação, diz que "a identificação da pessoa com tais aspectos de seu mundo físico começa a aparecer a partir da totalidade de experiências do meio ambiente físico que ela teve durante os anos de formação de seu desenvolvimento" (Id., Ibid., p. 42). Para cada papel identitário, existem dimensões e características do entorno físico que ajudam a estabelecê-lo. A identidade inclui dimensões de lugar e de espaço que agrupadas constituem a identidade de lugar, que vem a ser a identidade em relação à sua percepção de espaço. A identidade que, para Proshansky et al. (1983), se estabelece enquanto articulação do sujeito ao grupo em duas dimensões, de uma parte a afiliação do sujeito ao grupo e, de outra, a participação do grupo na construção identitária do sujeito.

A construção da identidade de lugar ancora-se nas mediações sociais, pois, como já sabemos, nossas experiências com o mundo físico não são diretas e sim mediadas. Valores, normas e atitudes, segundo esse autor, *germinam* o cenário físico que define o cotidiano de uma pessoa. Entra em cena então a *função mediadora* da identidade, com a finalidade de reduzir ou até eliminar as discrepâncias entre a identidade de lugar de uma pessoa e as características de um cenário físico. Ela envolve o conhecimento do que deve ser feito em termos de recursos e habilidades cognitivas para mudar o ambiente. Estas podem depender ou não de outros. Se não se consegue nem mudar o ambiente nem o comportamento dos outros, resta mudar o seu próprio comportamento para que as discrepâncias sejam minimizadas.

Essas habilidades ambientais, como chamaram Proshansky et al. (1983) são de três ordens, o entendimento, a competência e o controle ambiental, que respectivamente oferecem uma leitura e uma ideia de quais mudanças devem ser feitas, o que fazer e como comportar-se e finalmente ter controle das mudanças no cenário, no seu comportamento e no dos outros, pois os cenários mudam com o passar dos tempos, alertam os autores. Já a *função de ansiedade e de defesa* ocupa um papel adaptativo que produz, sobre o sujeito, um sentimento de harmonia e bem-estar, compensa e assegura ao sujeito um equilíbrio que protege a sua integridade quando o ambiente causa medo, sofrimento ou ameaça. Essa transformação do meio corresponde a um processo defensivo inerente à identidade de lugar. Por fim, pode-se concluir que sendo o ser humano produtor central do espaço, entende-se que se devam proporcionar situações que dimensionem tal inserção/interação.

Conclusão

O contexto espacial ou ambiental contribui ou dificulta o processo de interação social. Certos elementos espaciais dão uma configuração específica aos lugares. Da eleição desses elementos, monta-se um quadro, em que eles são avaliados e contrastados com as maneiras de ser, comportar-se e, com o passar do tempo, alguns elementos serão incorporados e outros rechaçados. Por essa razão, determinados lugares poderão passar a ser ignorados, esquecidos. Da mesma forma, outros ambientes podem vir a ser frequentados. E, assim, tem-se em mãos dados a respeito do que leva as pessoas a transformarem determinados ambientes, tornando-os agradáveis, desagradáveis, habitáveis, valorizados, abandonados ou desprezados.

Para finalizar, pode-se argumentar que no atual contexto de profundas mudanças tecnológicas, econômicas, sociais, culturais e mesmo naturais, os aspectos da relação que se estabelece com o contexto socioespacial chamam a atenção por exercerem efeitos significativos sobre a vida e a identidade das pessoas. Tão-somente pelo fato de o ambiente ser participante no processo de elaboração da consciência, ao interagir com ele, o ser humano altera a realidade. Tal troca influencia decisivamente na construção de sua visão de mundo. De igual forma, se a humanidade usa o espaço como forma de linguagem e o manipula em um constante processo de construção de sua identidade, este também precisa estar presentificado.

Referências

ARAGONÉS, J. I.; AMÉRIGO, M. Psicología ambiental aspectos conceptuales y metodológicos. In: ARAGONÉS, J. I.; AMÉRIGO, M. *Psicologia ambiental*. Madrid: Pirâmide, 1998. p. 23-42.

BARKER, R. G. *Ecological psychology*. Stanford: Stanford University Press, 1968.

CASANOVAS, M.; FRANCO, N.; SÁNCHEZ, M. D. "Interaccion entre la realidad social de un barrio y las intervenciones artisticas que lo integran: caso de la Barceloneta". In: *Libro de Comunicaciones do V Congréso de Psicologia Ambiental*. Barcelona: Publications Universitat de Barcelona, 1996. p. 147-156.

CANTER, D. Un procede pour explorer l'appropriation du lieu. In: *Actes de la Conférence de Strasbourg.- Appropriation de L'espace*. Strasbourg: P. Korosec-Sefaty, 1976. p. 112-122.

CORRAL-VERDUGO, V. Psicologia Ambiental: objeto, "realidades" sócio-físicas e visões culturais de interações ambiente-comportamento. *Psicologia USP*, v. 16, n. 1-2, p. 71-87, 2005.

CORRALIZA, J. A. "Emoción y ambiente". In: Aragonés, J. I.; AMÉRIGO, M. *Psicologia ambiental*. Madrid: Pirâmide, 2000. p. 59-76.

FISCHER, G. *Psicologia social do ambiente*. Lisboa: Instituto Piaget, 1992.

FRIED, M. Residential Attachment: sources of residential and community satisfaction. *Journal of Social Issues*, v. 38, n. 3, p. 107-119, 1982.

GIULIANI, Maria V. O lugar do apego nas relações pessoa-ambiente. In: TASSARA, E. T. de O.; RABINOVICH, E. P.; GUEDES, M. do C. (Eds.). *Psicologia e ambiente*. São Paulo: Educ, 2004. p. 89-106.

_____. Theory of attachment and place attachment. In: BONNES, M.; LEE, T.; BONAIUTO, M. (Eds.). *Psychological theories for environmental issues*. Aldershot: Ashgate, 2003. p. 137-170.

GUNTHER, H. Psicologia ambiental no campo interdisciplinar de conhecimento. *Psicologia. USP*, v. 16, n. 1-2, p. 179-183, 2005.

HALL, E. T. *A dimensão oculta*. 2. ed. Rio de Janeiro: Francisco Alves, 1977.

KUHNEN, A. *Lagoa da Conceição* – meio ambiente e modos de vida em transformação. Florianópolis: Cidade Futura, 2002.

LYNCH, K. *A imagem da cidade*. São Paulo: Martins Fontes, 1982.

PROSHANSKY, H. M. Appropriation et non appropriation (Misappropriation de L'espace). In: *Actes de la Conférence de Strasbourg: Appropriation de l'espace*. Strasbourg: P. Korosec-Sefaty, 1976. p. 34-49.

_____.; FABIAN, A.; KAMINOFF, R. Place identity, physical world, socialization of the self. *Journal of Environmental Psychology*, v. 3, p. 53-83, 1983.

PINHEIRO, J. Q. Psicologia ambiental: a busca de um ambiente melhor. *Estudos de Psicologia*, v. 2, n. 2, p. 377-398, 1997.

_____. Psicologia ambiental brasileira no início do século XXI. Sustentável? In: YAMAMOTO, O. H.; GOUVEIA, V. V. (Eds.). *Construindo a psicologia brasileira:* desafios da ciência e da prática psicológica. São Paulo: Casa do Psicólogo, 2003. p. 279-313.

_____.; GUNTHER, H. *Métodos de pesquisa nos estudos pessoa-ambiente*. São Paulo: Casa do Psicólogo, 2008.

RAMADIER, T. Les représentations cognitives de l´espace: modèles, méthodes et utilité. In: MOSER, G.; WEISS, K. (Eds.). *Espaces de vie*. Aspects de la relation homme-environnement. Paris: Armand Colin, 2003. p. 177-200.

RIVLIN, L. G. Olhando o passado e o futuro: revendo pressupostos sobre as inter-relações pessoa-ambiente. *Estudos de Psicologia*, v. 8, n. 2, p. 215-220, 2003.

UEXKÜLL, J., von. Mondes animaux et monde humain. Paris: Gouthier, 1956.

VALERA, S. Psicología ambiental: bases teóricas y epistemológicas. In: Iñiguez, L.; Pol, E. (Eds.). *Cognición, representación y apropiación del espacio*. Barcelona: Publicacions Universidad de Barcelona, 1996. p. 1-14.

_____.; VIDAL, T. (1998). Privacidad y territorialidad. In: ARAGONÉS, J. I.; AMÉRIGO, M. *Psicología Ambiental*. Madrid: Pirâmide, 1998. p. 123-148.

2

TRABALHO, SAÚDE
E AMBIENTE

Roberto Moraes Cruz[1]

INTRODUÇÃO

O trabalho é uma atividade de organização social da produção individual ou coletiva e tem se revelado, ao longo do processo civilizatório, uma condição essencial à estruturação das sociedades humanas, por sua natureza transformadora, não apenas sobre o sistema produtivo, mas particularmente sobre o comportamento humano, expresso de forma genérica, em torno de necessidades e motivações.

O comportamento humano pode ser analisado em função da estrutura social mais ampla, com seus elementos culturais, políticos, éticos, como em sua manifestação singular, de caráter biológico ou pessoal, capaz de interferir e modificar o *status quo* social. O processo civilizatório desenvolveu-se em torno

[1] Professor do Departamento de Psicologia da Universidade Federal de Santa Catarina – Programa de Pós-Graduação em Psicologia. E-mail: robertocruz@cfh.ufsc.br

da experiência coletiva de valores, sentimentos, crenças, ideias, operados por meio de sistemas linguísticos criados e desenvolvidos pelas comunidades humanas. Para Leontiev (1978), se o ser humano só pode existir no interior de sistemas linguísticos, sistemas linguísticos só existem no interior de comunidades formadas por humanos; dito em outras palavras, o desenvolvimento da linguagem está diretamente associado ao desenvolvimento da humanidade. Portanto, o ponto de partida para a formação do indivíduo é a produção social, com suas regras de organização, seus instrumentos e padrões de convivência.

A produção social realizada por indivíduos, ao moldar a realidade de acordo com suas regras técnicas e sociais, determina, em última instância, a configuração genérica de homem, expressa empiricamente em cada indivíduo em particular. Isso significa que o desenvolvimento humano está intimamente relacionado com o desenvolvimento sociomaterial, o que implica dizer que os limites da autonomia humana passam a se circunscrever nos limites do mundo produtivo.

O trabalho planejado e cooperativo, a criação e o uso de instrumentos, a transformação da matéria-prima em produto social, tudo isso possibilitou o desenvolvimento de uma consciência sobre a realidade que nos cerca e, portanto, sobre nós mesmos. Assim, no interior de uma comunidade humana, aquilo que se tem por realidade objetiva é o produto da atividade sociocultural que conecta e ativa forças e matérias naturais, meios de produção, signos da linguagem e agentes produtivos, em um processo de produção que dá sentido à construção do projeto civilizatório da humanidade.

Ao se constituir como elemento transformador da realidade, o ser humano se investe de uma relação com a realidade cujo motor modificante é a necessidade surgida exatamente por essa capacidade produtiva. Evidentemente que, se analisarmos as condições de trabalho existentes em nossa sociedade e as atividades exigidas para a sua realização, verificaremos o quanto é difícil realizar e realizar-se no e pelo trabalho.

No panorama contemporâneo é impossível à psicologia fechar os olhos ao jogo político-financeiro, à pauperização do trabalhador, ao desemprego, bem como às variadas formas de violência social. Estamos cada vez mais convictos de que a compreensão do indivíduo deixa de passar apenas pela compreensão da estrutura familiar e de suas variantes socializadoras, indo ao encontro de determinações concretas, cada vez mais amplas e incontroláveis, no cenário produtivo. Mesmo porque, a modernidade e, agora, a chamada pós-modernidade, têm se mostrado um cenário performático, em que as organizações recriam com excelência o universo da sobrevivência humana a partir das exigências do consumo.

A sobrevivência humana, condicionada à volatilidade do dinheiro (cada vez mais abstrato), vicia um processo produtivo que trouxe o planejamento, o controle do desempenho, a organização, mas que só encontra a sua energia em uma geração incontrolável de necessidades humanas: é o salve-se quem puder (ou, o que puder). A sensação é de como se tivéssemos inventado a fórmula da feitiçaria, mas não soubéssemos desenvolver o antídoto.

O mundo tornou-se o mundo das mercadorias, onde todas as esferas da vida se veem penetradas pela necessidade de gerar necessidades, "provenham do estômago ou da mente", tal como percebia Marx (1985); sentimo-nos arrastados e dominados pelas necessidades e pelos produtos que as satisfaçam.

40

Assumimos o comportamento performático de fazer pensar, de fazer ser, de fazer gozar. O indivíduo moderno vê-se em um mundo logicamente programado e necessariamente planejado para fazê-lo "funcionar", seja qual for o seu desejo.

A história tem nos mostrado, portanto, que o trabalho tem ocupado um lugar fundamental na construção da sociedade humana, por meio de um conjunto das transformações sociais e tecnológicas que modificaram não somente a condição ocupacional das pessoas, mas as referências e os valores societais por meio dos quais é perceber-se inserido socialmente. Mas será que atribuímos importância excessiva ao trabalho?

O TRABALHO DO SUJEITO E O SUJEITO DO TRABALHO

O cenário de desenvolvimento da psicologia do trabalho desde o final da segunda metade do século XX indicou a necessidade de se retomar o pressuposto antropocêntrico da condição humana no trabalho, situando-o em uma perspectiva mais interativa em que, se as pessoas podem ser adaptadas ao trabalho, este também pode ser modificado ou construído tendo em vista as características humanas.

Podemos afirmar, genericamente, que a psicologia do trabalho se apresenta como uma disciplina que consiste em descrever e interpretar a natureza e a dimensão dos fenômenos psicológicos incidentes na situação de trabalho, tendo em vista as exigências e condições da organização e dos processos de trabalho.

Quando estudamos uma posição de trabalho, um posto de trabalho ou uma situação de trabalho, não podemos nos esquecer de que estamos lidando com um conjunto de variáveis que definem e explicam a estrutura, o processo e os resultados do trabalho. Cada uma dessas características interferem na natureza da atividade de trabalho e do corpo que trabalha, na qualidade dos resultados e do produto, na rentabilidade da organização.

Por outro lado, a atividade de trabalho pode ser identificada por meio dos significados que dela derivam, para o trabalhador e para o próprio objeto de trabalho. Esses significados refletem crenças e valores, procedimentos aprendidos, aprendizagens formais e informais construídas e operadas ao longo do processo de trabalho e com base na experiência individual.

O mundo do trabalho é o mundo no qual nos organizamos, planejamos nosso presente e nosso futuro, adquirimos experiência e nos reafirmamos como sujeitos, porque "fazemos". O sentido de ser está intimamente associado ao sentido de ter. A menor incompatibilidade entre esses sentidos gera o estresse, a desmotivação, a insatisfação consigo mesmo, o suicídio, a loucura. Todos nós, ao experimentarmos na prática a pulverização dos mecanismos de controle do comportamento humano, percebemos claramente as relações intrínsecas entre a lógica produtiva e o processo de despersonalização dos indivíduos.

Despersonalização ou estereotipia implica desumanizar-se aos poucos, exaurindo-se na tentativa de suprir as necessidades e usufruir das benesses geradas pelo sistema de produção-consumo. O indivíduo recorre a um embotamento da afetividade, da espontaneidade e da criatividade como forma de se adequar ao ciclo mercadológico. E aí, temos profissionais desgastados pelo trabalho, fazendo aquilo que não gostam, obrigados a suportar boa parte de suas vidas em situações estressantes, em nome da lógica das necessidades. E é por isso que as pessoas, depois de um dia de trabalho, querem "desligar-se" de tudo aquilo que diz respeito a este, em busca de um cotidiano mais prazeroso.

Porém, tal como sentimos, o trabalho é "indesligável", mesmo porque o mundo produtivo não está representado apenas pela organização onde trabalhamos, pelo emprego que temos, mas nas outras dimensões da vida (família, lazer etc). Porém, há pessoas que aprendem a encontrar energia para trabalhar no próprio desgaste no trabalho. Depois que inventamos o *homus labor*, dependemos cada vez mais do nosso trabalho para nos mantermos vivos.

O fato é que desde muito cedo se tem a experiência direta ou indireta da atividade de trabalho: na família, nos círculos escolares, a partir das necessidades de profissionalização, dentro e fora das empresas, que surgem ao longo do tempo e de acordo com as trajetórias ocupacionais. Grande parte do nosso tempo é dedicada a conversar, discutir, planejar atividades de trabalho, seja entre os que estão se preparando para ele, os que já se consideram em plena atividade de trabalho, os aposentados e, especialmente, os desempregados. Assim, o trabalho tornou-se um elemento absorvente do modo de ser e projetar a vida em sociedade. Antes da sociedade industrial, o trabalho tinha seu ritmo sinalizado pelas estações sazonais, enquanto que, na sociedade industrial, o ritmo do trabalho pode ser percebido pelos processos de automação dos artefatos de trabalho.

O trabalho, a cultura, as necessidades sociais e as oportunidades mudam, assim como as trajetórias de vida e trabalho. A ameaça à perda do emprego, ou a permanente dificuldade de inserção na estrutura ocupacional, tanto para trabalhadores novos quanto para os mais experientes, produzem um cenário de não-escolhas, de internalização de impossibilidades reais e imediatas de construção de um projeto profissional.

Como já afirmamos anteriormente, o trabalho é uma atividade essencialmente humana. Sua característica principal é a sua ação transformadora, sua capacidade de modificação de dado aspecto da realidade. Trabalhar é sempre desafiar a realidade, procurando superá-la. Nesse sentido, aquele que trabalha busca se inserir no espaço social, afirmando-se como um indivíduo entre muitos.

O significado social do trabalho está associado às atividades realizadas por indivíduos e produzidas pela sociedade à qual eles pertencem. Essas atividades decorrem de necessidades sentidas e objetivadas em coisas, isto é, elas são desenvolvidas em uma sequência de ações visando à obtenção de um objeto real. É assim que pensamos, planejamos e agimos em função de um desejo, de uma meta a ser alcançada, de um produto de consumo. O significado do trabalho pode ser determinado de várias formas diferentes. Sua representação cognitiva depende não só da cultura como das características individuais e dos meios sociais em que os indivíduos se veem inseridos.

Para Guillevic (1991), de acordo com o tipo de estudo que se deseja fazer, certos aspectos da atividade de trabalho podem ser considerados mais ou menos importantes entre os analistas do trabalho. O "olhar" do psicólogo, por exemplo, é diferente daquele do estatístico, do economista ou do sociólogo. Essas significações, quando se restringem às disciplinas, não nos fornecem, de maneira geral, dados objetivos sobre o lugar real do trabalho em nossa sociedade. A partir de estudos econômicos e estatísticos, por exemplo, podemos definir dados como "população ativa", "taxa de frequência de acidentes", "distribuição de renda" etc. Esses dados, no entanto, não nos informam sobre as consequências, do ponto de vista do comportamento humano, do ato de efetuar o trabalho. De qualquer forma, em primeiro lugar, é indispensável conhecer as representações veiculadas pelo senso comum. As representações sociais do trabalho podem ser deduzidas a partir das cognições relativas à atividade de trabalho, aos sentimentos e emoções expressos pelos trabalhadores e aos valores construídos no processo de organizar o trabalho.

Os diferentes arranjos competitivos nos processos de trabalho têm acentuado as contradições do papel da atividade de trabalho na vida das pessoas. No senso comum, representações negativas do trabalho opõem-se às concepções que valorizam o trabalho, compondo um tecido social tenso, mas expressivo da necessidade de compreender a natureza do trabalho na organização da vida em sociedade. Em contraste a essa desvalorização do trabalho é possível identificar a ideia de que o trabalho é um meio de realização social, dado que o mundo do trabalho é também um mundo de possibilidades de construção do projeto civilizatório, pelo fato da atividade de trabalho, em si mesma, representar uma necessidade humana de transformação da realidade em direção a objetivos planejados. Nessa perspectiva, é possível avaliar que trabalhar supõe uma mobilização e uma extensão das competências sociais, das capacidades de imaginar, memorizar e de se comunicar, tornando cada pessoa, pelo trabalho, um candidato à humanização *lato sensu*.

Há, porém, aspectos importantes a serem considerados quando percebemos a conjuntura social dos empregos e das qualificações. O aumento do desemprego e a eliminação de postos de trabalho, por exemplo, faz da atividade de trabalho uma demanda socialmente urgente e necessária, especialmente para os recém-ingressados no mercado de trabalho e os excluídos por meio dos processos de desqualificação técnica e profissional, contrapondo-se à aparição de atividades de trabalho em tempo parcial e a contratos com duração determinada, que asseguram um *status* relativamente atrativo às necessidades de mudança na organização do processo de trabalho.

A diminuição global do número de doenças profissionais e das taxas de frequências e de gravidade dos acidentes traduz uma melhoria incontestável das condições de trabalho, contrapondo-se, ainda, aos fatores de risco relacionados à manipulação de novos materiais (biotecnológicos, químicos, nucleares) ou a acentuação do estresse ocupacional e de outras psicopatologias relacionadas ao trabalho.

A diminuição da duração do trabalho, ela mesma, não está isenta de ambiguidades: se a duração da jornada prevista em lei diminui ao longo do século XX, o tempo consagrado ao trabalho no decorrer do dia, no caso dos deslocamentos para o trabalho ou no trabalho estendido (aquele que levamos para casa), por exemplo, não diminuiu nas mesmas proporções. A evolução técnica dos meios de produção também acentua essa ambiguidade do trabalho. O desenvolvimento de sistemas informatizados, cada vez mais aperfeiçoados, tem sistematicamente reduzido determinadas cargas físicas de trabalho, embora, em uma curva oposta, sinalize, de forma cada vez mais intensificada os esforços cognitivos e emocionais para enfrentar ou controlar situações limites do ponto de vista psicológico.

As consequências dos novos meios de produção sobre o significado do trabalho para o trabalhador mostram-se também contraditórias. A automatização pode fazer desaparecer ocupações e até profissões. Por outro lado, a concepção, o funcionamento e a manutenção de sistemas automatizados necessitam de pessoas cada vez mais qualificadas.

O trabalho, portanto, é uma atividade complexa, fortemente ligada às evoluções sociotecnológicas, mas em que um grande número de fatores constitui objeto de estudo e de intervenção para a psicologia, como, por exemplo, as interfaces humano-artefatos, as interações nos grupos de trabalho, os conflitos, os acidentes, as cargas de trabalho, as exigências cognitivas, as psicopatologias relacionadas ao trabalho. A amplitude do campo de estudos das dimensões psicológicas nos processo de trabalho deve reunir esforços oriundos dos conhecimentos gerados pela ciência psicológica e ciências afins, especialmente as ciências do trabalho e das organizações.

Saúde e ambiente de trabalho

Nas duas últimas décadas do século XX, o aumento acentuado de pesquisas sobre os chamados fatores psicossociais do trabalho produziu um revigoramento das investigações de corte transversais, ou *survey*, acerca dos fatores de risco individuais, sociais, ambientais e ocupacionais que estão associados à incidência e prevalência de dor e de distúrbios músculo-esqueléticos na população trabalhadora em geral.

As revisões de literatura realizada por Bongers, Winter, Kompier e Hildebrandt (1993), Andersson (1999) e Cruz (2001) apontam vários estudos transversais que indicam uma associação direta entre fatores psicológicos, tais como a ansiedade, a depressão, a tensão afetiva e os incrementos de responsabilidade no trabalho, e o surgimento de síndromes dolorosas e suas manifestações músculo-esqueléticas. Destacam-se, entre os principais fatores estudados, o trabalho monótono, a pressão por rendimento, a insatisfação com o conteúdo do trabalho e a elevada demanda de trabalho.

Até meados da década de 1970, grande parte dos estudos voltados à dimensão psicossocial e psicopatológica do trabalho concentravam-se, tradicionalmente, em duas linhas preferenciais de investigação: a) macrossocial, que procura correlacionar aspectos como classe social, migração, industrialização, etnia, sistema político com processos de adoecimento mental e variação na distribuição dos distúrbios psicológicos na população; b) microssocial, que busca compreender as influências dos fatores individuais, eventos estressantes e dinâmica do grupo familiar.

Esse quadro de pesquisas, delineado a partir da década de 1970 até o momento, fez, literalmente, "ressurgir das cinzas" duas orientações de investigação produzidas no final do século XIX, no auge da discussão sobre a "epidemia" de enfermidades físicas e mentais associadas ao trabalho industrial: a) a orientação pela qual não há uma teoria específica sobre a etiologia das enfermidades, mas fatores multicausais de largo espectro relacionados às condições sociais de vida e trabalho; b) da necessidade de desenvolver abordagens que produzam estudos epidemiológicos e métodos mais precisos que auxiliem a investigação de fatores psicossociais do trabalho e suas repercussões sobre a saúde mental dos trabalhadores.

Sob variadas denominações tem se procurado investigar os problemas psicossociais e psicopatológicos associados ao trabalho: estresse laboral, tensão decorrente da vida laboral, fadiga mental, fadiga patológica, *burnout*, síndrome neurótica do trabalho, neurose do trabalho. Se forem variadas as denominações e contribuições teóricas, o problema principal consiste em dimensionar o papel histórico que o trabalho tem desempenhado no processo saúde-doença mental. É assim que, por exemplo, Le Guillant e Begoin (1957) postularam uma neurose específica de trabalho (neurose das telefonistas), Laurell e Noriega (1989) consideram o processo de trabalho uma produção do desgaste físico e psíquico dos trabalhadores e Wisner (1994), Dejours (1987), Selligman-Silva (1994), Codo e Sampaio (1995) situam o trabalho e sua sobrecarga como fator desencadeante do sofrimento mental, embora por meio de perspectivas diferentes de análise.

Bergenudd e Nilsson (1988) e Helfenstein (1998) chegam a uma conclusão comum: a sucessão de traumas físicos, provocados pelas exigências posturais, de desempenho e produtividade, estariam na gênese do adoecimento físico e mental. Seligmann-Silva (1994) e Pitta (1992), diferentemente, identificam que as pesquisas no campo da saúde mental apontam sistematicamente para uma mesma direção: os fatores ligados à organização do trabalho atingem mais diretamente o funcionamento psíquico, enquanto os fatores ligados ao processo de trabalho têm essencialmente o corpo como alvo.

Para Dejours (1987), de certa forma, corroborando os estudos de Laurel e Noriega (1989), as síndromes dolorosas crônicas representam o efeito mais visível e marcante do sofrimento físico e psicológico no trabalho. A grande dificuldade reside, porém, em recorrer a delineamentos de pesquisa que, ao mesmo tempo, descrevam e avaliem a dimensão, a intensidade e a prevalência dos distúrbios músculo-esqueléticos. Esse empreendimento tem sido objeto de trabalho dos pesquisadores que têm se concentrado nos estudos epidemiológicos e nas pesquisas interseccionais, fazendo cruzamento de dados entre subconjuntos populacionais com as mesmas características normativas e sintomatológicas.

Os estudos epidemiológicos sobre a relação entre variáveis psicossociais e doenças músculo-esqueléticas são heterogêneos, tanto do ponto de vista da natureza do estudo quanto das medidas utilizadas e das variáveis psicossociais consideradas (Bongers, Winter, Kompier e Hildebrandt, 1993; Bergenudd e Nilsson, 1988). Esses estudos traduzem, originalmente, três diferentes tradições de pesquisa: a) estudos sobre a relação entre estresse/fatores estressores relacionados ao trabalho (*work-related*); b) estudos epidemiológicos sobre os determinantes fisiológicos e ocupacionais das doenças músculo-esqueléticas; c) estudos sobre transtornos psicológicos e psiquiátricos em pacientes portadores de dores crônicas.

A primeira tradição de pesquisa tende a considerar o estresse ou os fatores estressantes como inibidores, eliciadores ou moduladores do estado geral de saúde das pessoas. Características pessoais, como idade, gênero, experiência, nível de ambição, necessidades e estilo de personalidade, influenciam na capacidade de enfrentamento e gerenciamento do estresse. De acordo com Karaseck, Gardell e Lindell (1987), pressões e conflitos estão entre as mais relevantes características do processo de adoecimento no trabalho, com o estresse. Os efeitos dessas variáveis tendem a ser controlados pela redução do grau de perspectivas no trabalho, pelo incremento de cargas cognitivas e responsabilidades e pelos frágeis suportes sociais (vínculos sociais e afetivos empobrecidos).

Na segunda tradição de pesquisas epidemiológicas sobre distúrbios músculo-esqueléticos, os fatores individuais têm sido interpretados como fatores físicos (*physical capacity*), tais como, por exemplo, tônus muscular e limites de movimentos, com pouca atenção dada aos fatores psicológicos, à capacidade de controle do estresse (*coping capacity*) ou à interação da carga de trabalho e do estresse. Nesse tipo de tradição de pesquisa, os fatores mecânicos do trabalho (postura) são os principais aspectos a serem investigados.

A terceira tradição de pesquisa busca estabelecer correlações entre personalidade, problemas psicológicos e síndromes dolorosas músculo-esqueléticas. Segundo Bongers, Winter, Kompier e Hildebrandt (1993), essas correlações normalmente são avaliadas a partir de situações clínicas, em que o controle das variáveis envolvidas nem sempre é estabelecido de forma apropriada. Uma das áreas mais promissoras e em pleno desenvolvimento é a pesquisa sobre as características psicológicas ou fatores individuais associados aos quadros de dor crônica, particularmente aqueles que podem ser considerados exarcerbadores ou mantenedores dos sintomas e que, portanto, podem contribuir no desenvolvimento do quadro diagnóstico.

Quando essas três tradições de pesquisas são avaliadas do ponto de vista de suas características de investigação, podemos deduzir uma associação entre fatores psicossociais, estresse, características individuais e distúrbios músculo-esqueléticos, tal como demonstrado na Figura 1.

A associação entre os fatores psicossociais do trabalho, cargas físicas e sintomas no aparelho músculo-esquelético pode ser compreendida, conforme mostra a Figura 1, como um resultado relativamente conhecido do processo de trabalho. Uma das grandes dificuldades na pesquisa sobre as psicopatologias relacionadas ao trabalho reside, entretanto, na compreensão das influências das características individuais e dos fatores

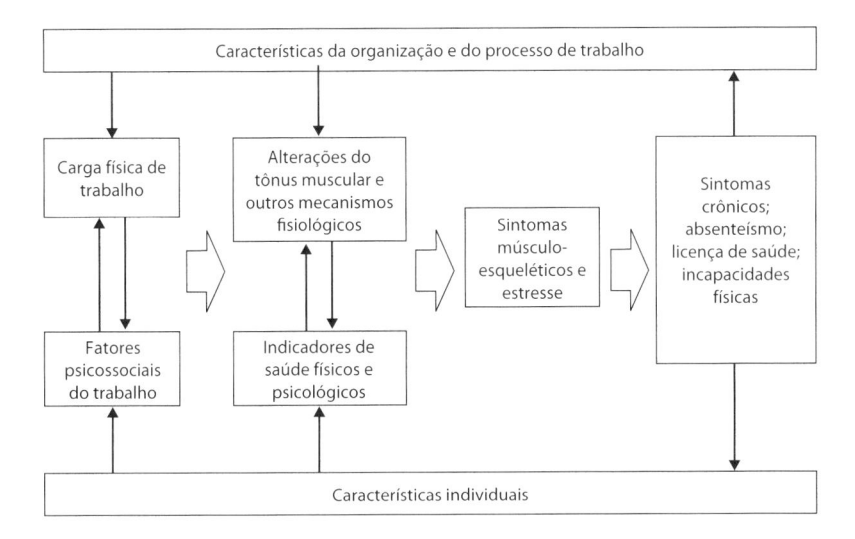

Figura 1: Possíveis associações entre características da organização e do processo de trabalho, cargas físicas, fatores psicossociais no trabalho e características individuais, com estresse, indicadores de saúde e distúrbios músculo-esqueléticos, com base nas contribuições de Bongers, Winter, Kompier e Hildebrandt (1993), Pheasant (1994) e Cruz (2001).

psicológicos (estados emocionais, transtornos neuróticos) na modulação da intensidade e da exacerbação das síndromes dolorosas de origem músculo-esquelética. De uma forma ou de outra, prevalece a noção de que a análise da situação de trabalho, assim como uma avaliação crítica dos mecanismos de enfrentamento das exigências e das condições pelas quais o trabalho é exercido, é o caminho necessário para a compreensão da manifestação das psicopatologias relacionadas ao trabalho.

No Brasil, podemos afirmar que, atualmente, há inúmeras iniciativas de pesquisadores voltadas à análise das implicações das condições de trabalho e seus efeitos sobre a saúde mental, apesar de só termos avançado nessa área a partir dos anos 1980-1983, com o estudo exploratório realizado por Edith Seligmann-Silva, Rosa Maria Gouveia e Agda Aparecida Delía sobre a repercussão das condições de trabalho na saúde mental dos trabalhadores industriais de Cubatão-SP e dos metalúrgicos em São Paulo-SP. Esse estudo, referência para os pesquisas posteriores, investigou os afastamentos do trabalho por problemas de saúde (denominados de "nervosismos"), identificando mecanismos de *desgaste mental* e da utilização, por parte dos trabalhadores, de *defesas* contra o sofrimento, e foi provavelmente influenciado pela obra de Christophe Dejours – "A loucura do trabalho – estudo de psicopatologia do trabalho", editado na França em 1980, mas só traduzido para o português em 1987.

Entre 1984-1986, alguns estudos também serviram de referência à produção teórica sobre o assunto: a) os estudos realizados pelo Diesat-SP, coordenados por Edith Seligmann-Silva e Leni Sato, sobre o adoecimento ocupacional entre bancários e sobre os problemas de saúde entre funcionários da área operativa do Metrô de São Paulo-SP; b) o estudo sobre a prevalência de desordens mentais entre trabalhadores de uma área industrial da região metropolitana de Salvador-BA, realizado por Naomar de Almeida Filho. A partir de então, surgiram novos estudos sobre o adoecimento físico e psicológico em diversas categorias profissionais, destacando-se os bancários, enfermeiros e professores.

Desde então, o desenvolvimento das pesquisas no campo da psicologia do trabalho e da ergonomia no Brasil proporcionou uma crescente produção de informações sobre a avaliação dos fatores de riscos ocupacionais e ambientais, sobre as exigências das tarefas e da atividade, sobre as cargas mentais e as variáveis prevalecentes na incidência das doenças relacionadas ao trabalho. Entretanto, avaliando de forma similar a Pitta (1992), carecemos, neste momento, de aprofundar testes de hipóteses, medidas de associação entre as exigências do trabalho e da vida social e o desenvolvimento de transtornos psicológicos entre os trabalhadores de uma forma geral.

A questão mais difícil, normalmente, é definir por qual estratégia começar, estratégia que sinalize para o pesquisador a melhor maneira de investigar (variáveis e instrumentais escolhidos), porque ajuda a organizar e a sistematizar o conhecimento, no sentido de avançar as condições teóricas e metodológicas. Ao mesmo tempo, ter condições de disponibilizar aos sujeitos da investigação e aos profissionais envolvidos na temática (supostamente os mais interessados) um volume de informações atualizadas que possam contribuir nas lutas específicas por melhorias nas condições de saúde e trabalho.

A necessidade da análise do trabalho, a partir da compreensão das formas de gestão e organização, é compartilhada por numerosos estudos com uma variedade significativa de abordagens téorico-metodológicas, tanto em termos de concepção de trabalho como de entendimento dos impactos dos processos de bem-estar e mal-estar vivido pelas pessoas sobre o seu próprio comportamento e, portanto, sobre a produção. Existem estudos que relacionam formas de trabalho com os modos de produção e a produtividade (Zarifian, 2001); a competitividade das empresas e a qualidade de seus produtos com a forma de gestão do trabalho e da aprendizagem (Fleury, 1990); o resultado do trabalho em equipes ou em grupos como forma de gestão de pessoas (Salerno, 1991); o sofrimento gerado pelo trabalho e suas formas de gestão (Dejours, 1987; 1999).

Uma análise social e econômica da parcela e dos incrementos de trabalho gerados pelas formas de gestão e organização do trabalho encontra na teoria marxista um nível de problematização mais acentuado, embora tenham se sobressaído as pesquisas que utilizam as teorias neoclássicas, de natureza liberal, que tendem a analisar o trabalho como um fator de produção, como um recurso que pressupõe um rendimento, de tal forma que a análise do trabalho só é possível por meio de análises comparativas com os seus resultados. Na chamada *lean production*, gestão de produção que combate o desperdício, os recursos, notadamente os recursos humanos, são absorvidos, mas não criam valor. Os "níveis de serviços" e "qualidade" acrescidos aos produtos, "fidelizam o cliente" e/ou "incrementam a competitividade", mas não se transformam subsequentemente em ganhos reais (objetivados por meio de valor monetário).

Sob a ótica do indivíduo e dos meios técnicos disponíveis, o desenvolvimento da ergonomia e da psicologia do trabalho tem permitido a análise do trabalho por meio das condições de trabalho e seus efeitos. Segundo Leplat (1985; 1986), a análise do trabalho só tem sentido se partir ou buscar o próprio conceito de trabalho e suas formas de expressão nas condutas de trabalho. Antologicamente debatido, especialmente no campo das ciências humanas e sociais, o estudo sobre o trabalho e suas formas de expressão social são um tema invariavelmente atual, dado a sua condição ao mesmo tempo universal e particular em termos de experiência humana.

Os estudos recentes tendem a abordar as formas de organização do trabalho, relacionando-as a novas formas de produção e analisando os seus efeitos sobre a qualidade de vida (Zarifian, 2001). Esses estudos, mesmo quando consideram o indivíduo como integrado a um contexto maior (macroergonomia ou macrossistema organizacional), ou como parte do sistema que o afeta (ecossistemas), tendem a analisar a dinâmica do trabalho também pelas consequências, com vistas a aferir modos sistêmicos do comportamento humano nas organizações mais pelos impactos no processo de trabalho e menos pelas condições pelas quais esses impactos explicam o significado de haver maior ou menor percepção e sentimento acerca da qualidade de vida no trabalho.

Todas essas facetas da análise do trabalho estão relacionadas à atividade do indivíduo e ao sistema de valores por meio do qual o trabalho se firma: pelas condições que o determinam, pelos efeitos sobre a saúde, por seus resultados na produção; na economia de recursos, nas análises de desperdícios e da qualidade dos produtos. Cabe, entretanto, reconhecer o trabalho de Sperandio (1980) que, ao tratar as cargas de trabalho como reveladoras de mudanças no processo de trabalho, aborda a dinâmica das organizações em seus estudos.

A análise do trabalho é, também, uma análise das consequências da atividade para o trabalhador: fadiga, satisfação, conforto e aquelas consideradas ônus da atividade listadas comumente pelo nome de "carga de trabalho" ou "carga mental". Muitos estudos mostram que, devido ao acréscimo das exigências do trabalho, o operador é levado a mudar seus procedimentos de trabalho. Sperandio (1981) deu inúmeros exemplos particularmente claros, de modo que é possível utilizar essas mudanças como indicadores da variação das exigências e as interpretar como reveladoras dos excessos da carga de trabalho nos processos em análise. Sem as mudanças no processo, a carga pode atingir um nível intolerável em razão do crescimento das exigências.

56

O analista interessado em descobrir as mudanças do processo de trabalho – ou do modo operatório – deve indicar em cada caso o método que permitira indicar o momento tal que as exigências de produção e a falibilidade (ou segurança) não seriam mais toleráveis a partir de certo nível de exigência.

As consequências do trabalho para o indivíduo podem também ser sentidas depois de longo período, são as chamadas "marcas do trabalho" (Teiger, 1980; Wisner, 1984), impressões que em certos casos permanecem por longo tempo no corpo e no pensamento. Manifestações designadas como "incompetências", "perda da capacidade inventiva", "restrições das habilidades", "dificuldades para aquisição de novos conhecimentos", "dificuldade para comprometer-se", "tendência a adoecer" têm consequências diretas sobre a atividade no trabalho e nas demais dimensões da vida fora do trabalho, criando condutas contingentes às exigências da organização do trabalho (Leplat, 1986; Teiger, 1980).

Os chamados métodos subjetivos de análise do trabalho, entre os quais está o proposto por Dejours (1987, 1999), embora intensifiquem a compreensão do trabalho pelo seu negativo (o sofrimento), recolocam em cena a necessidade de abordar a centralidade do trabalho não somente na vida da sociedade, mas o lugar existencial pelo qual o trabalho e seus determinantes constroem um projeto civilizatório de bem-estar e mal-estar. De outro modo, a análise de erros e falhas feita por Rasmussen (1985), que de fato é uma análise psicológica do trabalho, embora procure se aproximar da ideia de uma análise dos processos e dos significados da ação humana construída no trabalho, tende a se firmar com um modelo de características prescritivas da ação humana em processos de cadeias de clientes, de suprimentos ou de serviços, persistindo a vocação do diagnóstico de procedimentos.

A enfática valorização da chamada qualidade dos produtos e serviços é uma realidade. Na "conquista" do consumidor, o qual é capaz de distinguir mínimos diferenciais nos níveis de serviço, cada um que participa da cadeia produtiva, assume o seu papel como "agregador" de valores ao produto/serviço final, de modo que para este fim as inter-relações são cooperativas, e os processos são flexíveis.

Geralmente, as empresas configuradas em função da qualidade e competitividade são regidas por novas formas de gestão da produção e de organização do trabalho que enfocam a responsabilidade do trabalhador (como ator) na consecução do produto. Como co-responsável pelos produtos e serviços gerados, cada trabalhador passa a ser considerado um recurso estratégico para as empresas e a sua valorização como indivíduo permeia a "melhoria contínua" das organizações "flexíveis" adaptadas ao "mercado global". Esse princípio requer um vínculo do trabalhador aos objetivos da empresa e, ao mesmo tempo, uma autonomia para executá-los. Nessa nova ótica, há que se reportar à identificação com o trabalho e à construção social das habilidades no próprio ambiente de trabalho, fomentando a polivalência nas funções e a organização do trabalho em sistemas sociotécnicos integrados.

As situações de trabalho são complexas e sua análise requer uma combinação de diversas contribuições científicas. Uma análise com ênfases nos processos cognitivos, nos sistemas técnicos especialistas, nas condições de salubridade, ambientais e sociais de trabalho, nos meios de aprendizagem e desenvolvimento de competências profissionais redundam, necessariamente, em uma combinação pertinente à melhoria do diagnóstico das situações de trabalho e ao tratamento de diferentes sistemas de variáveis ou mecanismos articuladamente.

REFERÊNCIAS

ANDERSOON, B. J. G. Epidemiological features of chronic low-back pain. *The Lancet*, v. 14, p. 581-585, 1999.

BERGENUDD, H.; NILSSON, B. Back pain in middle age occupational workload and psychologic factors: an epidemiologic survey. *Spine*, v. 13, n. 1, p. 58-60, 1988.

BONGERS, P. M. et al. Psychosocial factors at work and musculoskeletal disease. *Scandandinavian Journal of Work Emvironment Health*, v. 19, p. 297-312, 1993.

CODO, W.; SAMPAIO, J. J. C. *Sofrimento psíquico nas organizações:* saúde mental e trabalho. Petrópolis: Vozes, 1995.

CRUZ, R. M. *Psicodiagnóstico de síndromes dolorosas crônicas relacionadas ao trabalho.* Tese de Doutorado em Engenharia de Produção. Universidade Federal de Santa Catarina, Florianópolis, 2001.

CRUZ, R. M. Saúde, trabalho e psicopatologias. In: AUED, B.W. *Traços do trabalho coletivo.* São Paulo: Casa do Psicólogo, 2005.

DEJOURS, C. *A loucura no trabalho:* estudos em psicopatologia do trabalho. São Paulo: Cortez, 1987.

DEJOURS, C. *A banalização da injustiça social.* Rio de Janeiro: FGV, 1999.

FLEURY, M. T. L. *Novas formas de gestão de força de trabalho no Brasil*. São Paulo: Edusp, 1990.

GUILLEVIC, C. *Psychologie du travail*. Paris: Nathan, 1991.

HELFENSTEIN JUNIOR, M. *Lesões por esforços repetitivos (LER/DORT)*: Conceitos básicos. São Paulo: Schering Plough, 1999.

KARASEK, R.; GARDELL, B.; LINDELL, J. Work and non-work correlates of illness and behaviour in male and female Swedish white collar workers. *Journal of Occupational Behavior*, v. 8, p. 187-207, 1987.

LAURELL, A. C.; NORIEGA, M. *Processo de produção e saúde* — trabalho e desgaste operário. São Paulo: Hucitec, 1989.

LE GUILLANT, L.; BEGOIN, J. La névrose des mecanographes. *Bulletin de Pshychologie*, v. 10, p. 500, 1957.

LEONTIEV, A. *O desenvolvimento do psiquismo*. Lisboa: Horizonte, 1978.

LEPLAT, J. *Erreur humaine, fiabilité humaine dans le travail*. Paris: A. Colin, 1985.

_____. L'analyse psychologique du travail. *Revue de Psychologie appliquée*, v. 3, n. 1, p. 9-27, 1986.

MARX, K. *O capital*. São Paulo: DIFEL, 1985.

PHEASANT, S. *Bodyspace*. London : Taylor and Francis. 1994.

PITTA, A. M. F. Avaliação como processo de melhoria da qualidade de serviços públicos de saúde. *Revista de Administração Pública*, v. 26, p. 44-61, 1992.

RASMUSSEN, J. The human as a systems component. In: SMITH, H. T.; GREEN, T. R. G. (Ed.). *Human interaction with computers*. London: Academic Press, 1980.

_____.(1980). The human as a systems component. In: SMITH, H. T.; GREEN, T. R. G. (Ed.). *Human Interaction with Computers*. London, Academic Press, 1985.

SALERNO, M. S. *Flexibilidade, organização e trabalho operatório:* elementos para análise da produção na indústria. Tese (Doutorado em Engenharia), Escola Politécnica, Universidade de São Paulo, São Paulo, 1991.

SELLIGMAN-SILVA, E. *Desgaste mental no trabalho dominado*. Rio de Janeiro: Editora da Universidade Federal do Rio de Janeiro/Cortez, 1994.

SPERANDIO, J. C. *La psychologie en ergonomie*. Paris: PUF, 1980.

_____. *L'ergonomie du travail mental*. Paris: Masson, 1981.

TEIGER, C. Les empreintes du travail. In Société Française de Psychologie. *Equilibre et fatigue par le travail*. Paris: Entreprise Moderne, 1980, p. 25-44.

ZARIFIAN, P. *L'émergence de l'organisation par processus:* à la recherche d'une difficile cohérence. Paris: Latts, 1994.

_____. *Objetivo competência: por uma nova lógica*. São Paulo: Atlas, 2001.

WISNER, A. *Por dentro do trabalho*. Ergonomia: método e técnica. São Paulo: Oboré, 1984.

_____. *A inteligência no trabalho*. Textos selecionados. São Paulo: Fundacentro, 1994.

3

INTERAÇÕES HUMANO-AMBIENTAIS: AS CONTRIBUIÇÕES DA NEUROCIÊNCIA

Emílio Takase[1]

INTRODUÇÃO

Nos últimos cem anos, a ciência tem contribuído significativamente para aumentar a expectativa de vida das pessoas, e são milhares de alternativas para driblar os nossos problemas, a fim de conseguirmos viver por mais tempo do que há 300 anos, apesar dos turbilhões de estímulos estressores físicos e psicológicos que afligem o homem moderno. Além dessa correria do dia a dia, acostumamos com o ritmo acelerado a buscar alternativas para melhorar o desempenho mental. "Mantenha o cérebro saudável", "faça neuróbica/ginástica cerebral", "se não estimular/treinar o cérebro, vai diminuir as capacidades cognitivas", estão entre tantos títulos de livros, capas de revistas e outras mídias que são publicados/veiculados, mas muitas vezes

[1] Professor do Departamento de Psicologia - Programa de Pós-Graduação em Psicologia. E-mail: takase@educacaocerebral.com

com certo exagero. Por um lado, esse modismo tem o seu valor uma vez que as pessoas vão se tornando mais "conscientes" de que tem um cérebro que administra as funções biossociopsicológicas e da sua importância para mantê-lo ativo/saudável. De outro lado, apesar dos avanços neurocientíficos, ainda observamos o aumento significativo de crianças, adultos e idosos com depressão, obesidade, estresse, distúrbio da ansiedade, entre outras doenças.

Na era da informação e do estresse, o sucesso depende muito mais de um cérebro bem preparado do que de músculos bem definidos. A resolução de muitos problemas de hoje é em função da rapidez da mente, da sofisticação tecnológica e científica; por isso, o cérebro será, mais do que nunca, necessário na nova era tecnológica e da informação. Enquanto que, no passado, formar-se em uma faculdade já era o bastante, hoje uma pessoa deve adquirir grande quantidade de conhecimento durante a vida inteira para ser mais competitiva.

Durante muito tempo, os cientistas acreditavam que o cérebro perdia a sua plasticidade e sua capacidade de mudança à medida que o homem envelhecia. Porém, o desenvolvimento é um processo que dura a vida inteira: o cérebro adulto é plástico, está sempre ávido por aprender. E esse fato abre um novo modo de pensar sobre os efeitos do exercício cognitivo, que é uma forma defendida por neurocientistas para manter a mente em intensa atividade. Esse exercício é capaz de ativar o cérebro e provocar o crescimento de novas conexões entre as células nervosas, melhorar o suprimento sanguíneo cerebral por meio do crescimento intensificado de pequenos vasos e, ainda, retardar a progressão de desordens cerebrais degenerativas.

Assim, com a onda de crescimento de doenças neurodegenerativas, obesidade, depressão, cardiopatias, entre outras, a presença de um profissional da saúde, com conhecimento em neurociência, é necessária em clínicas, academias, clubes, escolas, entre outros locais. Por outro lado, transformar a atividade profissional com enfoque em neurociência em rotina, ainda é um desafio muito grande para os profissionais da saúde.

O nosso dia a dia é uma soma de emoções, das quais não temos controle e, quando surge uma doença, muitas vezes é tarde para reverter um quadro clínico, como o câncer ou um AVC. Assim, as pesquisas sobre a atividade física têm mostrado o quanto é importante aos praticantes estarem conscientes dos exercícios na obtenção de resultados. Esse enunciado é sustentado por investigações da neurociência, trabalho realizado por Brigman & Cherry (2002), no qual sujeitos jovens e idosos foram investigados. Os sujeitos foram separados em dois grupos, quanto a sua faixa etária, com o objetivo de analisar as capacidades de memória de trabalho, velocidade de processamento de dados e de desenvolvimento no desempenho qualificado após três dias de treinamento. O estudo concluiu que ambos os grupos apresentaram melhora em seus desempenhos cognitivos, reforçando a hipótese de que pessoas idosas, quando estimuladas, também são capazes de apresentar melhoras nas variáveis investigadas.

O efeito da manutenção e de treinamento das exigências biológicas pode ser tão benéfico ao sistema nervoso que, em muitos casos, é possível que doenças conhecidas como a demência ou a neurodegeração possam ser retardadas ou até mesmo se manifestar de forma insignificante em idosos que se mantêm ativos durante toda a velhice (Kramer et al., 1999; Sutoo

& Akiyama, 2003; Colcombe & Kramer, 2002; Colcombe et al., 2003). Assim, entre os fatores responsáveis pelo aumento da eficiência do sistema nervoso, está a maior capacidade da produção de neurotransmissores. O efeito desse fator é bem documentado em estudos com animais, como o realizado por Dey (1994, 1992), que investigou as alterações de metabolismo do neurotransmissor serotonina no sistema nervoso de ratos que foram induzidos ao exercício físico, além das possíveis relações com o efeito antidepressivo. Os resultados sugeriram que a atividade de metabolismo da serotonina se mostrou aumentada, principalmente pelo aumento dos seus receptores. Esses efeitos podem durar até uma semana após o término das atividades físicas. Assim, o autor concluiu que, possivelmente em humanos, a prática de esportes pode aumentar os níveis do neurotransmissor serotonina, exercendo um importante papel na prevenção e auxílio de tratamento da depressão.

Por outro lado, estimular as pessoas à prática de uma atividade física não é tarefa fácil. Para auxiliar esse processo, um estudo de Simonen et al. (2003) sugere que o neurotransmissor dopamina D2, responsável pelo controle motor e mecanismo de recompensa, pode ser um fator que aumente o interesse das pessoas em praticar atividade física. Nesse trabalho, por exemplo, foi realizado um estudo genético do gene receptor dopamina DRD2 em mulheres de raça branca e negra correlacionando-o com a prática de atividade física. Os resultados mostraram uma correlação positiva em mulheres brancas que já vinham realizando atividade física e o gene DRD2. Então, para aquelas pessoas que praticam atividade física regular, o gene DRD2 pode ter participação importante na aderência. De qualquer forma, várias pesquisas têm indicado o papel da atividade física nos neurotransmissores e sua contribuição na compreensão da saúde cerebral (Beatty et al., 2005; Schulz et al., 2004; Kempermann, van Praag & Gage, 2000).

Outra região do cérebro, cuja análise pode contribuir em futuros estudos de alterações cerebrais a partir da atividade física, é o lobo frontal. Essa área tem chamado a atenção dos neurocientistas, já que hoje se exige cada vez mais do lobo frontal (planejamento, tomada de decisão, memória de trabalho, entre outras funções) para obter melhora no desempenho na sociedade da informação e tecnológica. Hoje, os resultados desses estudos vêm a partir da utilização de animais, principalmente roedores, e de pessoas que tiveram alguma lesão no lobo frontal. Vários estudos têm relacionado a prática da meditação com a observação da estimulação do lobo frontal (Peng et al., 1999; Kubota et al., 2001; Dietrich; Sparling, 2004; Newberg; Iversen, 2003; Lutz et al., 2004). Por exemplo, a pesquisa de Dietrich (2004) sugere que os estados alterados da consciência são ativados pela região do córtex pré-frontal do cérebro. Já a pesquisa conduzida por Peng (1999) mostra que a amplitude da frequência cardíaca durante a meditação aumenta significativamente uma resposta autônoma. Por meio de pesquisas com os praticantes de ioga, por exemplo, os neurocientistas buscam compreender melhor o cérebro e os benefícios que essa atividade pode fazer em relação à saúde das pessoas.

A CULTURA INFLUENCIA O CÉREBRO?

Fala-se muito em estimulação precoce desde as fases iniciais do desenvolvimento infantil, principalmente quando relacionada aos períodos de maturação cerebral. O bebê recebe estímulos sensoriais, como música, brinquedos coloridos, brinquedos com textura e tamanhos diferentes, entre outros estímulos diariamente. Toda essa estimulação é importante? Na verdade, a estimulação já é recebida desde o período da gestação, seja escutando a voz da mãe ou do pai, a música, o barulho, o trânsito, entre outros estímulos que chegam até o útero materno.

A mãe pode também ser influenciada pelo meio que ela vive, provocando o aumento do hormônio do estresse. O consumo do álcool e a insônia, entre outros fatores, interferem no desenvolvimento psiconeurofisiológico do bebê. Na décima semana de gestação, por exemplo, o bebê pode receber influência maior do hormônio testosterona que é secretada pela mãe e alterar o comprimento do dedo anelar e o desenvolvimento do hemisfério direito. Quem possui o dedo anelar mais longo do que o dedo indicador, conforme sugerem as pesquisas, possui maior habilidade visuo-espacial (hemisfério direito).

Assim, como a ação dos hormônios pode contribuir na formação cerebral, a estimulação precoce também pode contribuir para mudança de comportamento, como o tempo de reação, a memorização, o ato de falar mais cedo, entre outras habilidades cognitivas que o bebê possa desenvolver. Cada indivíduo é único, com seus bilhões de neurônios e as conexões sinápticas em constante formação a partir do ambiente em que está inserido, por isso é fundamental que o educador seja um bom observador. Ele precisa estar atento aos comportamentos da criança para que possa contribuir no seu processo de aprendizagem com coerência/harmonia/equilíbrio para o seu desenvolvimento biopsicossocial.

Como comentado anteriormente, os estudos recentes mostram como a atividade física pode mudar a estrutura e função cerebral. Nesse sentido, o que pode acontecer com o desenvolvimento psicomotor da criança, se ficar muito tempo no berço ao invés de vivenciar/explorar o seu ambiente correndo, subindo em árvores? É importante que cada criança possa vivenciar a sua maneira de explorar e testar as várias possibilidades que o meio ambiente oferece, permitindo que o bebê possa desenvolver as habilidades sinestésicas, cognitivas, sociais, emocionais, entre outras. É importante também a interferência positiva do adulto educador como um observador e mediador que vai permitir a evolução do processo de aprendizagem da criança, importante para todas as etapas de seu desenvolvimento biopsicossocial.

Como o cérebro aprende?

Até agora tenho falado em estimular, treinar, praticar e desenvolver o cérebro e o quanto o educador precisa compreender as funções do córtex cerebral. Porém, pouco foi dito sobre educação. Mas, afinal, o que é educação? Segundo Wikipedia (pt.wikipedia.org/), "Educação engloba *ensinar* e *aprender*. E também algo menos tangível, mas mais profundo: construção do conhecimento, bom julgamento e sabedoria. A educação tem nos seus objetivos fundamentais a passagem da cultura de geração para geração" e "Educação física é um termo usado para designar tanto o conjunto de atividades físicas não-competitivas e esportes com fins recreativos quanto a ciência que fundamenta a correta prática destas atividades, resultado de uma série de pesquisas e procedimentos estabelecidos".

Novamente, fala-se em pesquisas, informações, conhecimento, mas o que vale, se não conseguimos, até hoje, diminuir a obesidade, a violência, as dificuldades de aprendizagem, os transtornos/déficits cognitivos, a depressão, entre outros problemas? Cada vez mais, a educação precisa passar, urgentemente, por reformas curriculares a partir dos estudos da ciência do cérebro, principalmente compreender melhor as funções executivas: o lobo frontal do córtex.

Função executiva (FE) é uma das áreas do córtex que vem sendo valorizada nos últimos anos. FE é um executor que tem "responsabilidades", como organizar, planejar, fixar metas/objetivos, estar sob controle das ações, tomar decisão, entre outras funções, características da natureza humana. Assim, uma parte substancial das funções executivas consiste em desenvolver modelos mentais desses processos de "como", "por que" e "quando", um valor fundamental no desenvolvimento educacional.

Imagine, então, o cérebro de uma criança em pleno desenvolvimento em busca de uma orientação dos seus bilhões de neurônios para uma adequada organização funcional e estrutural do cérebro. Além disso, o lobo frontal é uma das últimas regiões a amadurecer, não antes dos 20 anos. Em pleno século XXI, com a globalização, há muitas possibilidades de a pessoa tomar decisões. Será, então, que a nossa dificuldade de planejar/organizar/tomar decisões está relacionada a uma educação inadequada do cérebro executivo desde o nascimento? Sim.

Por exemplo, por que não educar as crianças a identificar e organizar os passos para realizar as atividades cognitivas? Como eu devo verificar meu progresso mental, de modo a avaliar o quanto preciso desenvolver? Essas são questões que os educadores podem ouvir de tempos em tempos, mas elas revelam quais podem ser os processos cognitivos e emocionais fundamentais para a adaptação e realização humana. Gerenciando como aprendizes, desenvolvendo uma consciência quanto ao nosso conhecimento, tanto como à nossa falta de conhecimento, as crianças podem conseguir realizar vários objetivos usando habilidades executivas e metacognitivas.

As funções executivas são modeladas por muitas influências educacionais e compreendem um conjunto de habilidades e de conhecimento. As funções executivas podem ser ensinadas de alguma forma direta? A resposta é sim. Os elementos mais precoces das funções executivas começam com as interações pais-filhos, expandem-se muito nas brincadeiras e florescem em atividades acadêmicas, sociais e recreativas mais complexas. Crianças tornam-se mais efetivas como executores pessoais quando são desafiadas e treinadas para sê-lo. As habilidades de funções executivas, por exemplo, podem ser incorporadas nas atividades de ciências, de redação/leitura, de matemática, enfatizando estratégias específicas para aprendizagem, implementando passos de autoinstrução e promovendo práticas colaborativas e independentes. As atividades que valorizam os processos cognitivos, emocionais, sociais e físicos auxiliam as crianças a desenvolver a autonomia e atitude para aprender a organizar/planejar e tomar decisões não só na escola, mas para toda a vida.

Pais, educadores e neurocientistas ou, no futuro próximo, os educadores, poderão iniciar um diálogo sobre como promover o desenvolvimento de funções executivas elementares e avançadas em cada criança desde a pré-escola, por meio de atividades físicas e psicológicas, como música, esporte, jogos cognitivos, arte, entre outras. Com tal colaboração, será possível atingir uma combinação de maior sucesso na aquisição e utilização das informações e, consequentemente, na produção e socialização do conhecimento, uma gama mais ampla de habilidades para a adaptação e o desempenho de cada criança ao longo de sua vida.

Para as crianças em desenvolvimento físico, cognitivo e emocional, é muito importante que os educadores compreendam os processos biopsicossociais que estão envolvidos no melhor desempenho físico e psicológico. Porém, até o momento, poucos estudos têm demonstrado o quanto o treino/exercício pode modificar a estrutura cerebral de um adulto e de crianças, e consequentemente melhorar as habilidades motoras e mentais, apesar de empiricamente observarmos que há mudanças comportamentais significativas. Draganski et al. (2004), por exemplo, realizaram um estudo para verificar a mudança estrutural no cérebro em doze jovens. A tarefa era manter três bolinhas no ar com as mãos durante um treinamento que durou três meses. Após esse período, os autores verificaram, por ressonância magnética funcional, aumento na área do córtex visual e parietal, resultando melhora da visão de movimento e da localização espacial, respectivamente. Essa pesquisa revelou que o cérebro pode se modificar estrutural e funcionalmente. Esse resultado levanta a velha questão da neurogênese sobre estrutura e função do cérebro depois do indivíduo se tornar adulto. Podemos pensar que, se uma criança recebe estimulações sensório-motoras adequadas durante o seu desenvolvimento, ao se tornar adulto, não seria mais fácil executar diferentes atividades físicas e mentais?

Mas, comparado aos adultos, o que nos chama a atenção é o comportamento de imitação muito frequente nas crianças.

Se as crianças aprendem os movimentos de outros atletas profissionais (seus ídolos), apenas pela imitação e sem a presença de um tutor/professor, será que poderíamos pensar que no cérebro da criança o processo de aprendizagem motora é mais fácil? A pesquisa conduzida por Calvo-Merino et al. (2005) é um exemplo em NCC (Neurociência Cognitiva e Comportamental) que levanta contribuições na diminuição de horas de treinamento. Esses pesquisadores utilizaram fMRI (functional Magnetic Resonance Imaging - Imageamento de Resonância Magnética Funcional) para comparar a atividade cerebral entre dez bailarinos profissionais, nove profissionais de capoeira e dez não experientes, ou seja, pessoas que não possuíam habilidades nem em dança nem em capoeira (grupo controle). Durante o teste de imageamento cerebral foi apresentada uma sequência de movimentos de balé e capoeira com duração de três segundos, respectivamente, para os três grupos amostrais. Os resultados revelaram que há a ativação bilateral da região do córtex pré-motor, sulco intraparietal, lobo parietal superior direito e sulco temporal superior posterior em bailarinos e capoeiristas experientes em determinado tipo de movimento apresentado, comparado a movimentos que não haviam recebido treinamento anterior. Por outro lado, no grupo controle, não houve ativação em nenhuma das regiões ativadas nos bailarinos e capoeiristas profissionais.

Outra pesquisa relacionada à plasticidade cerebral motora e treinamento é a de Mikheev et al. (2002) com os atletas de judô. Nesse estudo, foram realizados testes de lateralidade em atletas experientes e não experientes por meio do tempo de reação no processamento visual e auditivo. Houve preferência pelo hemisfério direito do cérebro para processamento verbal e informação viso-espacial e pelo hemisfério esquerdo do cérebro para percepção da fala. Assim, o resultado mostrou que o treinamento constante alterou a preferência de lateralidade dos atletas, sugerindo que a plasticidade cerebral motora nessa modalidade esportiva é significativa. O judô, após anos de treino, é capaz de alterar a lateralidade do comportamento motor do atleta, permitindo que utilize alguns golpes com a mão esquerda mais do que a direita, mesmo sendo destro.

Assim, como as características biológicas e ambientais podem contribuir na mudança no desempenho das pessoas, alterando as funções cognitivas e emocionais, o treino com alguns jogos de *videogame* também têm mostrado a eficiência na melhora da concentração (atenção: foco interno e externo), nas estratégias de aprendizagem, no controle da ansiedade, entre outras habilidades cognitivas e emocionais. Por exemplo, um estudo de Green e Bavelier (2003) publicado na revista *Nature*, em maio de 2004, mostrou que os jogadores novatos em *videogame* obtiveram melhora na atenção visual após dez dias de treino. Além disso, esse estudo demonstrou que os jogadores também melhoraram a capacidade de orientação espacial e resolução temporal.

Os constantes avanços na instrumentação do *biofeedback* e dos *softwares* amigáveis, projetados pelos profissionais da saúde e engenheiros, têm oferecido melhor compreensão sobre o uso das tecnologias computacionais que geram as reações emocionais e nas medidas psicofisiológicas de pessoas durante as sessões de psicoterapia e treinamento da autorregulação. Nas pesquisas em neurociência do comportamento, é possível utilizar, por exemplo, o monitor de frequência cardíaca (Peng et al., 1999), resposta galvânica da pele (Collet et al., 1996; Roure et al., 1999), EEG *biofeedback* ou neurofeedback (Tilstone, 2003;

Singer, 2004), entre outros equipamentos para registrar mudanças psicofisiológicas em várias situações determinadas pelo pesquisador/profissional do esporte.

O *neurofeedback*, por exemplo, que soma treinamento de ondas cerebrais (utilizando o modelo de condicionamento operante) e outros métodos de neuroterapia, dentro de um protocolo da psicoterapia, tem auxiliado cada vez mais os médicos e psicólogos nos EUA e em outros países no tratamento em desordens como: dependência química, depressão, estresse pós-traumático, hiperatividade e distúrbio da atenção, desordens dissociativas e concentração em atletas. A pesquisa de Singer (2004), por exemplo, examinou como o treinamento em *neurofeedback* afetava o desempenho e a ansiedade de três dançarinos profissionais. Foram colocados dois sensores na região do T3 e T4 (região temporal do cérebro), e concomitantemente os dançarinos receberam vinte sessões de *neurofeedback* com duração de 30 min. A ansiedade foi avaliada pelo teste *State-Trait Anxiety Inventory Test* (STAI). Os resultados indicaram que houve diminuição da ansiedade e, consequentemente, melhora no desempenho após as sessões de *neurofeedback*.

A Nasa (http://oea.larc.nasa.gov/news_rels/2000/00-063.html) liberou a licença da tecnologia de *biofeedback* baseada em *videogame* para a empresa CyberLearning Technology (http://www.smartbraingames.com/nasa.asp). Nesse equipamento de neurofeedback baseado em *videogame*, o programa permite que a criança seja monitorada pelo EEG (*software* de jogo desenvolvido em Delphi) enquanto joga. O objetivo é alterar as ondas cerebrais da criança com hiperatividade durante o jogo. O monitoramento do EEG registra e analisa cada jogada da criança e faz com que ela siga certa ordem sem alterar seu estado atencional. A pesquisa realizada por Pineda et al. (2003) indicou que os indivíduos monitorados aprenderam rapidamente a controlar os níveis de dificuldade do jogo (*videogame* 3D de atirar em primeira pessoa) após dez horas de treino com *neurofeedback*.

Ao que parece, podemos inferir que as novas tecnologias digitais e os estudos das neurociências estão trazendo novas possibilidades na melhora do desempenho. Por que não um programa dessa natureza para desenvolver algumas habilidades cognitivas e emocionais em estudantes, atletas, ou mesmo melhorar o desempenho do trabalhador? Apesar desses avanços tecnológicos de imageamento cerebral, é fundamental a realização de mais pesquisas em neurociência aplicadas para o desenvolvimento de novos protocolos de intervenção, no qual o treinamento/educação cerebral possibilite a melhora no desempenho cognitivo e emocional.

Referências

BEATTY, J. A. et al.. Physical exercise decreases neuronal activity in the posterior hypothalamic area of spontaneously hypertensive rats. *J Appl Physiol*, v. 98, p. 572-578, 2005.

BRIGMAN, S.; CHERRY, K. E. Age and skilled performance: Contributions of working memory and processing speed. *Brain and Cognition*, v. 50, p. 242-256, 2002.

CALVO-MERINO, B. et al.. Action observation and acquired motor skills: An fMRI study with expert dancers. *Cerebral Cortex*, In Press – Online, 2005.

COLCOMBE, S. J. et al.; Aerobic fitness reduces brain tissue loss in aging humans. *J Gerontol Bio Sci Med Sci.*, v. 53, p. 176-180, 2003.

COLCOMBE, S. J. et al. Cardiovascular fitness, cortical plasticity, and aging. *Proceedings of the National Academy of Sciences*, v. 101, p. 3316-3321, 2004.

COLCOMBE, S. J.; KRAMER, A. F. Fitness effects on the cognitive function of older adults: a meta-analytic study. *Psychol. Sci.*, v. 14, p. 125-130, 2002.

COLLET, C.; et al. Relationship between performance and skin resistance evolution involving various motor skills. *Physiology & Behavior*, v. 59, n. 4-5, p. 953-963, 1996.

DEY, S. Physical exercise as a novel. Antidepressant agent: possible role of serotonin receptor subtypes. *Physiol Behav*, v. 55, n. 2, p. 323-329, 1994.

DEY, S.; DEY, P. K.; SINGH, R. H. Exercise training: significance of regional alterations in serotonin metabolism of rat brain in relation to antidepressant effect of exercise. *Physiol Behav*, v. 52, n. 6, p. 1095-1099, 1992.

DIETRICH, A; SPARLING, P. B. Endurance exercise selectively impairs prefrontal-dependent cognition. *Brain and Cognition*, v. 55, p. 516-524, 2004.

DRAGANSKI, B et al. Neuroplasticity: changes in grey matter induced by training. *Nature*, v. 427, p. 311-312, 2004.

GREEN, C. S; BAVELIER, D. Action video game modifies visual selective attention. *Nature*, v. 423, p. 534-537, 2003.

KEMPERMANN, G. van; PRAAG, H.; GAGE, F. H. Activity-dependent regulation of neuronal plasticity and self repair. *Prog Brain Res*, v. 127, p. 35-48, 2000.

KRAMER, A. et al. Ageing, fitness and neurocognitive function. *Nature*; v. 29, n. 400, p. 418-419, 1999.

KUBOTA, Y. et al. Frontal midline theta rhythm is correlated with cardiac autonomic activities during the performance of an attention demanding meditation procedure. *Cognitive Brain Research*, v. 11, n. 2, p. 281-287, 2001.

LUTZ, A. et al. Long-term meditators self-induce high-amplitude gamma synchrony during mental practice. *Proceedings of the National Academy of Sciences*, v. 101, n. 46, p. 16369-16373, 2004.

MIKHEEV, M. et al. Motor control and cerebral hemispheric specialization in highly qualified judo wrestlers. *Neuropsychologia*, v. 40, n. 8, p. 1209-1219, 2002.

NEWBERG, A. B.; IVERDEN, J. The neural basis of the complex mental task of meditation: neurotransmitter and neurochemical considerations. *Medical Hypotheses*, v. 61, n. 2, p. 282-291, 2003.

PENG, C-K; Exaggerated heart rate oscillations during two meditation techniques. *International Journal of Cardiology*, v. 70, p. 101-107, 1999.

PINEDA, J. A. et al. Learning to control brain rhythms: making a brain-computer interface possible. *IEEE Transactions on Neural Systems and Rehabilitation Engineering*, v. 11, n. 2, p. 181-184, 2003.

ROURE, R. et al. Imagery quality estimated by autonomic response is correlated to sporting performance enhancement. *Physiology & Behavior*, v. 66, n. 1, p. 63-72, 1999.

SCHULZ, K. H. et al. Impact of aerobic training on immune-endocrine parameters, neurotrophic factors, quality of life and coordinative function in multiple sclerosis. *Journal of the Neurological Sciences*, n. 225, v. 1-2, p. 11-18, 2004.

SIMONEM, R. L. et al. A dopamine D2 receptor gene polymorphism and physical activity in two family studies. *Physiology & Behavior*, v. 78, n. 4-5, p. 751-757, 2003.

SINGER, B. S. K. The effect of neurofeedback on performance anxiety in dancers. *Journal of Dance Medicine & Science*, v. 8, n. 3, p. 78-81, 2004.

SUTOO, D.; AKIJAMA, K. Regulation of brain function by exercise. *Neurobiology of Disease*, v. 13, n. 1, p. 1-14, 2003.

TILSTONE, C. Neurofeedback provides a better theta-rical performance. *The Lancet Neurology*, v. 2, n. 11, p. 655, 2003.

4

CONTRIBUIÇÕES DA PSICOLOGIA AMBIENTAL PARA O PLANEJAMENTO URBANO

Ricardo Carlos Hartmann[1]
Carlos Loch[2]

INTRODUÇÃO

A participação popular no processo de planejamento urbano municipal tornou-se obrigatória desde a regulamentação do capítulo da Política Urbana da Constituição da República Federativa do Brasil (1988) pelo Estatuto da Cidade[3] (Brasil, 2001). Parte desse processo de planejamento participativo consiste na realização de uma leitura dos fatos ambientais que influenciam

---

[1] Psicólogo, mestrando em Arquitetura e Urbanismo (PósARQ/UFSC).

[2] Coordenador do Laboratório de Fotogrametria, Sensoriamento Remoto e Geoprocessamento (LabFSG/UFSC).

[3] O Estatuto da Cidade instituiu as diretrizes da política urbana federal e os instrumentos para que fossem cumpridas a função social da cidade e da propriedade urbana, o direito à cidade e a gestão democrática das cidades. Além disso, o Estatuto também redefiniu a função do plano diretor de urbanismo municipal, transformando-o em instrumento fundamental da política urbana municipal, por meio da definição dos critérios para que a propriedade urbana cumpra sua função social.

a qualidade de vida e o desenvolvimento humano no município, e em sua espacialização por meio de cartografia temática.

A precisão da leitura da cidade depende da participação popular, pois são as pessoas das comunidades que vivenciam os fatos ambientais dos diversos lugares da cidade. Além disso, o engajamento popular no processo de leitura da cidade contribui para o desenvolvimento de comportamentos pró-ambientais e da percepção do impacto dos comportamentos individuais e coletivos no ambiente. Nesse sentido, um dos maiores desafios que se apresentam para os planejadores urbanos contemporâneos está no desenvolvimento de uma metodologia que envolva as pessoas das comunidades no processo de planejamento participativo a partir dos fatos ambientais que influenciam a qualidade de vida e o desenvolvimento humano locais.

Este capítulo apresenta uma reflexão sobre alguns aspectos cognitivos relacionados ao desenvolvimento de comportamentos pró-ambientais e do ativismo cívico, visando à fundamentação teórica de uma metodologia de educação ambiental para o planejamento urbano com base em estudos de psicologia ambiental.

O PLANEJAMENTO URBANO E A PARTICIPAÇÃO POPULAR

Segundo a perspectiva de psicologia ambiental adotada neste capítulo, a realidade ambiental e o processo de planejamento participativo se influenciam mutuamente, e essas influências mútuas são mediadas por processos individuais e coletivos. Na dimensão individual, esses processos estão relacionados ao desenvolvimento de comportamentos pró-ambientais, ao passo que, na dimensão coletiva, estão relacionados à conscientização para a questão ambiental. Ambas as dimensões relacionam-se por meio do enfrentamento dos problemas ambientais, que dependem do desenvolvimento de percepções desses problemas e de recursos instrumentais para sua visualização: a cartografia temática. A cartografia temática consiste na elaboração de mapas que ilustram feições ou conceitos específicos, com o propósito de identificar características estruturais de determinada área. A Figura 1 ilustra os fenômenos cognitivos envolvidos na dinâmica de transformação da realidade ambiental por meio da participação popular no planejamento urbano.

Figura 1: Dinâmica do planejamento participativo.

O problema da imposição da participação popular no planejamento urbano sem a definição de uma metodologia específica de educação ambiental está no ativismo cívico leigo. Em outras palavras, sem definir os procedimentos de identificação e resolução dos problemas ambientais que resultem em modificação comportamental coletiva, o Estatuto da Cidade apenas incentiva o comparecimento das pessoas às audiências e aos debates públicos, sem interferir qualitativamente no processo de planejamento propriamente dito. Para que o planejamento urbano seja efetivamente participativo, esclarecido e crítico, é necessário que as informações reunidas durante a leitura da cidade sejam divulgadas para a maioria dos moradores das comunidades e transformadas em conhecimento ambiental.

A partir dos nexos estabelecidos entre a percepção dos problemas ambientais, os comportamentos pró-ambientais e o desenvolvimento da consciência coletiva sobre a questão ambiental, a reflexão proposta neste capítulo procura delinear procedimentos metodológicos indispensáveis para que os processos participativos de planejamento tornem o desenvolvimento urbano psicologicamente sustentado.

O ADVENTO DA PSICOLOGIA AMBIENTAL

Parafraseando Aziz Ab'Saber e Milton Santos, Tassara (2005) explica que, sobre determinada configuração espacial, existe um grupo de pessoas se comportando de determinada maneira. Nesse sentido, o ambiente pode ser compreendido como a organização e as dinâmicas humanas estabelecidas sobre fragmentos territoriais, remanescentes dos ecossistemas naturais, transformados em áreas rurais e urbanas. Segundo Gifford (2007), a psicologia ambiental tornou-se significativa a partir do reconhecimento, na década de 1960, de que a configuração espacial em que ocorre o comportamento humano é importante. Entretanto, foi apenas a partir da publicação do Relatório Brundtland, na década de 1980, que a psicologia ambiental passou a tentar entender e resolver problemas relativos aos recursos naturais, ao tráfego de veículos, à degradação urbana e aos crimes contra a natureza.

Surgida como uma disciplina que focalizava a arquitetura imediata, rapidamente a psicologia ambiental ampliou seu foco para questões de grande escala, como as políticas públicas, a sustentabilidade e a saúde do mundo biótico e ecológico (Gifford, 2007). Günter e Rozestraten (2005) definiram-na como sendo o estudo do efeito recíproco entre ambiente e organismo, segundo procedimentos multimetodológicos realizados em colaboração interdisciplinar. Nesse sentido, o modelo de pesquisa geralmente empregado é o da pesquisa-ação, em que o pesquisador procura contribuir tanto para a teoria quanto para a prática. Assim, recomenda-se que a metodologia a ser empregada no processo de planejamento participativo permita a transformação de informações ambientais em conhecimento e subsequentemente em comportamentos pró-ambientais.

A seguir, apresentam-se aspectos relacionados ao processo de leitura da cidade, ao desenvolvimento de comportamentos pró-ambientais e ao ativismo ambiental, este último entendido como sinônimo de "engajamento popular no processo de planejamento urbano".

As percepções e o diagnóstico ambiental

Percepção ambiental é a representação lógica de uma população sobre o ambiente. Kohlsdorf (1996) considera "a percepção como parte integrante de qualquer processo de conhecimento" (p. 43-44), e sua análise tem o objetivo de elucidar como os lugares são percebidos. Sob uma perspectiva construtivista piagetiana, a percepção ambiental é um processo de atribuição de significados, com função adaptativa, subordinado às estruturas cognitivas (Oliveira, 2002).

Em suma, é possível entendermos a percepção ambiental como um processo de interação do indivíduo com o meio ambiente por meio de mecanismos perceptivos, dirigidos por estímulos externos captados pelos sentidos, especialmente pela visão. A partir da ação de motivações, humores, necessidades, conhecimentos prévios, valores, julgamentos e expectativas pessoais, os estímulos ambientais são organizados e representados pelo sistema cognitivo por meio de esquemas perceptivos e imagens mentais que orientam o comportamento, conforme a Figura 2 (Rio, 1996), que ilustra o esquema teórico do processo perceptivo.

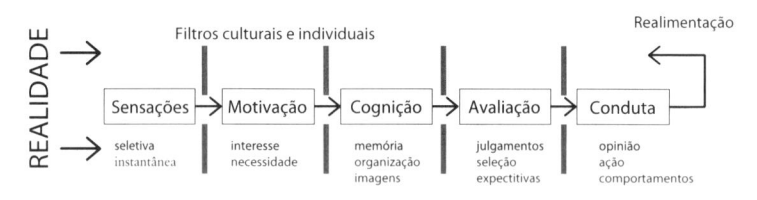

Figura 2: Esquema teórico do processo perceptivo.
Fonte: Rio (1996).

Para a leitura da cidade, diversos autores (Dunstan et al., 2005; Evans, 2006; Robin, Matheau-Police; Couty, 2007) recomendam a análise da presença de elementos tóxicos e barulho, da densidade populacional, das condições da habitação, da qualidade ambiental da vizinhança e do ambiente natural, por serem aspectos do ambiente construído que influenciam a qualidade de vida dos residentes locais e o desenvolvimento humano.

A qualidade dos espaços de lazer deve ser investigada, pois estes lugares influenciam a formação do apego ao lugar, criam oportunidades para a expressão comportamental criativa espontânea da criança, estimulam atividades intencionais, coletivas e o desenvolvimento da territorialidade (Min; Lee, 2006).

O DESENVOLVIMENTO DE COMPORTAMENTOS PRÓ-AMBIENTAIS

Comportamentos pró-ambientais são aqueles que contribuem para a preservação ou a conservação ambiental. Frente à séria ameaça que a degradação ambiental e o consumo acelerado e crescente dos recursos naturais são para a humanidade e o ambiente, Fransson e Gärling (1999) supuseram que o aumento da preocupação ambiental pode modificar comportamentos que degradam o ambiente. Para esses autores, o conhecimento, a percepção de autoeficácia, a responsabilidade pessoal e a percepção de ameaças à saúde pessoal são fatores que influenciam o comportamento pró-ambiental. A autoeficácia refere-se à percepção generalizada de o sujeito ser capaz de controlar o ambiente para executar com êxito uma tarefa particular. A percepção da autoeficácia influencia o desenvolvimento de comportamentos, o esforço dedicado às suas ações, a persistência no enfrentamento de obstáculos, além de pensamentos e sentimentos do indivíduo. Algumas formas de influenciar a percepção de autoeficácia são o desempenho do próprio indivíduo e a observação do desempenho de outros.

Homburg e Stolberg (2006) argumentaram que estressores ambientais, mediados por processos de avaliação, ativam o enfrentamento de problemas específicos. Esse enfrentamento levaria ao desenvolvimento de comportamentos pró-ambientais nos domínios individual e coletivo. Em um modelo que considerava problemas ambientais como estressores, esses autores constataram que a eficácia coletiva, ao invés da eficácia individual, determinaria o enfrentamento e os comportamentos pró-ambientais. Os estudos realizados sugerem que os processos de avaliação ativam o enfrentamento de problemas específicos e levam ao desenvolvimento de comportamentos pró-ambientais. A Figura 3 ilustra alguns fatores relacionados ao desenvolvimento de comportamentos pró-ambientais.

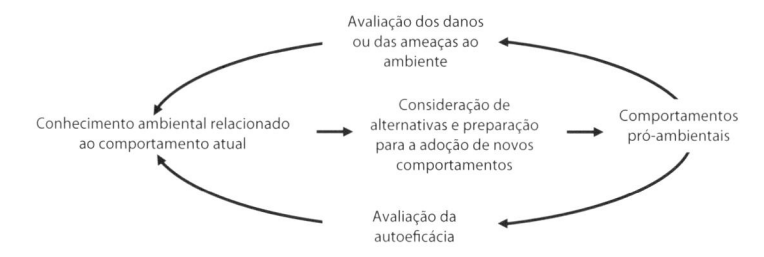

Figura 3: Fatores relacionados ao desenvolvimento de comportamentos pró-ambientais.
Fonte: Elaborado a partir de Fransson e Gärling (1999) e Homburg e Stolberg (2006).

A Figura 3 ajuda-nos a compreender que os processos de avaliação do próprio comportamento e de fatores ambientais são fundamentais para o desenvolvimento de comportamentos pró-ambientais. Além desses fatores, o histórico comportamental, as atitudes ambientais e as intenções comportamentais também influenciam o desenvolvimento de comportamentos pró-ambientais (Kaiser, Oerke; Bogner, 2007; Kaiser, Wölfing; Fuhrer, 1999; Bamberg; Möser, 2007; Michel-Guillou; Moser,

2006). Alguns desses fatores estão relacionados ao ativismo cívico e serão esclarecidos a seguir.

O DESENVOLVIMENTO DO ATIVISMO AMBIENTAL

Segundo a perspectiva adotada neste capítulo, a modificação do ambiente municipal está relacionada ao desenvolvimento do ativismo ambiental. Tal perspectiva também pressupõe que a eficácia da participação popular no planejamento urbano depende da precisão da leitura da cidade, pois o desenvolvimento de soluções depende do reconhecimento dos problemas. Nesse sentido, o ativismo leigo apenas não basta, é preciso desenvolver o ativismo ambiental esclarecido por meio dos processos de avaliação do próprio comportamento e de fatores ambientais. Assim, o processo de desenvolvimento de comportamentos pró-ambientais individuais deve permitir o desenvolvimento do apego ao lugar, a partir do qual se estabelecem os laços de vizinhança que tornam o ativismo ambiental socialmente coeso.

Como visto anteriormente (Figura 1), o desenvolvimento de comportamentos pró-ambientais pressupõe a percepção de problemas ambientais e o direcionamento da atenção individual para determinados aspectos da configuração ambiental em que se vive. Por outro lado (Figura 4), a percepção coletiva de problemas socioambientais parece ser um fator que promove a formação de laços de vizinhança, estes últimos relacionados ao ativismo ambiental. Nesse sentido, estudos realizados por diversos autores (Hernández, Hidalgo, Salazar-Laplace; Hess, 2007; Knez, 2005; Lewicka, 2005) sugerem a possibilidade de desenvolver o ativismo cívico por meio do incentivo à formação de laços de vizinhança, do apego ao lugar e aumentando o tempo de residência dos moradores na comunidade. Este, por sua vez, afeta uma série de percepções referentes ao lugar e, em última análise, influencia também o desenvolvimento de comportamentos pró-ambientais. A Figura 4 ilustra alguns fatores que interferem no desenvolvimento do ativismo ambiental pela população.

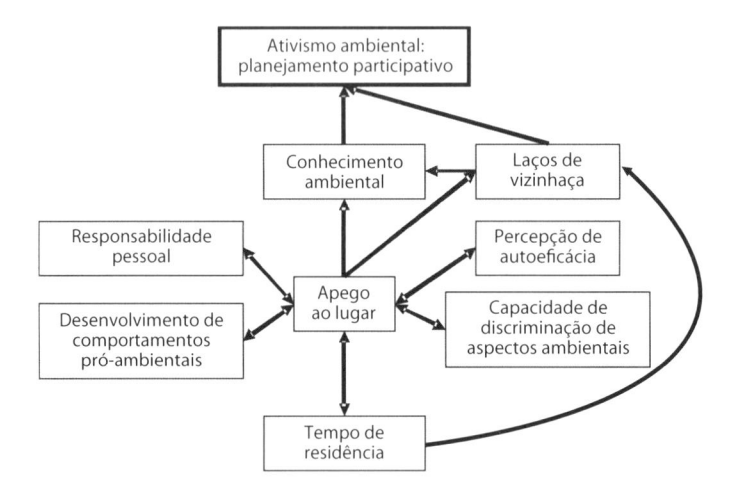

Figura 4: Fatores que interferem no desenvolvimento do ativismo ambiental.
Fonte: Elaborado com base em Hernández, Hidalgo, Salazar-Laplace e Hess (2007), Knez (2005) e Lewicka (2005).

Ao associarmos o ativismo ambiental à participação popular no planejamento urbano, estabelecemos nexos entre os comportamentos ambientais individuais e variáveis de ordem coletiva. McFarlane e Boxall (2003) sugeriram que é necessário considerar as inter-relações entre variáveis psicológicas sociais e macrofatores, como os movimentos ambientalistas na formação de atitudes e na promoção do ativismo ambiental, pois verificaram que a orientação segundo valores influencia significativamente o ativismo ambiental.

Conclusões

Os nexos existentes entre os comportamentos humanos, o processo de planejamento participativo e a modificação do ambiente evidenciam a importância da percepção na moderação dos comportamentos (Liu; Sibley, 2004). A investigação de percepções sobre problemas ambientais permite o geoprocessamento[4] de informações sobre áreas de risco, segregadas ou economicamente viáveis para investimentos públicos em intervenções urbanas, maximizando a compreensão das relações das pessoas com o ambiente. Estudos de alguns autores (Auburn; Barnes, 2006; Kearney; Kaplan, 1997) confirmam o valor de interações sociais, audiências e debates públicos e cartografia temática para o desenvolvimento de comportamentos pró-ambientais e do ativismo ambiental.

Ademais, Kaplan (1988) afirmou que o uso de critérios de avaliação da qualidade da paisagem é fundamental para a incorporação de componentes psicológicos na definição do desenho urbano, na administração e no planejamento territorial

---

[4] Geoprocessamento é o uso de um conjunto de tecnologias que tem como finalidade gerar, armazenar, tratar, usar e representar informações relacionadas à superfície terrestre, por meio de computação gráfica e processamento digital de imagens, tornando possível a visualização, a manipulação e a análise de informações relativas aos sistemas de circulação e transportes, hidrográfico, ambiental, habitacional, entre outros.

municipal. A visualização de informações por meio de cartografia temática constitui uma ferramenta didática poderosa para promover o esclarecimento coletivo sobre problemas ambientais.

Ao estabelecer o processo de planejamento urbano como uma relação dialética entre as pessoas e o ambiente, o Estatuto da Cidade responsabilizou a sociedade civil pela transformação da realidade municipal e pela resolução dos problemas ambientais locais. Nesse sentido, a psicologia ambiental pode contribuir para o planejamento urbano em múltiplas dimensões, que abrangem desde o processo de leitura da cidade, seguido do processo de esclarecimento das relações dos comportamentos individuais com os problemas percebidos, até o processo de desenvolvimento de comportamentos coletivos adequados à modificação da realidade ambiental, percebida por meio de mapas temáticos.

Em suma, tornando possível o reconhecimento coletivo dos problemas ambientais que atingem todos, os moradores das comunidades poderiam desenvolver maior apego ao lugar e laços de vizinhança mais robustos, produzindo a coesão social necessária para solucionar os problemas ambientais à medida que estes forem surgindo, por meio do processo periódico de revisão do plano diretor de urbanismo. Assim, de modo esclarecido e crítico, a sociedade civil, organizada em torno da manutenção de seu espaço vital, se tornaria corresponsável pela gestão dos espaços municipais e garantiria a qualidade de vida para geração atual e para as que ainda hão de vir.

Referências

AUBURN, T.; BARNES, R. Producing place: a neo-Schutzian perspective on the "psychology of place". *Journal of Environmental Psychology*, v. 26, p. 38-50, 2006.

BAMBERG, S.; MÖSER, G. Twenty years after Hines, Hungerford and Tomera: a new meta-analysis of psycho-social determinants of pro-environmental behaviour. *Journal of Environmental Psychology*, v. 27, p. 14-25, 2007.

Constituição da República Federativa do Brasil de 1988. Brasília: Senado Federal. Disponível em: <http://www.senado.gov.br/sf/legislacao/const/>. Acesso em: 28 jul. 2008.

Lei n. 10.257, de 10 de julho de 2001. Regulamenta os arts. 182 e 183 da Constituição Federal, estabelece diretrizes gerais da política urbana e dá outras providências. *Diário Oficial Eletrônico*, página 1. Disponível em: <http://www.planalto.gov.br/ccivil_03/LEIS/LEIS_2001/L10257.htm>. Acesso em 28 jul. 2008.

DUNSTAN, F. et al. An observation tool to assist with the assessment of urban residential environments. *Journal of Environmental Psychology*, v. 25, p. 293-305, 2005.

EVANS, G. W. Child development and the physical environment. *Annual Reviews of Psychology*, v. 57, p. 423-451, 2006.

FRANSSON, N.; GÄRLING, T. Environmental concern: conceptual definitions, measurement methods, and research findings. *Journal of Environmental Psychology*, v. 19, p. 369-382, 1999.

GIFFORD, R. Environmental psychology and sustainable development: expansion, maturation and challenges. *Journal of Social Issues*, v. 63, n. 1, p. 199-212, 2007.

GÜNTER, H.; ROZESTRATEN, R. J. A. Psicologia ambiental: algumas considerações sobre sua área de pesquisa e ensino. Série: *Textos de Psicologia Ambiental*, Brasília, UNB, v. 10, p. 1-7, 2005.

HERNÁNDEZ, B. et al. Place attachment and place identity in natives and non-natives. *Journal of Environmental Psychology*, v. 27, p. 310-319, 2007.

HOMBURG, A.; STOLBERG, A. Explaining pro-environmental behavior with a cognitive theory of stress. *Journal of Environmental Psychology*, v. 26, p. 1-14, 2006.

KAISER, F. G.; OERKE, B.; BOGNER, F. X. Behavior-based environmental attitude: development of an instrument for adolescents. *Journal of Environmental Psychology*, v. 27, p. 242-251, 2007.

KAISER, F. G.; WÖLFING, S.; FUHRER, U. Environmental attitude and ecological behaviour. *Journal of Environmental Psychology*, v. 19, p. 1-19, 1999.

KAPLAN, S. Where cognition and affect meet: a theoretical analysis of preference. In: NASAR, Jack L. (Ed.). *Environmental aesthetics: theory, research and applications*. New York, Cambridge University Press, 1988. p. 56-63. Disponível em: <http://books.google.com/books?hl=pt-BR&lr=&id=sS8rL MA6C5AC&oi=fnd&pg=PA45&dq=%22Where+cognition +and+affect+meet:+a+theoretical+analysis+of+preference %22&ots=CVV3xMBACi&sig=CBoBU6SyCdGSLm-a4RH-SIxe6_Uo#PPA56,M1>. Acesso em: 28 maio 2008.

KEARNEY, A. R.; KAPLAN, S. Toward a methodology for the measurement of knowledge structures of ordinary people: the Conceptual Content Cognitive Map (3CM). *Environment and Behavior*, v. 29, p. 579-617, 1997.

KNEZ, I. Attachment and identity as related to a place and its perceived climate. *Journal of Environmental Psychology*, v. 25, p. 207-218, 2005.

KOHLSDORF, M. E. Brasília em três escalas de percepção. In Rio, V., Oliveira, L. *Percepção ambiental: a experiência brasileira*, São Paulo: Studio Nobel, v. 1, p. 39-60, 1996.

LEWICKA, M. Ways to make people active: the role of place attachment, cultural capital, and neighborhood ties. *Journal of Environmental Psychology*, v. 25, p. 381-395, 2005.

LIU J. H.; SIBLEY, C. G. Attitudes and behavior in social space: Public good interventions based on shared representations and environmental influences. *Journal of Environmental Psychology*, v. 24, p. 373-384, 2004.

McFARLANE, B. L.; BOXALL, P. C. The role of social psychological and social structural variables in environmental activism: an example of the forest sector. *Journal of Environmental Psychology*, v. 23, p. 79-87, 2003.

MICHEL-GUILLOU, E.; MOSER, G. Comminment of farmers to environmental protection: from social pressure to environmental conscience. *Journal of Environmental Psychology*, v. 26, p. 227-235, 2006.

MIN, B.; LEE, J. Children's neighborhood place as a psychological and behavioral domain. *Journal of Environmental Psychology*, v. 26, p. 51-71, 2006.

OLIVEIRA, L. A percepção da qualidade ambiental. *Cadernos de Geografia*. Belo Horizonte: PUC Minas, v. 12, n. 18, p. 29-42, 2002.

RIO, V. Cidade da Mente, cidade real – percepção e revitalização da área portuária do RJ. In: RIO, V.; OLIVEIRA, L. *Percepção ambiental:* a experiência brasileira. v. 1. São Paulo: Studio Nobel, 1996, p. 3-22.

ROBIN, M.; MATHEAU-POLICE, A. & COUTY, C. Development of a scale of perceived environmental annoyances in urban settings. *Journal of Environmental Psychology*, v. 27, 55-68, 2007.

TASSARA, E. T. O. Psicologia Ambiental e futuro – reflexões geopolíticas sobre política ambiental. *Psicologia USP*, v. 16, n. 1, p. 261-267, 2005.

5

TERRITORIALIDADE, PRIVACIDADE E ATENÇÃO EM SAÚDE MENTAL

Jeovane Gomes de Faria[1]

INTRODUÇÃO

Qual a sua relação com o seu lugar de origem? Nos seus maiores desafios, quando suas origens e valores são postos à prova, quais são as suas referências?

Como você reagiria sendo obrigado a deixar o lugar onde se habituou a morar e construiu uma identidade e/ou uma referência, sem perspectivas de retorno?

O pensar do ser humano em seu *habitat* e a forma como se relaciona com o meio em que vive têm sido objeto de estudo de autores das mais diversas áreas do conhecimento ao longo de toda a história da humanidade, não sendo diferente nos estudos e práticas em saúde mental.

---

[1] Psicólogo, especialista em atenção psicossocial em saúde mental e em psicologia da saúde. E-mail: psijeo@yahoo.com.br

Esse tema ganhou maior importância principalmente a partir da Revolução Francesa, com seus ideais de liberdade, igualdade e fraternidade, mas que tinha na loucura um de seus empecilhos no processo de organização social. Essa relação nos faz pensar qual o lugar da loucura ou, melhor dizendo, dos portadores de sofrimento psíquico dentro da nossa sociedade e como pensar formas de inclusão e reinserção social a partir de conceitos da moderna psicologia ambiental e outros conceitos da própria psicologia e de outras ciências.

Este trabalho tem por objetivo principal elaborar uma breve discussão sobre os cuidados em saúde mental com a questão da territorialidade e privacidade ao longo da história da psiquiatria recente e, principalmente, dentro da reforma psiquiátrica, que tem como propósito promover ao indivíduo estratégias de enfrentamento de seus problemas e sofrimento psíquicos dentro do contexto territorial em que foram desencadeados. Também será feita uma contextualização dessa reforma nos meios internacional e nacional, além de suscitar questões sobre a situação atual dos programas de atendimento ao usuário com transtorno mental.

PRIVACIDADE E TERRITORIALIDADE

Fisher et al. (1984), citados por Günther e Rozerstraten (2005), definem psicologia ambiental como "o estudo do inter-relacionamento entre comportamento e ambiente físico, tanto o construído quanto o natural", analisando-a como sendo uma abordagem holista, que estuda os fenômenos dentro do seu contexto, numa inter-relação em que "tanto o ambiente influencia o comportamento, como o comportamento influencia o ambiente"

(p. 1). Outra característica importante dessa abordagem é sua tendência de em primeiro estudar o mundo real e somente ir ao laboratório quando necessário, embora tenha um caráter multi-metodológico e interdisciplinar (Günther; Rozerstraten, 2005). Dessa forma, a psicologia ambiental tem como objeto de estudo a influência *mútua* de fatores ambientais e comportamentais, com ênfase na resolução de problemas, revelando sua natureza aplicada (Corral-Verdugo, 2005). É nesse caráter de ciência aplicada, de constante reflexão e reformulações teóricas, que florescem os mais diversos conceitos e práticas, dos quais destacamos a privacidade e a territorialidade.

A privacidade é o conceito básico em que todos os outros conceitos envolvidos nas interações sociais estão inseridos e, conforme definição de Westin (*apud* Valera; Vidal, 1988), "consiste na demanda de parte das pessoas, grupos e instituições de determinarem por si mesmos quando, como e até que ponto pode dar informações sobre ele aos demais" (Valera; Vidal, 1998, p. 124). Valera e Vidal (1998) citam diversos autores, que em suas produções e considerações acerca do conceito de privacidade propõem, com pequenas diferenças entre um e outro, seis dimensões da privacidade, que são: solidão (referindo ao sentido direto de estar só), isolamento (similar à solidão, em que a pessoa busca afastar-se dos outros para obter privacidade), anonimato (estabelecer-se em situações sociais sem ser identificado), reserva (referindo ao controle de informações de caráter pessoal em situações sociais), intimidade com a família (ambiente familiar sem outras pessoas) e intimidade com os amigos (ambientes sociais, como festas, encontros religiosos etc.).

Enquanto as dimensões solidão e isolamento referem-se ao controle da interação por parte da pessoa, as dimensões anonimato e reserva guardam estreita relação com a capacidade de controlar seletivamente a informação em situação de interação, sendo que as últimas dimensões relacionadas à intimidade são formas de privacidade que tomam como referência o grupo ao invés da pessoa (Valera; Vidal, 1998).

Entre outras funções, a privacidade é definida como importante reguladora da interação e organização, bem como no estabelecimento da identidade pessoal e grupal. É no estabelecimento dessa identidade, aliado ao desenvolvimento de autoidentidade, de autoconhecimento e autonomia pessoal que se formarão as condutas relativas ao território e/ou espaço pessoal, conforme definições e considerações que se seguem no presente trabalho.

Gifford (*apud* Valera; Vidal, 1988) define territorialidade como "um padrão de condutas e atitudes apresentadas por um indivíduo ou grupo, baseado no controle percebido, intencional ou real, de determinado espaço físico, objeto ou ideia" (Vidal; Valera, 1998, p. 136), isto é, a territorialidade pode ser entendida como o elemento-chave para regular as interações sociais e a apropriação do espaço. A territorialidade também é entendida como um mecanismo para atingir o grau de privacidade desejado (Id., Ibid.). Em outras palavras, o ser humano, como todo animal, possui a necessidade de privacidade dentro de determinado território, não especificamente ocupando-o individualmente, e busca controlá-lo e "dominá-lo" conforme suas necessidades, a fim de se diferenciar socialmente ou, até mesmo, se identificar com determinado grupo social.

Enquanto a privacidade ajuda a estabelecer a identidade pessoal e de grupo com determinado espaço, a territorialidade fornece os subsídios cognitivos e comportamentais para manutenção e defesa dessa identidade. Faz-se importante conceber o território como gerador de uma dinâmica, na qual os grupamentos humanos (famílias, creches, associação de moradores etc.) se organizam numa territorialidade geográfica, política e simbólica, onde pessoas e grupos estariam mais ligados ao espaço simbólico-cultural (ou comunitário) e às relações de afetividade, aí vivenciadas, do que ao espaço geográfico em si.

A territorialidade "mostra-se como uma âncora ou ponto de referência cultural em que se vive em conjunto com os outros por uma determinada duração de tempo" (Vieira Filho; Nóbrega, 2004, p. 375) e é também entendida como "uma ação estratégica geográfica forte, ação carregada de efeito simbólico que, no jogo social através das interações dos agentes, e de suas posições, tem o efeito de controlar pessoas e lugares, ou demarcar um lugar como o próprio" (Xavier, 2006, p. 10). A territorialidade está para além de uma expressão de poder, uma estratégia e tática fortemente dependente de relações e posições de seus agentes, evidenciando um modo de estar no mundo e revelando um estilo de vida e uma identidade cultural.

Dados os conceitos de privacidade e territorialidade, dentro dos estudos da psicologia ambiental, elucidaremos a seguir o contexto em que se dá a história recente da atenção em saúde mental e a forma como a loucura se insere no meio social ocidental nos últimos dois séculos. Também comentaremos o ambiente em que se desenvolvem novos paradigmas e mecanismos voltados para a reinserção do usuário com sofrimento psíquico, em uma sociedade que se acostumou a colocá-lo à margem do desenvolvimento técnico-científico, em um submundo onde imperou muitas vezes a impunidade de profissionais mal-intencionados e/ou com formação ineficiente para cuidar da "loucura", de familiares despreparados e mal-informados e de atitudes preconceituosas embutidas em todos os tipos de argumentos imagináveis (por exemplo, "a loucura é contagiosa e precisa ser isolada").

ATENÇÃO EM SAÚDE MENTAL

A política brasileira de atenção em saúde mental, entendida como um conjunto de ações que inclui desde a proteção e a promoção à saúde até o diagnóstico e o tratamento de doenças, está inserida na noção de rede, orientada nos princípios básicos preconizados pelas Diretrizes da Política de Atenção Integral à Saúde Mental, pressupondo diferentes serviços, que deverão atender a diferentes necessidades, e organizando-se a partir das seguintes diretrizes: acolhida, vínculo, responsabilidade e contrato de cuidados (Kantorski, 2007). Com base em uma estrutura que promove a multiplicação de ofertas, a regulação do fluxo e em serviços que seguem as diretrizes apontadas anteriormente, esse modelo de atenção aperfeiçoa as potencialidades dos serviços para se tornarem mais resolutivos e responderem à necessidade que originou a busca do usuário por atendimento.

A fim de melhor discutir as mudanças na atenção à saúde mental, faz-se importante entender como se instalaram as forças contraditórias (movimentos teórico-filosóficos, concepções políticas, necessidades sociais etc.) que constituíram seu saber ao longo da história. Sendo assim, temos como marco inicial a constituição da medicina moderna, com sua crítica à noção medieval da possessão demoníaca para designar os fenômenos da loucura. Essa antítese tornou-se a tese hegemônica até os dias atuais: consolidando-se enquanto disciplina psiquiátrica, sustentada na noção de *doença mental*, ocorrendo assim o sequestro da loucura, pela imposição do poder/saber médico. Esse conceito passou a ser o pilar de sustentação do edifício psiquiátrico, com suas perspectivas teórico-epistemológicas predominantes, baseadas nas práticas da internação e em diversas terapêuticas, indo desde o acorrentamento, a aplicação de banhos quentes e frios, passando pela lobotomia, pelos choques insulínicos e elétricos, até a administração de psicofármacos, a partir dos anos 1950-1960.

Nesse mesmo período, começaram a florescer as críticas ao modelo da psiquiatria clássica e o que antes era uma antítese a um modelo "arcaico" de tratamento passou a ser visto como algo a ser mudado. Os questionamentos começaram pela dimensão epistemológica da psiquiatria e a noção de "doença mental", considerada por Szasz (1979) um mito que tem por função "dourar a amarga pílula" dos conflitos sociais, ao atribuir os problemas de relacionamento interpessoal e social a um problema individual, por disfunções neuroquímicas ou, ainda, de estrutura mental. Laing e Cooper, entre os anos 1950 e 1960, na Inglaterra, questionaram a intervenção da clínica psiquiátrica tradicional, estabelecendo uma nova relação e compreensão terapêutica da loucura, aplicando suas proposições inovadoras em uma unidade clínica experimental para jovens psicóticos (Cooper, 1976). Tais autores modificaram a visão acerca das determinantes da loucura ao trazer as implicações do contexto relacional familiar para o tratamento e estudo dos processos de sofrimento psíquico.

Questionar a problemática da internação psiquiátrica foi só questão de tempo, principalmente após a gama de debates sobre a desumanização produzida por este tipo de tratamento, que isolou e retirou a voz e a cidadania do louco. Constituíram-se, assim, as iniciativas conhecidas como Reforma Psiquiátrica, implementadas por Franco Basaglia em Gorizia e Trieste na Itália e, a partir deste lócus, espalhando-se pelo mundo. O trabalho de Basaglia foi pioneiro ao colocar em prática a extinção dos hospícios, com a criação de serviços alternativos ao manicômio, construídos em forma de rede de atenção, e ao elaborar novas estratégias para o cuidado com as pessoas em sofrimento mental.

> O caráter revolucionário dessa nova forma de cuidado estava expresso não apenas pelos novos serviços que substituíam os manicômios, mas pelos mais variados dispositivos de caráter social e cultural, que incluíam cooperativas de trabalho, ateliês de arte, centros de cultura e lazer, oficinas de geração de renda, residências assistidas, entre outros (Amarante, 2006, p. 33).

Seguindo a influência dos movimentos mundiais, ainda que com alguns anos de atraso, a história brasileira dos tratamentos da loucura segue a mesma lógica, isto é, afirmação da tese psiquiatrizante a partir do século XIX, sua consolidação enquanto modelo de tratamento hegemônico no início do século XX, em conformidade com o movimento higienista, que previa a limpeza das cidades do "lixo social", produzindo a chamada "psiquiatrização do social".

Apesar de contemporâneo ao Movimento Sanitarista, na década de 70 do século XX, que tinha como principais bandeiras a mudança dos modelos de atenção e gestão nas práticas em saúde, o processo de Reforma Psiquiátrica, embora compartilhe dessas ideias, possui uma história própria, inscrita em um contexto internacional de mudanças pela superação da violência asilar e pautada na defesa dos direitos dos usuários de Saúde Mental. "A Reforma Psiquiátrica é um processo político e social complexo, composto de atores, instituições e forças de diferentes origens, e que incide em territórios diversos" (Brasil, 2005, p. 6). Sendo assim, esse movimento toma corpo tanto nas iniciativas legislativas, quanto nas políticas governamentais, além de outros setores importantes, como as universidades, o mercado de serviços de saúde, os movimentos sociais e, principalmente, a opinião pública. Esse processo de reestruturação implica um conjunto de transformações, que passam pelas práticas, pelos saberes e valores socioculturais e sociais, tendo implicações também no cotidiano da vida das instituições e dos serviços de saúde. A reforma psiquiátrica tem avançado, porém é marcada por um cenário com muitos impasses, tensões, conflitos e desafios e, ainda, seus avanços no que tange ao processo de reinserção estão diretamente relacionados com o embate de forças/interesses subjacentes à cultura manicomial e consequentes investimentos socioeconômicos nas políticas públicas de saúde mental.

Por meio de vários movimentos sociais, em especial o Movimento dos Trabalhadores em Saúde Mental (MTSM), tem-se o ano de 1978 como marco inicial da luta pelos direitos dos pacientes psiquiátricos no Brasil, denunciando, entre outras situações, a violência nos manicômios, a mercantilização da loucura e a hegemonia de uma rede privada de assistência, fazendo críticas contundentes ao chamado saber psiquiátrico e ao modelo hospitalocêntrico na assistência às pessoas com transtornos mentais. Com o tema "Por uma sociedade sem manicômios", o II Congresso do MTSM (Bauru, 1987) fornece os alicerces para a realização, no mesmo ano, da I Conferência Nacional de Saúde Mental, realizada no Rio de Janeiro.

Nesse contexto, permeado por mudanças significativas na realidade brasileira, que vão desde a redemocratização pós-ditadura militar até a Constituição de 1988, surge na cidade de São Paulo (1987) o primeiro Centro de Atenção Psicossocial (Caps). Com o processo de intervenção, em 1989, da Secretaria Municipal de Santos (SP) no hospital psiquiátrico "Casa de Saúde Anchieta", local de maus-tratos e morte de pacientes, é que se fortalece o cenário de construção de uma rede de cuidados efetivamente substitutiva ao modelo asilar. São implantados nessa cidade, concomitantemente, os Núcleos de Atenção Psicossocial (Naps) que funcionam 24 horas por dia. Também são criadas cooperativas, residências para os egressos do hospital e associações (Brasil, 2005).

Com a entrada do Projeto de Lei do deputado federal Paulo Delgado (MG), em 1989, que propõe a regulamentação dos direitos da pessoa com transtornos mentais e a extinção progressiva dos manicômios do país, tem-se a primeira iniciativa de reforma da atenção em saúde mental no plano legislativo. Mas é somente em 2001, ou seja, após doze anos de tramitação no Congresso Nacional, que a Lei Paulo Delgado é sancionada, normatizada como Lei Federal 10.216, conquistando-se novo impulso no processo de reforma psiquiátrica no Brasil (Brasil, 2005). Como principais ferramentas desse processo de reforma têm-se o fechamento de leitos em hospitais psiquiátricos, o aumento da rede dos Caps e das Residências Terapêuticas. O "Programa de volta para casa", dirigido a pacientes do regime asilar, residentes de hospitais psiquiátricos, é outro componente importante da reforma psiquiátrica.

Os Caps, entre todos os dispositivos de atenção à saúde mental, têm valor estratégico para a reforma psiquiátrica brasileira, pois será a sua consolidação e estruturação como serviços substitutivos ao hospital psiquiátrico, que permitirá a organização da rede de atenção às pessoas com transtornos mentais nos municípios, dada a função articuladora desses centros frente aos níveis de atenção em saúde, bem como seu papel acolhedor, constituindo-se em uma nova clínica, produtora de autonomia, "convidando o usuário à responsabilização e ao protagonismo em toda a trajetória de seu tratamento" (Brasil, 2005).

Os Caps possuem uma linha de financiamento específica no Ministério da Saúde desde 2002 e são organizados pelas secretarias municipais. Os Caps diferenciam-se pelo porte, clientela atendida e capacidade de atendimento, conforme o perfil populacional, recebendo as seguintes denominações e descrições, conforme Portaria GM 336, de 19 de fevereiro de 2002: Caps I (municípios com população entre 20. mil e 70 mil habitantes), Caps II (municípios com população entre 70 mil e 200 mil habitantes), Caps III (municípios com população acima de 200 mil habitantes, atendendo 24 horas por dia, inclusive feriados e finais de semana, com leitos para internações breves), Capsi II (referência para o atendimento a crianças e adolescentes em uma população de cerca de 200 mil habitantes, ou outro parâmetro populacional a ser definido pelo gestor local) e Capsad II (referência para o atendimento de usuários com transtornos decorrentes do uso de álcool e outras drogas em municípios com população superior a 70 mil habitantes) (Brasil, 2004a).

Com importante papel no cenário da reforma psiquiátrica, os Caps buscam oferecer serviços estabelecidos dentro de uma nova lógica de saúde, constituindo-se como instituições abertas e regionalizadas, formadas por equipes multidisciplinares, ofertando novos tipos de cuidado ao sujeito em sofrimento psíquico, centrados em diagnóstico situacional (conjunto de condições psicossociais do usuário) e não somente nos diagnósticos psicopatológicos e medicações, cuja meta é a reintegração social do usuário.

As Residências Terapêuticas são moradias destinadas às pessoas portadoras de transtornos mentais graves, egressas ou não de hospitais psiquiátricos, que perderam o contato com a rede de apoio familiar de origem. Em uma perspectiva de reinserção social, essas residências funcionam como locais abertos em que a "loucura" não é segregada, transformando o antigo espaço da clínica, baseado na concepção do "fora e dentro", em espaços comunitários. Moreira e Andrade (2007) apresentam diferentes modalidades residenciais, conforme região em que foram implantadas: (a) adaptação de casas internas ao ambiente hospitalar com a criação de espaços privados nas acomodações antigas; (b) reinserção comunitária por meio de habitação em famílias adotivas; (c) casas coletivas montadas na comunidade; (d) serviços integrados a um serviço aberto; (e) comunidades terapêuticas e outros esquemas individuais no mercado privado de moradias. Ainda que sob os orçamentos da saúde, essas residências não são precisamente serviços de saúde, mas espaços de morar, de viver, articulados à rede de atenção psicossocial de cada município (Brasil, 2004a).

Os diversos processos de implantação e manutenção dos dispositivos necessários à reforma psiquiátrica apontam para os desafios enfrentados pela maioria dos países na transformação da assistência à saúde mental. Esses desafios estão relacionados tanto a características socioculturais, como maior ou menor abertura da população no acolhimento à alteridade e adesão ao movimento, quanto aos aspectos político-econômicos situados na configuração de forças hegemônicas em determinados países. É preciso evitar que esse processo de reforma se limite à facilitação ou ao preparo para a reinserção social dos usuários, fazendo-se necessária

> a implantação de dispositivos comunitários diversos que contemplem não somente uma permanente articulação entre os próprios serviços instaurados pelas políticas públicas de saúde, mas também entre estas e as demais políticas públicas que garantam moradia, lazer, educação, segurança, trabalho, enfim, os direitos sociais constitucionais (Moreira; Andrade, 2007, p. 50).

Reforma psiquiátrica: qual o lugar da territorialidade e o espaço da privacidade?

Concebida dentro dos parâmetros da reforma sanitária, a reforma psiquiátrica foi estabelecida a partir dos princípios do SUS. Sendo assim, a articulação do Caps com a rede básica de saúde é fundamental para a implementação do verdadeiro sentido da reforma, que implica ações em saúde baseadas na hierarquização dos graus de complexidade das intervenções, visando oferecer ao usuário uma saúde integral em seu território. Sendo assim, o Ministério da Saúde (Brasil, 2004b) preconiza que "os Caps devem buscar uma integração permanente com as equipes da rede básica de saúde em seu território, pois têm um papel fundamental no acompanhamento, na capacitação e no apoio para o trabalho dessas equipes com as pessoas com transtornos mentais". Por isso mesmo, é necessário estabelecer o chamado apoio matricial, que é completamente diferente da lógica do encaminhamento ou da referência e contrarreferência no sentido estrito, porque significa a responsabilidade compartilhada dos casos. Um dos princípios básicos da reforma psiquiátrica é a concepção *porta aberta*, em que o usuário tem acesso direto aos Caps, independente do encaminhamento, ou seja, por demanda espontânea, constituindo-se assim como "uma diretriz central dos serviços territoriais e um dos princípios que compõe a estratégia de produção de saúde mental comunitária, coletiva e territorial" (Nicácio e Campos, 2005, p. 42).

Podemos perceber que o processo de reforma psiquiátrica e suas estratégias de atuação possuem ligação direta com o planejamento territorial e a perspectiva de regionalização, proporcionando a manutenção dos contatos do usuário com sua rede social, procurando assim viabilizar o desenvolvimento de estratégias de enfrentamento frente aos problemas desencadeadores do sofrimento psíquico, ou seja, evitando retirar o usuário do local de "psicotização". Entre os fatores importantes nesse processo também estão as questões relativas ao planejamento urbano e às condições de trabalho dos funcionários.

Na forma em que está organizada a saúde mental dentro da rede de assistência em saúde e suas interações com outras áreas de uso social, faz-se importante estabelecer um paralelo com a psicologia ambiental, caracterizada anteriormente como holista, ecológica, social, interdisciplinar, multimetodológica e aplicada, focalizada na relação pessoa-ambiente, com ênfase aos conceitos de territorialidade e privacidade.

Nesse contexto, a reforma psiquiátrica, com sua proposta maior de reinserção e/ou reintegração social, tem profunda ligação com os conceitos de territorialidade e privacidade, pois busca por meio de seus mecanismos de ação, como os Caps, promover ao indivíduo estratégias de enfrentamento de seus problemas e sofrimento psíquicos dentro do contexto territorial em que foram desencadeados, ao contrário da lógica empregada em instituições totais, como os manicômios, entidades de custódia judicial para doentes mentais e comunidades terapêuticas de caráter, muitas vezes, religioso e disciplinar. Essa prática terapêutica é estruturada de forma diferente de modelos vinculados a uma lógica hospitalocêntrica e/ou de consultórios privados, pois é focada no trabalho com o indivíduo em seu ambiente de interações sociais, funcionando também como um serviço comunitário. Esse modelo de atenção em saúde mental deve "estar interconectado em um circuito interinstitucional integrado" na rede de atenção em saúde, evitando assim "a fragmentação dos atendimentos e ainda ser facilitadora do planejamento de área de saúde distrital, sobretudo concernente aos atendimentos domiciliares e às intervenções clínicas na rede pessoal significativa do usuário" (Vieira Filho; Nóbrega, 2004, p. 375).

Mas, dentro dos desafios atuais da reforma psiquiátrica, emergem os problemas decorrentes do que se fazer com os usuários que já foram isolados de seus territórios, muitas vezes perdendo completamente seus vínculos familiares e círculos relacionais. Entre as estratégias da reforma para esses casos existem os programas "De volta para casa" e "Residências terapêuticas", que buscam reinserir o usuário ao seu grupo familiar de origem e/ou promover uma reconstrução de sua identidade de lugar, entendida como "uma estrutura complexa constituída por atitudes, valores, crenças e significados referentes à relação psicológica que estabelecemos com os espaços físicos." (Günther, Nepomuceno, Spehar & Günther, 2003, p. 300). A criação e o funcionamento dessas residências vêm sendo amplamente discutidos no país e as moradias implantadas há mais tempo vêm servindo de suporte para aqueles municípios que almejam inaugurar dispositivos semelhantes. Mas estudos como o de Moreira e Andrade (2007), que relatam ou avaliam, tanto o alcance e as possibilidades dessas residências como os desafios enfrentados no dia a dia para sua manutenção, ainda são raros no meio científico.

Embora exista dentro do modelo filosófico e histórico a concepção da necessidade de enxergar o indivíduo como um ser biológico inserido em ampla rede de interações sociais, ainda existe uma lacuna estratégico-prática de ação mais efetiva nos modelos de atenção, que vai desde a elaboração da política pública de atenção ao usuário até a execução da mesma dentro dos espaços destinados a tal política. Os "ex-asilados", conforme Moreira e Andrade (2007),

> ainda enfrentam muitas restrições e/ou cobranças ao retomar suas vidas fora dos hospitais, com poucas oportunidades para reconstruir um cotidiano digno e de qualidade que exigiria: trabalho/ofício compatível com sua potência singular, relações afetivo/sociais com familiares e/ou amigos, cuidado satisfatório com a saúde e criação de vínculos afetivos, através de bons encontros na circulação pela cidade (p. 50),

Não é raro encontrar casos em que o usuário pede a re-hospitalização, visto as dificuldades de adaptação enfrentadas.

Estabelecendo um paralelo da atenção em saúde mental com as palavras de Corral-Verdugo (2005), quando elucida o objeto da psicologia ambiental, há a necessidade de incorporar a cultura na explicação das relações ambiente-comportamento, estudando o modo como a cultura influencia as visões de mundo, normas, sentimentos e comportamentos. A cultura, nessa perspectiva, perpassa a organização sanitária, os modelos de gestão e o trabalho terapêutico, agindo, principalmente, como linguagem e código e fornecendo "um referencial que permite aos atores dar um sentido ao mundo em que vivem e às suas próprias ações", bem como "esquemas de interpretação que dão sentido às dificuldades da existência, apresentando-as como elementos de uma ordem ou como fruto de sua perturbação" (Motta, 1997, p. 27).

Outra consideração acerca da abordagem territorial na atenção em saúde mental refere-se aos modelos de gestão característicos da administração brasileira, cujos aspectos "tendem a facilitar a prática de valores nem sempre democráticos e a reprodução de uma lógica corporativista", o que acaba por privilegiar ações imediatistas de interesses pessoais diversos, em detrimento de ações estratégicas de médio e longo prazo, com maior poder de provocar mudanças de paradigmas. Essas ações propiciariam "a consciência das contradições sociais e a possibilidade concreta de desconstrução institucional, permitindo uma leitura crítica que pode favorecer a emergência de brechas e caminhos alternativos para as novas práticas de atendimento" (Vieira Filho e Nóbrega, 2004, p. 375), evitando assim cristalizações burocráticas nas ações profissionais.

CONSIDERAÇÕES FINAIS

O modelo de atenção integral, correlacionado com a formação e a pesquisa em "Saúde Pública", fornece pressupostos básicos para se pensar em estratégias de elaboração de investigações dos processos existentes nas relações interpessoais presentes na atenção em saúde, seja nas relações de trabalho, no atendimento ao público ou na execução de políticas públicas. Fazem-se importantes as considerações acerca dos problemas da discrepância existente entre a elaboração de um programa de saúde e a sua execução, principalmente quando se observam variáveis como o ambiente de atuação, condições de execução do trabalho e aspectos motivacionais e comportamentais envolvidos na relação profissional-serviço-usuário.

Na execução de políticas de Saúde Mental, não é diferente, pois se percebe as mesmas discrepâncias existentes entre a elaboração e a execução das demais políticas públicas de saúde, como equipes reduzidas em relação ao projeto original, profissionais insatisfeitos com salários, alta rotatividade e dificuldade em manter e seguir as estratégias traçadas, principalmente quando ocorrem trocas de governo. Todos esses fatores contribuem significativamente para o aumento das barreiras, que já não são poucas, a serem enfrentadas pela reforma psiquiátrica, entendendo-a como processo integrador e humanizador.

Além dos fatores citados anteriormente, devemos levar em conta as estratégias previstas no processo de reconstrução dos cuidados em saúde mental, como os Caps, as residências terapêuticas e o programa "de volta para casa", procurando adaptá-los cada vez mais às condições específicas das localidades onde são executados e às verdadeiras necessidades do principal interessado, que é o próprio usuário. Hoje, cada região possui liberdade de execução de sua política de saúde mental, e muitos exemplos, bem-sucedidos, surgem a cada ano, por toda parte do Brasil, mas ainda faz-se necessária uma produção científica mais consistente, visando difundir as várias práticas aplicadas e viabilizá-las para um maior número de profissionais.

A reforma psiquiátrica não visa criar um modelo estático com o propósito de se tornar uma tese dominante, como o modelo da qual se propõe a reestruturar, mas sim criar um modelo dinâmico de constante reforma, em que o novo e o velho, a tese e a antítese, possam convergir no melhor acesso à saúde do usuário e também dos cuidadores, representados nas figuras dos familiares e amigos, além dos próprios profissionais envolvidos no processo, que muitas vezes são esquecidos na hora de se pensar a política de atenção em saúde mental.

REFERÊNCIAS

AMARANTE, P. Rumo ao fim dos manicômios. *Revista Mente & Cérebro*. São Paulo: Duetto, n. 164, p. 30-35, 2006.

BRASIL, Ministério da Saúde. *Legislação em saúde mental*: 1990-2004. 5. ed. ampliada. Brasília: Ministério da Saúde: 2004a.

_____. *Saúde mental no SUS*: os Centros de Atenção Psicossocial. Brasília: Ministério da Saúde, 2004b.

_____. Secretaria de Atenção à Saúde. DAPE. Coordenação Geral de Saúde Mental. *Reforma psiquiátrica e política de saúde mental no Brasil*. Documento apresentado à Conferência

Regional de Reforma dos Serviços de Saúde Mental: 15 anos depois de Caracas. OPAS. Brasília: Ministério da Saúde, 2005.

COOPER, D. *Psiquiatria e anti-psiquiatria*. São Paulo: Perspectiva, 1976.

CORRAL-VERDUGO, V. Psicologia ambiental: objeto, "realidades" sócio-físicas e visões culturais de interações ambiente-comportamento. *Psicologia USP*, v. 16 , n. 1-2, p. 71-87, 2005.

GÜNTER, H.; ROZERSTRATEN, R. J. A. (2005). Psicologia Ambiental: algumas considerações sobre sua área de pesquisa e ensino. *Textos de psicologia ambiental*, n. 10. Brasília, UnB, Laboratório de Psicologia Ambiental. Disponível em: <www.psi-ambiental.net/pdf/10PsiAmbiental.pdf>. Acesso em 15 de ago. 2008.

GÜNTHER, I. A. et al. Lugares favoritos de adolescentes no Distrito Federal. *Estudos de Psicologia*, v. 8, v. 2, 299-308, 2003. Disponível em: < http://www.scielo.br/pdf/epsic/v8n2/19046.pdf >. Acesso em: 26 jul. 2008.

FISHER, J. D.; BELL, P. A.; BAUM, A. *Environmental psychology*, 2ª ed. New York: Holt, Rinehart and Winston, 1984.

KANTORSKI, L. P. O conhecimento produzido em saúde mental e sua aplicação nos serviços. SMAD, *Rev. Eletrônica Saúde Mental Álcool Drog.*, v. 3, n. 1, 2007. Disponível em: <http://www2.eerp.usp.br/resmad/verArtigo.php?idioma=ingles&ano=2007&volume=3&numero=1&id=106>. Acesso em: 23 jul. 2008.

MOREIRA, M. I. B.; ANDRADE, Â. N. Habitar a cidade: análise de serviços residenciais terapêuticos. *Psicologia & Sociedade*, v. 19, n. 3, p. 46-54, 2007.

MOTTA, F. C. P. Cultura e organizações no Brasil. In: MOTTA, F. C. P.; CALDAS, M. P. (Orgs.). *Cultura organizacional e cultura brasileira* (p. 25-37). São Paulo: Atlas, 1997.

NICÁCIO, F. N.; CAMPOS, G. W. S. Instituições "portas abertas": novas relações usuários-equipes-contextos na atenção em saúde mental de base comunitário-territorial. In: *Rev. Ter. Ocup*. Univ. São Paulo, v. 16, n. 1, p. 40-46, 2005.

VIDAL, T.; VALERA, S. Privacidad y territorialidad. In: ARAGONÉS, J. I. y AMÉRIGO, M. (Orgs.). *Psicologia Ambiental*. Madri: Pirâmide, 1998, p. 23-148.

SZASZ, T. S. Ideologia e doença mental. Rio de Janeiro: Zahar, 1980.

VIEIRA FILHO, N. G.; NÓBREGA, S. M. A atenção psicossocial em saúde mental: contribuição teórica para o trabalho terapêutico em rede social. *Estudos de Psicologia*, Universidade Federal de Pernambuco, v. 9, n. 2, p. 373-379, 2004.

XAVIER, M. A. S. Territorialidade, identidade e políticas públicas em saúde: uma articulação necessária e possível. Seminário temático apresentado ao Programa de Pós-Graduação em Geografia da Universidade Federal Fluminense, 2006. Disponível em: < http://www.uff.br/posgeo/modules/xt_conteudo/content/campos/maria_aparecida.pdf>. Acesso em 15 ago. 2008.

6

AMBIENTE PESSOAL: O PAPEL DA PERSONALIZAÇÃO NA CONSTRUÇÃO DE ESPAÇOS SAUDÁVEIS

Maíra Longhinotti Felippe[1]

INTRODUÇÃO

Taxas de urbanização crescentes trouxeram consigo significativa mudança ambiental e novos cenários: aglomerações, favelização, inadequação de espaços construídos, degradação de recursos naturais, poluição, desmatamento, violência, problemas nos sistemas de saneamento básico, transporte e saúde. Os primeiros estudos em psicologia ambiental surgiram para fazer frente a essas importantes mudanças, a partir de uma nova consciência do espaço (Pinheiro, 2003).

Em parte justificada pelos novos tempos, mais atenção foi dada aos estressores ambientais urbanos – entre os quais ruído, tráfego intenso, aglomeração e poluição do ar – do que ao ambiente construído, no que se refere às suas influências sobre a saúde humana (Evans; McCoy, 1998). Por definição, as relações

[1] Mestranda do Programa de Pós-Graduação em Psicologia da Universidade Federal de Santa Catarina, arquiteta, servidora pública estadual. E-mail: mairafelippe@gmail.com

mútuas estabelecidas entre pessoa e ambiente são o objeto da psicologia ambiental, mas, em tal contexto, é importante perceber que desdobramentos significativos dessas interações e a saúde humana podem ser observados, especialmente *no interior de* e *em função de* construções, onde as pessoas passam a maior parte de suas vidas.

Sob tal perspectiva, é possível definir alguma relação entre o poder de intervenção humana sobre o espaço construído e a saúde? Como *poder de intervenção* entendemos a possibilidade, por parte do usuário, de estabelecer um controle efetivo do meio edificado, ao alterar as características físicas do espaço para melhor adequá-las às suas necessidades. As considerações propostas a seguir procuram discutir se restrições nas chances de personalização do ambiente construído poderiam levar ao adoecimento. Concomitantemente, relacionam esse possível comprometimento da saúde à fragmentação da identidade de lugar e às falhas no processo de enfrentamento com o ambiente que nos cerca.

PERSONALIZAÇÃO: CONCEITO E PESQUISA

A personalização do espaço é um comportamento territorial que envolve a ação deliberada de modificar as características de um ambiente, para refletir a identidade de um grupo ou de um indivíduo (Sommer; Sundstrom; *apud* Wells, Thelen; Ruark, 2007). Por meio da personalização, é possível expressar personalidade, originalidade e individualidade. Ao projetar características particulares no espaço, o indivíduo define um território, regula as interações sociais e fortalece o sentido de pertencimento a um lugar (Altman; Brown *apud* Wells, 2000).

Embora a expressão da personalidade seja uma das principais razões da personalização apontadas pela literatura, sob determinadas circunstâncias, a personalidade pode estar apenas indiretamente relacionada à personalização (Wells; Thelen, 2002). Isso porque a expressão da personalidade é fortemente influenciada pelo ambiente físico-social e pode estar vinculada a tipologias estruturadas no imaginário coletivo, que correspondem a modelos sociais e a estilos de vida por amplos grupos aspirados (Fraile, 1987). A personalização pode assumir, portanto, grande importância simbólica, não no sentido da expressão original de características pessoais, mas como meio de representação de *status* social. Ou seja, personalizar espaços é, algumas vezes, reproduzir modelos considerados ideais, que imitam um grupo de referência e refletem um estilo de vida bem-sucedido.

As pesquisas que discorrem direta ou indiretamente sobre a personalização do espaço construído têm se concentrado, em grande parte, nos ambientes de trabalho e de cuidado da saúde. Com bastante frequência, relacionam a atividade de personalizar com sentimentos de bem-estar, satisfação e com o controle do estresse. Os resultados mais significativos da busca por artigos relacionados ao tema, nos periódicos *Environment and Behavior* e *Journal of Environmental Psychology*, são obtidos por meio da palavra-chave *health*, em diversas combinações com os termos *personalization, customization, personal control, controllable environment, restrictive environment, flexibility, adaptability, built environment* e *architecture*.

A Tabela 1 sintetiza a recente produção do conhecimento sobre personalização e saúde, publicada nos dois principais periódicos de psicologia ambiental.

Tabela 1: Resultados mais significativos da pesquisa sobre personalização e saúde, publicada nos periódicos *Environment and Behavior* e *Journal of Environmental Psychology*.

Referência do estudo e local	Variáveis/conceitos relacionados à personalização	Foco da pesquisa	Metodologia
Wells, 2000, Estados Unidos	Satisfação, bem-estar, sentimento de apego ao lugar e controle do estresse	Diferenças individuais da personalização em ambientes de trabalho e sua relação com os sentimentos de satisfação e bem-estar	Pesquisa *survey* que avaliou a personalização do espaço, satisfação com o ambiente físico e com o trabalho, nível de bem-estar físico e psicológico, percepção de bem-estar organizacional e traços de personalidade percebidos por meio da personalização
Yan e England, 2001, Estados Unidos	Satisfação, bem-estar, produtividade e controle do estresse	Avaliação de construções em condições ambientais extremas e sua relação com o sentimento de bem-estar do usuário	Aplicação de questionários de avaliação dos atributos físicos do espaço, da satisfação e do bem-estar, autoadministrados pelos usuários de uma estação de pesquisa no Ártico
Wells e Thelen, 2002, Estados Unidos	Bem-estar e criatividade	Relações entre personalização do ambiente de trabalho e traços de personalidade, influência das políticas organizacionais e do *status* do trabalhador na personalização	Aplicação de inventário de personalidade e questionário que permitiram avaliar a personalização do ambiente de trabalho
Kaya e Weber, 2003, Estados Unidos	Territorialidade e regulação social	Análise comparativa do comportamento territorial em culturas de contato e não-contato	Aplicação de questionários demográficos e de avaliação de comportamento territorial, em residências de estudantes da Turquia e dos Estados Unidos

Huang, Robertson e Chang, 2004, Estados Unidos	Satisfação e redução do estresse	A influência do controle ambiental no aumento dos níveis de satisfação com o ambiente de trabalho e na redução dos níveis de estresse psicológico	Aplicação de pesquisa *survey* em duas companhias norte-americanas, antes e após a implementação de um programa de treinamento ergonômico com vistas a desenvolver a autopercepção de controle ambiental por parte dos trabalhadores
Ruback e Kohli, 2005, Estados Unidos e Índia	Territorialidade, coesão de grupo e sentimento de apego ao lugar	Comportamento territorial em espaço semipúblico	Observação direta do espaço e entrevistas estruturadas para avaliar a personalização ambiental e a resposta comportamental frente a intrusos, no acampamento do Festival Hindu de Magh Mela.
Blumberg e Devlin, 2006, Estados Unidos	Controle do estresse, redução da desesperança, da ansiedade e da frustração	Preferência de usuários adolescentes quanto a características do *design* interior de hospitais	Aplicação de questionário demográfico e de preferências do *design*; associação de características do *design* por meio de fotografias
Wells, Thelen e Ruark, 2007, Estados Unidos	Satisfação, bem-estar, criatividade, sentimento de apego ao lugar e controle do estresse	Fatores pessoais e influência de políticas organizacionais e do *status* do empregado na personalização de ambientes de trabalho	Pesquisa *survey* que avaliou a personalização, o empenho organizacional e a cultura organizacional em dezenove companhias dos Estados Unidos
Rashid e Zimring, 2008, Estados Unidos	Controle do estresse	Condução ao estresse por ambientes interiores que afetam necessidades do indivíduo ou do ambiente de trabalho	Revisão da literatura focada na relação ambiente-estresse, em locais de trabalho e de cuidado da saúde
Maxwell e Chmielewski, 2008, Estados Unidos	Autoestima	A influência da personalização do ambiente escolar sobre a autoestima de crianças	Aplicação de inventários de autoestima antes e após uma intervenção que objetivou qualificar os níveis de personalização do ambiente

A personalização do espaço é um mecanismo de controle ambiental. É a manifestação do poder de intervenção e influência do usuário sobre o meio. As pesquisas têm demonstrado que proporcionar maior controle ambiental às pessoas, por meio da personalização, melhora os níveis de satisfação, bem-estar, favorece avaliações ambientais positivas (Huang, Robertson; Chang, 2004; Imamoglu, 2007; Wells, 2000; Wells, Thelen; Ruark, 2007) e eleva a autoestima (Maxwell; Chmielewski, 2008). O estudo realizado por Huang, Robertson e Chang (2004) verificou que um programa de treinamento ergonômico, cujo objetivo era desenvolver a percepção de controle ambiental de trabalhadores, provocou o aumento dos níveis de satisfação ambiental e de comunicação.

A personalização também é frequentemente associada à territorialidade. O ato de personalizar define um espaço territorial por meio de marcas pessoais, que indicam *pertencimento* a alguém. É um mecanismo de regulação do contato social e serve à função de defesa da identidade pessoal e de grupo. As pesquisas demonstram que indivíduos mais territoriais usam mais marcas de personalização e são mais apegados ao seu território (Kaya; Weber, 2003; Ruback; Kohli, 2005).

Outros estudos relacionam a personalização do espaço com o controle do estresse (Huang, Robertson; Chang, 2004; Wells, 2000; Wells, Thelen; Ruark, 2007). As pesquisas observam importantes evidências de que o ambiente construído pode afligir a saúde das pessoas ao afetar suas necessidades individuais (Blumberg; Devlin, 2006; Evans; McCoy, 1998; Rashid; Zimring, 2008). A personalização seria um importante mecanismo mediador de controle e redução do estresse, por favorecer a adaptação do espaço às características do indivíduo. Constatou-se que a habilidade de modificar e personalizar é de grande importância para o bem-estar das pessoas em ambientes estressores (Yan; England, 2001).

Saúde e ambiente pessoal:
indicadores de relação

O homem personaliza e transforma sua casa e local de trabalho, diferenciando-se dos demais. São notórias as modificações do espaço residencial realizadas por moradores de conjuntos habitacionais padronizados e a marcação do posto de trabalho por meio de objetos familiares. Estudos afirmam que cerca de 90% dos trabalhadores personalizam seu local de trabalho com pelo menos algum item pessoal: plantas, músicas, objetos que representem *hobbies*, atividades, relacionamentos com família e amigos, valores, entre outros (Wells; Thelen, 2002; Wells, Thelen; Ruark, 2007). Nos edifícios residenciais, tapetes e plantas em frente às portas dos apartamentos costumam criar *identidades* em corredores impessoais. No espaço público, mudanças de caminhos a partir de calçadas inadequadamente planejadas, bem como luzes e enfeites de rua, que sinalizam periodicamente as festividades, são também exemplos de intervenções sobre o espaço construído.

E quando há restrições de controle sobre o meio? Que prejuízos poderiam ser observados, por exemplo, em condomínios fechados com normas de ocupação bem definidas e em ambientes de trabalho insípidos como as centrais telefônicas (*call-centers*), em que a rotatividade diária de posto de trabalho desincentiva qualquer esforço de personalização? Embora sejam conhecidos os benefícios do ato de personalizar, tanto para trabalhadores como para organizações, muitas empresas possuem políticas restritivas quanto à quantidade, localização e ao tipo de intervenção pessoal.

A respeito da melhoria do ambiente de trabalho pela adequação dos espaços às necessidades individuais, Robert Sommer

(2002) comenta uma experiência inédita, em que os trabalhadores de uma rede de escritórios puderam escolher e projetar seus próprios móveis: "Nós não nos limitamos a apenas fornecer um catálogo e dizer "escolha"; ao contrário, mostrávamos os diferentes itens envolvidos na questão e deixávamos que eles experimentassem, que sentassem nas cadeiras, que utilizassem as mesas e escolhessem seu próprio mobiliário, que se ajustava a seus corpos e personalidades" (p. 27).

De fato, há uma provável relação entre a saúde e a possibilidade de adequação das características do ambiente às necessidades pessoais. Sob a ótica do estresse, Evans e McCoy (1998) elegeram o "controle", definido como recurso de regulação e flexibilização do espaço, como uma das cinco[2] dimensões arquiteturais potencialmente capazes de afetar a saúde humana, estando associado, inclusive, ao desamparo aprendido. Restrições de opção de personalização em ambientes *incontroláveis* poderiam estar relacionadas, dessa forma, à produção e ao aumento de estresse.

Em outro estudo, um retrato da migração de baixa renda no Brasil, Silva e Queiroz (2006) constataram que os indivíduos cujas necessidades e aspirações são satisfeitas dentro de uma nova realidade, a partir de um quadro de ajustamentos bem-sucedidos, avaliam como positivo o processo de migração a que foram expostos e, ao menos representativamente, não atribuem aos fatores estressantes urbanos eventuais adoecimentos. Em contrapartida, indivíduos cujos esforços de sucesso e adaptação

---

[2] Para os autores, *estimulação, coerência, "affordances"* e *restauração* completam o grupo de dimensões do ambiente construído que poderiam, potencialmente, afetar a saúde humana por alteração do nível de estresse.

ao novo contexto mostram-se infrutíferos desenvolveram sentimentos de desenraizamento, isolamento, insegurança e incapacidade, capazes de gerar, inclusive, desequilíbrios psicossomáticos. Para esse grupo de migrantes, o adoecimento físico apresentado – entre eles, problemas de visão e dores vagas no peito – possui relação direta com o processo migratório, percebido assim de maneira negativa.

Da pesquisa, surgem duas questões a serem comentadas. A primeira revela a complexa dimensão do chamado *ambiente*. O terceiro pressuposto da psicologia ambiental, revisto por Leanne Rivlin (2003), reforça que aos elementos físico-químicos do espaço, objetivos, concretos, somam-se as variáveis sociais, culturais, políticas e econômicas, que refletem um conjunto de normativas, convenções e simbologias, inseparavelmente enraizadas no meio físico.

A segunda questão refere-se à pessoa e particularmente nos interessa, pois indica uma provável relação entre a capacidade de enfrentamento de uma realidade – cujas exigências ambientais diferem significativamente dos recursos humanos de ajustamento – e suas repercussões sobre a saúde humana. Em outras palavras, é possível que restrições nas opções de personalização de espaços inadequados levem ou não ao adoecimento, dependendo da habilidade do indivíduo em desenvolver estratégias de regulação e defesa frente a eventos estressores.

O CICLO DE PERSONALIZAÇÃO DO ESPAÇO

Por meio de mecanismos de regulação e controle, o homem organiza o espaço ao seu redor com o objetivo não só de atender às suas necessidades básicas, como descansar, proteger-se, trabalhar, divertir-se, mas para favorecer aspirações e relações de afetividade que lhe são próprias. Para Jun Okamoto (2002), são esses espaços vivenciais a verdadeira matéria-prima da arquitetura. Uma espécie de natureza recriada *pelo* e *para* o homem, conceito que vem ao encontro da consciência do ser humano como sujeito agente e dinâmico, não apenas receptor de estímulos. Foi assim que o artista plástico Hundertwasser (Restany, 1998) proclamou o direito da livre intervenção sobre o meio edificado, segundo ele, a terceira[3] das cinco *peles* que avançam, a partir do homem, sobre o meio global. O ambiente, assim construído, revela memórias, desejos, expectativas, rituais, ritmos pessoais e hábitos cotidianos. É, sobretudo, uma projeção do próprio homem, um reflexo de seu existir no mundo.

O conceito de *identidade de lugar* alimenta-se dessas considerações para revelar um estado de reconhecimento por parte de um indivíduo de um cenário específico, com o qual ele relaciona valores, significados e sentimentos. Por meio da identidade de lugar, o homem reivindica a satisfação de suas necessidades biológicas, psicológicas, sociais e culturais; reforça sua identidade pessoal e adquire a sensação de pertencimento ao meio (Proshanski, Fabian; Kaminoff, 1983). Portanto, podemos acreditar que, na medida em que transforma o ambiente para adequá-lo às suas necessidades, o homem *constrói, naturalmente, identidades de lugar*.

---

[3] Hundertwasser definiu, inicialmente, as três primeiras *peles* humanas: a epiderme, o vestuário e a arquitetura. Mais tarde, com a consciência de novas questões, identificou então outras duas subsequentes: o meio social e o meio global (Restany, 1998).

Giuliani (2004) sugeriu que uma compreensão positiva, por parte de um indivíduo, acerca da qualidade do ambiente frente às suas necessidades pode derivar em *apego ao lugar*. Ou seja, a intensidade com que o referido ambiente possibilita o estabelecimento de certas funções e valores simbólicos desencadeia, potencialmente, vínculos emocionais com o *lugar*, assim definido como espaço contido dotado de significado (Tuan, 1983).

O apego ao lugar, então, testemunha a *apropriação* do espaço, entendida como a atitude sobre o meio, motivada pela sensação de pertencimento. É quando o sujeito, reconhecendo-se por meio do ambiente, permanece imprimindo sobre ele características particulares, que reforçam, por sua vez, a identidade de lugar. Encerra-se, então, um ciclo que justifica os mecanismos de intervenção e personalização do espaço pelo homem, pelo objetivo de satisfazer suas necessidades psicofisiológicas, entre as quais, em última instância, a ratificação da identidade pessoal por meio da identidade de lugar, do apego ao lugar e da apropriação.

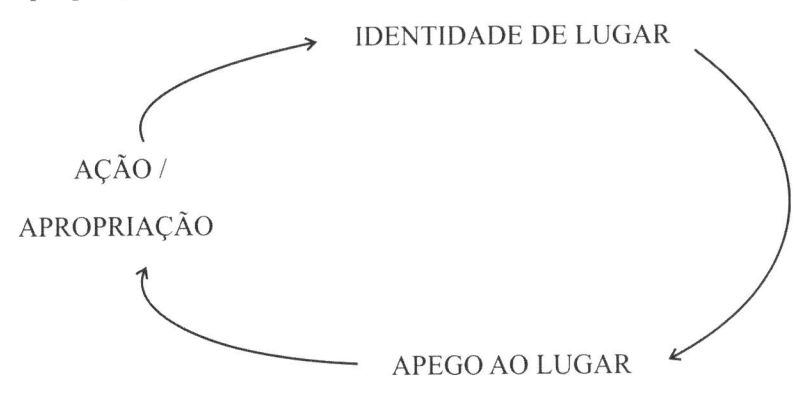

Figura 1: Ciclo de personalização do espaço.

128

Como indica Cruz (2005), no que tange às relações homem-trabalho, quando há investimento de afeto, ocorre a necessidade de um retorno desse investimento. Na relação pessoa-ambiente, a satisfação das necessidades do indivíduo e a ratificação de sua identidade pessoal poderiam ser entendidas, dessa forma, como o retorno do investimento afetivo traduzido pelo conceito de apego ao lugar.

A RUPTURA DO CICLO DE PERSONALIZAÇÃO

Fried (*apud* Giuliani, 2004), por meio de estudos sobre os efeitos psicológicos da transferência forçada do local de moradia, observou que a interrupção do sentido de continuidade, pela fragmentação da identidade espacial e de grupo, produz reações semelhantes à tristeza da perda de um ente querido. Evidências como essa nos levam a pensar que a conquista da identidade de lugar é importante para a manutenção do bem-estar do indivíduo e que a sua ruptura pode gerar sofrimento, desagrado e insatisfação.

A psicologia do trabalho ensina que o sofrimento mental tem início quando o sujeito não consegue adequar o trabalho às suas necessidades psicofisiológicas (Dejours; Abdoucheli; Jayet; Betiol, 1994). É possível compreender, portanto, o porquê de a fragmentação da identidade de lugar provocar possível sofrimento, uma vez que por meio dela, como visto anteriormente, o homem satisfaz necessidades, reafirma desejos, expectativas, aspirações e afetividades.

Caminhamos no sentido de estabelecer uma provável relação entre o poder de intervenção humana sobre o espaço construído e a saúde, se entendemos que as restrições nas opções de personalização podem causar danos à construção de identidades de lugar. É quando o espaço construído deixa de atender às necessidades individuais e não pode ser adequado para tal por meio da transformação, da apropriação, ou melhor, da personalização.

AJUSTAMENTOS AO MEIO CONSTRUÍDO

Sabemos que o sofrimento – caracterizado por desânimo, frustração, ansiedade e tensão emocional (Mendes; Cruz, 2004) – pode surgir na medida em que houver uma desproporção entre os níveis de exigência do ambiente e o comportamento natural do indivíduo. Proshansky, Fabian e Kaminoff (1983) alegaram que as discrepâncias entre a identidade pessoal e o meio provocam no sujeito uma reação de reduzir ou eliminar diferenças. Portanto, é possível afirmar que a tendência natural do indivíduo é buscar o equilíbrio entre as características individuais e o ambiente, mesmo quando não é possível fazer isso pela personalização. Nesse sentido, suspeitamos que, quando as possibilidades de alteração das características físicas do espaço construído são reduzidas, o indivíduo lança mão de *estratégias de enfrentamento* da realidade adversa, com vistas a minimizar possíveis desequilíbrios na relação homem-ambiente e prejuízos psicológicos.

As pessoas, então, "elaboram ou constroem *defesas* para evitar ou tornar suportável o sofrimento" (Cruz, 2005, p. 211). Essas defesas dizem respeito a ajustamentos e flexibilizações de comportamento frente às exigências do meio, com o objetivo de abrandar o efeito de elementos estressores. É de se supor que, quanto maior a disparidade entre o meio físico e a identidade pessoal, maior o esforço do sujeito em se adequar e mais complexas as estratégias de defesa elaboradas. Reconhecemos que as diferenças individuais produzem percepções diferentes do espaço (Rivlin, 2003). Importante compreender, como argumentam Azevedo e Cruz (2006), que tais diferenças – sejam elas físicas, relativas a padrões emocionais, cognitivos, socioeconômicos ou culturais –, de modo conjunto, também interferem na forma como cada pessoa trava seu enfrentamento diário com o ambiente que o cerca.

Um estudo realizado em presídios (Brown; Ireland, 2006) demonstrou que, onde é baixa a possibilidade de controle pessoal do ambiente, as estratégias de enfrentamento são de natureza adaptativa ou passiva, ou seja, o indivíduo regula as *consequências emocionais* da situação por não poder alterar a própria situação. A pesquisa também verificou que, ao perceberem que os elementos estressores são de difícil controle, os prisioneiros experienciam um sentimento de angústia, que desaparece com a adaptação à vida de preso. Entretanto, nem todos têm boa habilidade de defesa e, nesse caso, mantêm alto os níveis de sofrimento, que levam à depressão e, até mesmo, ao suicídio.

No que se refere ao ambiente construído, supomos que a restrição de personalização, por representar a perda do poder de controle sobre o espaço, gera estratégias de enfrentamento muito mais passivas e evasivas, centradas na emoção, que propriamente ativas, centradas na situação. O indivíduo modifica a si próprio por não poder modificar o meio. Esse tipo de ajustamento comportamental também tem sido estudado em relação ao estresse produzido pelo ruído em residências (Ruiz,

Hernàndez; Hernàndez-Fernaud, 2004), por ser este um estressor sobre o qual se tem pouco controle.

A Figura 2 ilustra o caminho que leva ao adoecimento pela impossibilidade de se estabelecer um controle efetivo do meio edificado:

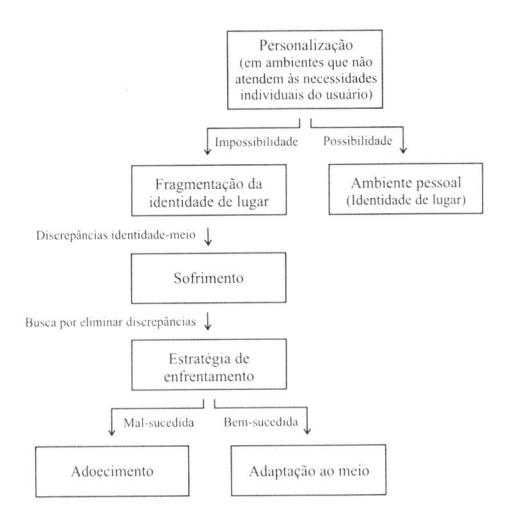

Figura 2: Diagrama personalização-adoecimento.

Na impossibilidade de controle efetivo do espaço, é possível que o adoecimento se estabeleça quando à fragmentação da identidade de lugar sucedem-se falhas no processo de enfrentamento com o ambiente circundante.

Estratégias de enfrentamento bem-sucedidas podem, até certo ponto, dissimular possíveis prejuízos à saúde. Ao contrário, um enfrentamento malsucedido, por esgotamento ou inabilidade de se lidar com o meio, em que os indivíduos percebam como insuficientes sua potencialidade de confrontação, produzem reações de estresse psicológicas, físicas e de conduta (Cruz, Scherer; Peixoto, 2004). O estresse é "um componente que predispõe ao surgimento de condições patológicas e de diferentes formas de adoecimento" (Mendes; Cruz, 2004, p. 46), entre elas, depressões, transtornos de ansiedade e distúrbios psicossomáticos. O estabelecimento de uma relação saudável com o meio construído passa, portanto, pelo equilíbrio de adequação do espaço às necessidades individuais do usuário, por meio da construção de *ambientes pessoais*.

CONCLUSÃO

A atividade de personalizar é frequentemente associada aos sentimentos de bem-estar, satisfação e ao o controle do estresse. Proporcionar maior controle ambiental às pessoas, por meio da personalização, favorece a construção natural de identidades de lugar e a satisfação de necessidades psicofisiológicas. Por isso, acreditamos que a quebra do vínculo de identidade, pela baixa possibilidade de controle pessoal do ambiente, provoca possivelmente sofrimento, uma vez que as necessidades e aspirações individuais podem não ser satisfeitas.

Procuramos definir, dessa forma, se restrições nas chances de intervenção sobre o ambiente construído levariam ao adoecimento. Sob a ótica da fragmentação da identidade de lugar e das falhas no processo de enfrentamento do ambiente edificado, constatamos que importantes indícios relacionam a redução das opções de personalização do espaço ao comprometimento da saúde.

Referências

AZEVEDO, B. M.; CRUZ, R. M. O processo de diagnóstico e de intervenção do psicólogo do trabalho. *Cadernos de Psicologia Social do Trabalho*, v. 9, n. 2, p. 89-98, 2006.

BLUMBERG, R.; DEVLIN, A. S. Design issues in hospitals: The adolescent client. *Environment and Behavior*, v. 38, n. 3, p. 293-317, 2006.

BROWN, S. L.; IRELAND, C. A. Coping style and distress in newly incarcerated male adolescents. *Journal of Adolescent Health*, v. 38, p. 656-661, 2006.

CRUZ, R. M. Saúde, trabalho e psicopatologias. In: AUED, B. (Org.). *Traços do trabalho coletivo*. São Paulo: Casa do Psicólogo, 2005. p. 201-233.

_____.; Scherer, C. G.; Peixoto, C. N. Estresse ocupacional e cargas de trabalho. In: SARDA Jr., J. J.; LEGAL, E. J.; JABLONSKI Jr., S. J. *Estresse:* conceitos, métodos, medidas e possibilidades de intervenção. São Paulo: Casa do Psicólogo, 2004. p. 37-48.

DEJOURS, C. et al. *Psicodinâmica do trabalho:* contribuições da Escola Dejouriana à analise da relação prazer, sofrimento e trabalho. São Paulo: Atlas, 1994.

EVANS, G. W.; McCOY, J. M. When buildings don't work: The role of architecture in human health. *Journal of Environmental Psychology*, v. 18, p. 85-94, 1998.

FRAILE, T. R. La vivenda soñada: Una investigación socio-lógica. *A & V: Monografías de arquitectura y vivienda*, v. 12, p. 46-55, 1987.

GIULIANI, M. V. O lugar do apego nas relações pessoa-ambiente. In: TASSARA, E. T. O.; RABINOVICH, E. P.; GUEDES, M. C. (Eds.). *Psicologia e ambiente*. São Paulo: Educ., 2004, p. 89-106.

HUANG, Y.; ROBERTSON, M. M.; CHANG, K. The role of environmental control on environmental satisfaction, communication, and psychological stress: Effects of office ergonomics training. *Environment and Behavior*, v. 36, v. 5, p. 617-637, 2004.

IMAMOGLU, C. Assisted living as a new place schema: A comparison with homes and nursing homes. *Environment and Behavior*, v. 39, n. 2, p. 246-268, 2007.

KAYA, N.; WEBER, M. J. Territorial behavior in residence halls: A cross-cultural study. In: *Environment and Behavior*, v. 35, n. 3, p. 400-414, 2003.

MAXWELL, L. E.; CHMIELEWSKI, E. J. Environmental personalization and elementary school children's self-esteem. *Journal of Environmental Psychology*, v. 28, p. 143-153, 2008.

MENDES, A. M.; CRUZ, R. M. Trabalho e saúde no contexto organizacional: Vicissitudes teóricas. In: TAMAYO, A. et al. (Org.). *Cultura e saúde nas organizações*. Porto Alegre: Artmed, 2004. p. 39-55.

OKAMOTO, Jun. *Percepção ambiental e comportamento:* visão holística da percepção na arquitetura e na comunicação. São Paulo: Mackenzie, 2002.

PINHEIRO, J. Q. Psicologia Ambiental brasileira no início do século XXI: Sustentável? In: YAMAMOTO, O. H.; GOUVEIA,

V. (Orgs.). *Construindo a psicologia brasileira:* desafios da ciência e prática psicológica. São Paulo: Casa do Psicólogo, 2003. p. 279-313.

PROSHANSKY, H. M.; FABIAN, A. K.; KAMINOFF, R. Place-identity: Physical world socialization of the self. *Journal of Environmental Psychology,* v. 3, n. 1, p. 57-83, 1983.

RASHID, M.; ZIMRING, C. A review of the empirical literature on the relationships between indoor environment and stress in health care and office settings: Problems and prospects of sharing evidence. *Environment and Behavior,* v. 40, n. 2, p. 151-190, 2008.

RESTANY, P. *Hundertwasser:* o pintor das cinco peles. Lisboa: Taschen, 1998.

RIVLIN, L. G. Olhando o passado e o futuro: revendo pressupostos sobre as interrelações pessoa-ambiente. *Estudos de Psicologia,* v. 8, n. 2, p. 215-220, 2003.

RUBACK, R. B.; KOHLI, N. Territoriality at the Magh Mela: The effects of organizational factors and intruder characteristics. In: *Environment and Behavior,* v. 37, n. 2, p. 178-200, 2005.

RUIZ, C.; HERNÀNDEZ, B.; HERNÀNDEZ-FERNAUD, E. Estratégias de afrontamiento al estrés producido por el ruído percebido dentro de la vivienda. In: *Médio Ambiente y Comportamiento Humano,* v. 5, n.1-2, p. 133-152, 2004.

SILVA, M. M.; QUEIROZ, M. S. Somatização em migrantes de baixa renda no Brasil. *Psicologia & Sociedade,* v. 18, n. 1, p. 31-39, 2006.

SOMMER, R. O desenvolvimento e a aplicação dos conceitos de espaço pessoal. In: DEL RIO, V.; DUARTE, C. R.; RHEINGANTZ, P. A. (Orgs.). *Projeto de lugar:* colaboração entre psicologia, arquitetura e urbanismo. Rio de Janeiro: Contra Capa/PROARQ, 2002. p. 19-29.

TUAN, Y.-F. *Espaço e lugar:* a perspectiva da experiência. São Paulo: Difel, 1983.

WELLS, M. Office clutter or meaningful personal displays: The role of office personalization in employee and organizational well-being. *Journal of Environmental Psychology,* v. 20, p. 239-255, 2000.

_____.; Thelen, L.; Ruark, J. Workspace personalization and organizational culture: Does your workspace reflect you or your company? In: *Environment and Behavior,* v. 39, n. 5, p. 616-634, 2007.

_____; Thelen, L. What does your workspace say about you? The influence of personality, status, and workspace on personalization. *Environment and Behavior,* v. 34, n. 3, p. 300-321, 2002.

YAN, X. W.; ENGLAND, M. E. Design evaluation of an Arctic research station: From a user perspective. In: *Environment and Behavior,* v. 33, n. 3, p. 449-470, 2001.

7

AMBIENTE E DESENVOLVIMENTO PSICOLÓGICO: A IMPORTÂNCIA DOS ESPAÇOS FÍSICOS ABERTOS NAS ESCOLAS INFANTIS

Luana dos Santos Raymundo[1]
Ariane Kuhnen[2]

INTRODUÇÃO

A forma como a sociedade tem se organizado separa cada vez mais os adultos das crianças, e estas de seus iguais (e vizinhos). O espaço das cidades está voltado para um tipo de trabalho, baseado na eficiência e na produtividade, em que não cabem as interações sociais e os experimentos infantis. Em nossa sociedade, a criança compartilha do espaço físico ou como sujeita a um obstáculo – demora para atravessar a rua, para em frente a uma árvore para observá-la etc. – ou como miniatura do adulto – quando, como ele, trabalha nos faróis das ruas, nos estacionamentos de carros. A cidade, portanto, organiza-se

[1] Psicóloga, mestranda do Programa de Pós-Graduação em Psicologia da Universidade Federal de Santa Catarina. E-mail: lua_sr@yahoo.com.br

[2] Professora do Departamento de Psicologia - Programa de Pós-Graduação em Psicologia. E-mail: ariane@cfh.ufsc.br

excluindo as crianças. Associado a isso está o medo da violência nas ruas, a falta de praças e parques arborizados abertos e o aumento dos veículos que transitam em alta velocidade pelas vias públicas.

A CRIANÇA E O MEIO URBANO

Na pesquisa realizada por Mekideche (2004) sobre a apropriação lúdica dos espaços públicos pelas crianças da cidade de Argel (capital da Argélia), a autora conclui que a análise comparativa do lugar cedido ou negado à infância, na organização espacial da cidade, evidencia que a industrialização, a urbanização e a motorização das sociedades euro-americanas acabaram por expulsá-las dos espaços urbanos exteriores e da rua. As crianças, nessas sociedades, pouco podem apropriar-se dos espaços exteriores urbanos públicos, brincar, aprender e se socializar em contato com os vizinhos. Os únicos lugares de existência designados para a infância são, desde então, a família, a escola e os equipamentos socioeducativos. Dessa forma, a quase totalidade dessas crianças só pode evoluir, brincar, realizar suas aprendizagens intelectuais ou sociais em espaços institucionalmente circunscritos, especialmente criados e administrados para elas, como as escolas, as quadras de jogos, os centros ao ar livre e os *playgrounds*.

Pouco se tem feito para proporcionar à criança um meio físico aberto que lhe permita, não só apropriar-se de seu espaço, mas também de interagir com ele, podendo, assim, estruturar sua personalidade. Dentro dessa perspectiva, é desejável que um local destinado especificamente ao atendimento da infância

– como é o caso da escola – tenha, antes de tudo, um espaço pensado em função dela. Para o desenvolvimento de um indivíduo autônomo, criativo, seguro de si e capaz de ter um bom nível de interação com outras pessoas, é necessário um ambiente que proporcione as condições para que isso aconteça. Um ambiente que favorece a multiplicidade de experiências a um nível físico, afetivo e cognitivo é aquele que permite um desenvolvimento total da criança e a ampliação do seu repertório vivencial (Mekideche, 2004).

Os organismos que atualmente administram as instituições de educação infantil (creches) – prefeituras, entidades beneficentes, governos de Estados, particulares e até mesmo o Governo Federal – apresentam cada qual um critério; em muitos casos, não seguem nenhuma norma quanto à especificação da metragem quadrada dos espaços abertos e da utilização dos espaços dessas instituições (Elali, 2002). Apesar de não ser seguido pela maioria das instituições de creche, o Ministério da Saúde (1989) tenta normatizar a construção e a instalação das creches no país por meio das "normas para construção e instalação de creches".

Interações sociais de crianças em espaços físicos abertos de escolas de educação infantil e sua relação com o desenvolvimento infantil é o que este texto buscará discutir. Esse estudo da apropriação espaço-comportamento social da instituição escolar pretende ser uma contribuição à reflexão dos especialistas para evidenciar a dependência ambiental da atividade de interação social na infância. Para tanto, serão buscados aportes teóricos na psicologia ambiental e na psicologia do desenvolvimento humano.

CONTEXTUALIZANDO O ESPAÇO ESCOLAR

A avaliação da qualidade do ambiente de desenvolvimento da criança é um tópico de investigação relevante para as políticas públicas de atenção à infância. O tema esbarra, entretanto, nas dificuldades de definição: o que é exatamente um bom ambiente de desenvolvimento? (Campos-de-Carvalho, 2004; Campos-de-Carvalho; Souza, 2005; Campos-de-Carvalho et al, 2006; Lima; Bhering, 2006; Weinstein; David, 1987). Os atributos universalmente reconhecidos como essenciais para o desenvolvimento, como a disponibilidade de cuidados físicos básicos (alimentação, segurança física, cuidados médicos) e as relações interpessoais da criança com um adulto sensível, capaz de reconhecer os sinais da criança e responder a eles (teoria do apego de Bowlby), já são considerados nas pesquisas de desenvolvimento humano, mas há também um forte efeito do contexto ambiental físico sobre o comportamento social das crianças que precisa ser melhor investigado (Campos-de-Carvalho, 2003, 2004; Campos-de-Carvalho; Meneghini, 2003; Campos-de-Carvalho; Bomfim, 2006).

O contexto escolar constitui um espaço ambiental artificialmente criado para as crianças, contexto que construiu suas regras, seus modos de funcionamento, suas relações e seus papéis; em particular, um papel educativo claramente definido de formação e de desenvolvimento da personalidade total do indivíduo. A instituição de educação infantil é levada a criar um ambiente favorável à eclosão de atividades lúdicas na criança: "material educativo abundante e variado para jogos de manipulação e de construção; cantos de jogos arranjados no interior das classes para estimular os jogos de papéis e de faz de conta;

pátios de recreação externos, com pouco equipamento, para incentivar os jogos coletivos" (Mekideche, 2004, p. 145). Estudar o comportamento social na educação infantil é estudar, portanto, em um contexto ambiental especialmente arranjado para favorecer a emergência, em locais e momentos precisos, de diferentes categorias de interação.

No Brasil, já no início deste século, nas cidades médias e grandes, 10 a 15% dos pré-escolares frequentavam creches gratuitas. Esse número deve aumentar consideravelmente se contarmos também as crianças frequentando creches particulares. Além disso, a demanda por esses serviços é grande e tende a aumentar com a participação crescente da mulher no mercado de trabalho (Barros et al., 1999). A educação infantil, recentemente, vem tendo um maior destaque no cenário nacional, caracterizando um momento bastante diferenciado e de razoáveis modificações na área. O aumento no número de pesquisas (Rossetti-Ferreira & Soares, 2002), a criação e a atuação de uma Coordenadoria de Educação Infantil ligada ao Ministério da Educação e a incorporação da educação infantil ao sistema de ensino são exemplos atuais de um processo de reconhecimento e de construção de uma nova identidade dessa modalidade de prática social que, durante a sua história, assumiu um importante papel no processo de socialização para a subalternidade das classes pobres (Campos-de-Carvalho; Souza, 2005; Campos-de-Carvalho, Fullgraf; Wiggerrset, 2006).

Com a nova Lei de Diretrizes e Bases da Educação Nacional, Lei n. 9.394, promulgada em dezembro de 1996, a creche passa a ter cada vez mais um estatuto educacional, e não mais puramente assistencial, marca registrada de seu surgimento. Com essa nova legislação, a educação infantil passa a integrar a educação básica e a pertencer às ações educativas das políticas educacionais definidas pela União, estados e municípios, tendo entre seus princípios a tentativa de integrar as funções de cuidar e educar.

O ponto de interesse neste texto não é a já desgastada discussão se a creche deve ser uma obrigação ou um direito, ou se ela é um "mal necessário" ou um benefício. A problematização da contextualização do ambiente creche nos remete a pensar, uma vez que esta instituição participa, cada vez mais, dos tempos precoces de desenvolvimento da criança, sobre que elementos passam agora (contexto socio-histórico e físico) a operar esse processo constituinte e que efeitos são produzidos a partir disso no desenvolvimento infantil (Mariotto, 2003).

CONCEPÇÕES ACERCA DO ESPAÇO DE EDUCAÇÃO INFANTIL

De origem francesa, a palavra "creche" significa "manjedoura", denominação dada aos abrigos para bebês necessitados que começavam a surgir na França no século XVIII. Com caráter basicamente custodial e assistencial, a creche guardava os lactentes para que suas mães pudessem trabalhar. As chamadas "gardeuses *d'enfants*" retiravam das ruas as crianças que, famintas, perambulavam sem rumo enquanto suas mães trabalhavam nas fábricas até 18 horas por dia. Segundo Rizzo (1984), este foi o objetivo inicial da creche. Mantendo esse quadro, diante das mudanças sociais e econômicas em que se fazia urgente aumentar a renda familiar, às vezes garantindo sozinha seu sustento, a mulher foi cada vez mais chamada ao mercado de trabalho.

Impunha-se aí uma necessidade, a de ter onde deixar seus filhos. Sendo assim, as creches não surgiram para atender às necessidades básicas da criança, mas em resposta à necessidade da mulher de colaborar mais efetivamente na economia industrial capitalista.

Apontado por Rizzo (1984) e Mariotto (2003), outro aspecto que se destaca no surgimento das creches é que, com a industrialização, começam a surgir os centros urbanos, diminuindo, pouco a pouco, os espaços e reduzindo as famílias, que passam a se organizar como conjunto, simplesmente, de pai, mãe e filhos. Portanto, com a redução dos espaços públicos urbanos e a falta de avós ou tias para cuidar das crianças, a creche aparece resolvendo a questão de "onde" e "com quem" deixá-las. Assim, na origem da formalização da educação infantil nas sociedades ocidentais, encontra-se a preocupação com situações de "pobreza, abandono e maus-tratos de crianças pequenas cujos pais trabalhavam em fábricas, fundições e minas criadas pela Revolução Industrial" (Zanella; Cord, 1999, p. 102), mas que posteriormente determinou o surgimento de propostas operacionais distintas, de assistência ou voltadas para o trabalho pedagógico. "Estas, por sua vez, definiam-se diferentemente, dependendo da classe social da qual provinham as crianças atendidas" (Zanella; Cord, 1999, p. 102).

No Brasil das primeiras décadas do século XX, as creches surgiram, ou como benefício concedido aos operários por empresários forçados pelos movimentos de classe – e que tinham como intenção velada a ideia de que, quando satisfeitas, as mães operárias produziam melhor –, ou como trabalho filantrópico e/ou religioso. A participação do Estado na oferta e fiscalização dessas instituições era nula (Oliveira, 1994).

Desde meados da década de 1960, submetido ao regime militar, o Brasil assiste à emergência de movimentos populares que reivindicam o fornecimento de serviços sociais urbanos mínimos para a sobrevivência da população, entre estes, o movimento por creches, que caracterizou o aumento do número desses equipamentos como forma de provimento contra a carestia. O poder público foi pressionado a atender as camadas populares no suprimento de suas necessidades mínimas. Somente a partir da década de 1970 é que ocorreu o ciclo de expansão de creches. Nessa época, as creches passaram a apoiar-se em cima visão de assistência compensatória às crianças, que vinham, em sua maioria, de classes sociais desfavorecidas, enfatizando o aspecto médico-nutricional (Mariotto, 2003; Rizzo, 1984; Oliveira, 1994).

Foi somente com a promulgação da nova Constituição Federal, em 1988, que a creche passou a ser um direito da criança, uma opção da família e um dever do Estado (artigo 208, inciso IV), vinculando-se à área da educação. O Estatuto da Criança e do Adolescente, de 1990, destaca também o direito da criança a esse atendimento. Reafirmando essas mudanças, a LDB (9.394/1996) estabelece de forma incisiva o vínculo entre o atendimento às crianças de zero a seis anos e a educação. Aparecem, ao longo do texto, diversas referências específicas à educação infantil. No título III, Do Direito à Educação e do Dever de Educar, art. 4, IV, se afirma que: "O dever do Estado com educação escolar pública será efetivado mediante a garantia de (...) atendimento gratuito em creches e pré-escolas às crianças de zero a seis anos de idade". Tanto as creches para as crianças de zero a três anos como as pré-escolas, para as de quatro a seis anos, são consideradas instituições de educação infantil. A distinção entre ambas é feita apenas pelo critério de faixa etária. A educação infantil é considerada a primeira etapa da educação básica (título V, capítulo II, seção II, art. 29), tendo como finalidade o desenvolvimento integral da criança até seis anos de idade (Pavan, 2001).

Com isso, propostas pedagógicas foram elaboradas na tentativa de melhor estruturação desse espaço educacional, permitindo a superação de seu caráter puramente assistencialista. Sendo assim, passou-se a definir a função da creche como educativa, voltada aos aspectos cognitivos, emocionais e sociais da criança, enquanto contexto de desenvolvimento para a criança pequena. Atualmente, também, a sociedade está mais consciente da importância das experiências nos primeiros anos de vida, o que motiva maiores demandas por uma educação institucional de qualidade para crianças de zero a seis anos (Oliveira, 1994).

O DESENVOLVIMENTO INFANTIL SEGUNDO TEORIAS PSICOLÓGICAS

A partir do entendimento de como é a criança, como se desenvolve, quais são as suas características específicas, como ela aprende e se relaciona com o mundo, é possível prever uma forma de atuação do adulto para com ela, que se traduz em uma forma de compreender o mundo, em uma proposta educacional e em teorias psicológicas do desenvolvimento humano. As teorias psicológicas baseiam-se praticamente em três modelos de concepção de mundo e de homem; são eles, o modelo mecanicista, o modelo organicista e o modelo histórico-cultural (Werner, 2000).

No modelo mecanicista, a máquina é a metáfora de representação dos fenômenos psicológicos. O homem é concebido como um ser passivo, um organismo reativo, determinado pelo meio e, tal como uma máquina, pode ser manipulado e controlado por forças externas. Vinculado à visão mecanicista, o comportamentalismo é uma das teorias psicológicas mais importantes e influentes na área pedagógica. Desenvolvimento e aprendizagem são entendidos como processos idênticos. O desenvolvimento seria uma reação do sujeito aos estímulos do meio, como um reflexo mecânico dos processos de aprendizagem (Id., Ibid.).

No modelo organicista, a metáfora básica é o organismo, o sistema vivo organizado, sendo a atividade seu princípio básico. A atividade, e não mais a engrenagem, é que caracteriza o sujeito. Esse modelo determina uma nova concepção de homem: como um organismo, o homem é considerado um ser ativo e não mais reativo ou passivo como no modelo mecanicista. Dentro dessa concepção, encontra-se o referencial teórico interacionista-construtivista. Jean Piaget foi o seu principal representante e se ocupou em analisar o processo de transição dos vários estágios do conhecimento, utilizando a metáfora biológica do organismo ativo como modelo explicativo do desenvolvimento. A perspectiva organicista coloca a aprendizagem como subordinada ao desenvolvimento, uma vez que somente os esquemas mentais disponíveis no sujeito asseguram a aprendizagem; o ritmo individual comanda o desenvolvimento e, por sua vez, a aprendizagem (La Taille et al., 1992).

No modelo histórico-cultural, o homem não será representado nem como máquina nem como mero ser vivo, mas como um sujeito social, constituído intrinsecamente por relações sociais, culturais e históricas. Para Vygotsky, principal representante desse modelo, a participação do outro na constituição do sujeito é primordial, à medida que a relação do sujeito com o mundo só é possível pela mediação de um outro sujeito. "A criança, ao dispor da colaboração de adultos e de crianças mais experientes, num espaço de interação e de interlocução, pode apresentar comportamentos e habilidades que não seria capaz de manifestar sozinha, sem o auxílio do outro" (Werner, 2000, p. 81).

De maneira geral, todas as teorias de desenvolvimento humano estruturam suas hipóteses e princípios a partir de estruturas teóricas caracterizadas por meio desses três modelos conceituais. As novas tendências no estudo do desenvolvimento humano, entretanto, centram seu foco de atenção para além da dicotomia ativo-passivo, social-individual, inato-adquirido. Os autores contemporâneos criticam a ênfase que os psicólogos tradicionais atribuem a construtos fixados ao desenvolvimento – traços, capacidades, habilidades, destrezas e impulsos motivacionais. Eles defendem que a ênfase deve ser sobre as interações concretas da criança em suas atividades cotidianas (Krebs, 2000).

A Teoria dos Sistemas Ecológicos de Bronfenbrenner (1992) é um exemplo dessa tentativa de se enfatizar a relação bidirecional e interdependente entre o desenvolvimento humano e o ambiente. Bornfenbrenner fundamentou-se nas teorias de Piaget e Vygotsky para esboçar alguns de seus conceitos teóricos, mas seu modelo, atualmente, integra as características biológicas e sociais (pessoa), as mudanças que foram ocorrendo ao longo da vida (processo), as características físicas, políticas, econômicas, culturais etc. dos ambientes (contexto) e os eventos de ordem biológica e sociocultural que tiveram impacto na vida da pessoa (tempo) (Polonia, Dessen; Silva, 2005).

Em um primeiro momento, a Teoria dos Sistemas Ecológicos deu ênfase na reflexão sobre as interconexões ambientais e seu impacto sobre as forças que afetam o crescimento psicológico (Bronfenbrenner; Ceci, 1994; Bronfrenbrenner; Evans, 2000). Propôs um esquema teórico-metodológico que permite a descrição e análise sistemática do contexto ambiental, de suas interconexões e dos processos pelos quais essas estruturas e vínculos podem afetar o curso do desenvolvimento humano, tanto direta quanto indiretamente. Sugeriu um avanço maior no entendimento científico dos processos intrapsíquicos e interpessoais básicos do desenvolvimento humano, por meio da investigação nos ambientes concretos, tanto imediatos quanto remotos, em que seres humanos vivem (Bronfenbrenner, 1996).

Apesar de ter dado grande ênfase ao estudo do contexto, em um primeiro momento, enfatizando seus sistemas e relações e sua diversidade influenciando o desenvolvimento humano, o autor aprofundou o seu modelo teórico ampliando e modificando alguns conceitos, a fim de abarcar também os aspectos inerentes à pessoa e à noção de cronossistema. Assim, a atual Teoria Bioecológica do Desenvolvimento Humano concebe o desenvolvimento humano a partir de quatro núcleos interdependentes: o processo, a pessoa, o contexto e o tempo, já mencionados anteriormente (Bronfenbrenner; Morris, 1998; Bronfrenbrenner; Evans, 2000).

A criança, como todo ser humano, é um sujeito social e histórico e faz parte de uma organização familiar (microssistema), que é o ambiente onde a pessoa em desenvolvimento estabelece relações face a face estáveis e significativas. Nesse sistema, é fundamental que as relações estabelecidas tenham como características: reciprocidade (o que um indivíduo faz dentro do contexto de relação influencia o outro, e vice-versa), equilíbrio de poder (quem tem o domínio da relação passa gradualmente esse poder para a pessoa em desenvolvimento, dentro de suas capacidades e necessidades) e afeto (que pontua o estabelecimento e a perpetuação de sentimentos – de preferência positivos – no decorrer do processo), permitindo em conjunto vivências efetivas dessas relações também em um sentido fenomenológico (internalizado) (Alves, 1997).

A participação da criança em mais de um ambiente com as características descritas anteriormente a introduz em um *mesossistema*, que é definido como um conjunto de microssistemas. A transição do indivíduo de um para vários microssistemas abrange o conhecimento e a participação em diversos ambientes (a escola, a vizinhança etc.), consolidando diferentes relações e exercitando papéis específicos dentro de cada contexto. Em sentido geral, esse processo de socialização promove seu desenvolvimento. Essa passagem, chamada por Bronfenbrenner de *transição ecológica*, é mais efetiva e saudável na medida em que o indivíduo se sente apoiado e tem a participação de suas relações significativas nesse processo (Alves, 1997; Bronfenbrenner; Cecci, 1994).

Ao tratar do *exossistema*, Bronfenbrenner (1996) considera os ambientes onde a pessoa em desenvolvimento não se encontra presente, mas cujas relações que neles existem afetam seu desenvolvimento. As decisões tomadas pela direção da escola, as relações de seus pais no ambiente de trabalho são exemplos do funcionamento desse amplo sistema. Além do exossistema, o autor descreve ainda o *macrossistema*, que abrange os sistemas de valores e crenças que permeiam a existência das diversas culturas, e que são vivenciados e assimilados no decorrer do processo de desenvolvimento. A relação entre esses quatro siste-mas, quando analisada, demarca a interação dinâmica entre eles (Alves, 1997; Polonia, Dessen; Silva, 2005).

Para Bronfenbrenner (1996), além de conhecer a criança em si e sua família, é preciso estudar as relações ecologicamente estabelecidas no local onde ela vive: sua casa, vizinhança, esco-la, meio de transporte da família; irmãos e suas características pessoais; relação dos pais entre si e deles com as famílias de origem, sua profissão e *hobbies*; amigos da família, frequência e tipo de visitas; oportunidades de passeio e de reconhecimen-to da cidade, estado e país. Segundo essa abordagem, políticas públicas têm o poder de afetar o bem-estar e o desenvolvimen-to dos seres humanos ao determinar as suas condições de vida. Caracterizar a realidade local, suas necessidades e dos diferen-tes tipos de atendimento à educação infantil, é fundamental para o estabelecimento adequado de normas que regulamen-tem esses espaços.

CONTRIBUIÇÕES DA PSICOLOGIA AMBIENTAL À CIÊNCIA DO DESENVOLVIMENTO HUMANO

Ao estudar a relação entre pessoa-ambiente pelo olhar da psicologia ambiental, deve-se colocar em evidência o lugar da si-tuação. A pesquisa e a intervenção devem estar baseadas na ideia de que o comportamento humano relaciona-se com o lugar on-de este ocorre. Por ser uma psicologia aplicada, o conhecimento psicológico obtido sobre a conduta avaliada é posto em prática para resolver problemas concretos, por exemplo, em situações de ambientes educativos, na esperança de que a aplicação desses princípios melhore a qualidade de vida dos seres humanos ali envolvidos (Pinheiro, 1997; 2003).

A psicologia ambiental é a disciplina da ciência psicológica que, com seus construtos conceituais, pode oferecer ferramentas para descrever, explicar e compreender esse fenômeno em questão, pois enfoca a relação pessoa-ambiente, mas também busca a compreensão da totalidade humana inter-relacionando os aspectos biológicos, evolutivos (temporais), sociais e históricos do indivíduo. Ela coloca a pessoa como o centro de sua preocupação. Analisa como ela avalia e percebe o ambiente e como pode estar sendo influenciada e influenciando-o, ou seja, ela busca saber como o indivíduo reage a determinadas condições ambientais e como as provoca; leva em conta a ação do indivíduo em seu mundo, considerando que a pessoa não só reage aos ambientes, mas também atua neles (Moser, 1998).

Segundo Pinheiro (2003), uma maneira de caracterizar a psicologia ambiental é pelo exame dos tópicos mais frequentemente estudados, pois eles identificam o campo de modo mais ou menos consensual. Entre esses tópicos, os que envolvem a questão aqui problematizada são os estudos do comportamento socioespacial humano, envolvendo os conceitos de espaço pessoal, territorialidade, aglomeração, privacidade, ecologia de pequenos grupos, distinção entre espaço e lugar e a análise de processos relacionados com a apropriação do espaço. Também estudos sobre ambientes específicos, como caracterizadores de relações humano-ambientais, envolvendo: cidade, escolas, creches, residências (uni ou multifamiliares), locais de trabalho ou lazer, ambientes "totais" como hospitais, abrigos e prisões. A relação estabelecida entre pessoa-ambiente é transacional; como resultado, há uma interação social ocorrendo por múltiplas causas, em um encadeamento de fatores, de natureza e de peso variáveis (Sommer, 2000). "Suas pesquisas são identificadas por conterem uma abordagem interdisciplinar apelando às diversas disciplinas das ciências humanas que lhes parecem úteis" (Llera, 1993, p. 21).

Conforme Elali (2002, 2003), em seus estudos de psicologia ambiental nos quais avalia ambientes escolares, para promover a otimização das relações infantis, a definição de qualquer ambiente com o qual a criança tenha contato direto precisa ter seis pontos de partida. São eles: 1) promover as funções básicas do desenvolvimento infantil, como formação da identidade pessoal, promoção de oportunidades de interação social e privacidade, e encorajamento às competências e aptidões individuais; 2) reconhecer que o meio físico tem impacto tanto direto quanto simbólico sobre a criança, facilitando e/ou inibindo comportamentos e, sobretudo, comunicando a ela as intenções e os valores dos adultos (que, na maioria das ocasiões, são as pessoas que os controlam); 3) valorizar o contexto sociocultural na análise da relação criança-ambiente, pois há variação individual e cultural no uso e na interpretação do meio ambiente; 4) usar uma perspectiva *multi-setting* na discussão da interface entre ambiente construído e desenvolvimento infantil, pois, embora a experiência humana seja acumulativa, o transporte de ideias de um local a outro pode não ser, necessariamente, apropriado; 5) possibilitar que as crianças participem do planejamento e arranjo dos locais onde convivem; 6) reconhecer que, em ambientes planejados para crianças, também há usuários adultos, os quais precisam ter suas necessidades atendidas.

Para Elali (2002), tanto em termos individuais quanto grupais, o entendimento da dimensão ambiental no desenvolvimento humano é fundamental, podendo ser estudada em função do seu papel nos processos de comunicação interpessoal e da sua influência no comportamento. Para tanto, essa autora diz ser importante ressaltar alguns conceitos-chave estudados pela psicologia ambiental, como territorialidade, privacidade e apropriação.

Segundo Vidal e Vallera (1998), Altmam (*apud* Vidal; Vallera, 1998, p. 124) privacidade define-se como "o controle seletivo do acesso a si ou ao grupo que se pertence". A necessidade de privacidade é inerente ao indivíduo humano e se encontra presente nos membros de qualquer cultura, mesmo que em cada uma delas sua regulação tome formas diferenciadas. Enquanto modo da pessoa ponderar sua interação com as demais, a privacidade representa a busca do equilíbrio entre "ficar isolado" e "tornar-se acessível aos outros". Configurando-se como o confronto entre forças de aproximação e afastamento interpessoais, tal contato tem um ponto ideal para se estabilizar, que é, justamente, o ponto desejado pelo indivíduo (ou grupo). De acordo com Elali (2003), a partir dos processos de socialização, as pessoas aprendem a identificar os diferentes ambientes como privados ou públicos e a prever os tipos de comportamento possíveis em cada local. Quando exercido por meio de um aspecto do ambiente físico, o controle seletivo de aproximação e afastamento pode envolver a existência de barreiras concretas naturais ou artificiais (desde vegetação até paredes, armários e similares), ou a existência de recintos de uso exclusivo (quarto individual, ou a famosa "casa da árvore"). Ressalte-se, portanto, a importância de, a fim de promover o desenvolvimento infantil, garantir às crianças condições para regularem o "acesso ao eu ou ao grupo" em função das necessidades do momento, o que significa a existência de espaços aos quais possa recorrer nos momentos de maior e menor contato.

Já a territorialidade é o padrão de conduta associado com a posse ou ocupação de um lugar por parte de um indivíduo ou grupo, que implica personalização e defesa contra invasões. Proveniente da etologia, o conceito de territorialidade configura-se como um fator determinante do comportamento e da dinâmica populacional das espécies. No caso do ser humano, embora a territorialidade envolva, necessariamente, um espaço físico bem marcado e delimitado pelo uso de cercas, muros, pintura etc., ela acontece de modo mais sutil e passivo do que com os outros animais, estando relacionada a fatores como tempo de ocupação do local, sentimento associado a ele, propriedade (em termos jurídicos) e exclusividade no uso. Além disso, uma vez demarcado um território, o indivíduo não precisa permanecer continuamente no local, podendo utilizar marcadores territoriais para garantir seu direito de posse (Vidal; Vallera, 1998).

A noção de apropriação relaciona-se diretamente à territorialidade, pois envolve o conceito de posse do território, não em termos jurídicos, mas no que se refere à identificação e apego do indivíduo ao ambiente e à liberdade para interferir no mesmo, deixando nele a sua "marca pessoal". A apropriação abrange dois componentes que se inter-relacionam continuamente: o simbólico (identificar-se com o local) e o de ação-transformação (possibilidade de personalizar os ambientes). Segundo a literatura, a maneira como um indivíduo ou grupo se apropria de um ambiente é reflexo direto das ligações afetivas pessoa-ambiente e das relações de poder consolidadas no local (Giuliani, 2004).

A IMPORTÂNCIA DOS ESPAÇOS ABERTOS PARA A EDUCAÇÃO INFANTIL

A educação coletiva de crianças de zero a seis anos tem tido um grande avanço. A construção de conhecimentos científicos sobre o desenvolvimento e educação infantil parece ser um dos fatores responsável pelas atuais mudanças. Até recentemente, a maioria das pesquisas em psicologia partia da ideia de que o ambiente natural para o bom desenvolvimento da criança nos primeiros anos de vida era a família. A permanência em instituições era aceita apenas como "mal necessário", para aquelas famílias que não tinham condições de assumirem sozinhas o cuidado da criança (Rossetti-Ferrera; Silva, 2005).

Dessa forma, as pesquisas sobre desenvolvimento psicológico focalizavam principalmente a interação mãe-criança. Predominava a concepção de que a criança pequena não era ainda capaz de interagir com outras crianças, poucos estudos focalizavam a interação de crianças, e menos ainda, de criança-ambiente (Bronfenbrenner, 1996).

O ambiente físico escolar, atualmente, lugar privilegiado de interação das crianças, impõe o desafio para a ciência de compreender o desenvolvimento psicológico em um contexto coletivo diferente do familiar. Segundo Campos-de-Carvalho (2004), as características do ambiente são negligenciadas não só em pesquisas científicas, mas também no planejamento de ambientes infantis coletivos, cabendo apenas as recomendações gerais de que devem ser ricos e estimulantes. Mas será que aspectos físicos do ambiente de educação são importantes para o desenvolvimento das crianças?

Muitos fatores estão envolvidos nos processos de desenvolvimento e aprendizagem das crianças nos ambientes escolares, como, por exemplo, fatores relacionados à proposta pedagógica, ao estilo do professor, a aspectos culturais de cada região ou país, e muitos outros. Entretanto, não esquecendo esses aspectos, alguns estudos vêm, atualmente, constatar que o contexto no qual as crianças brincam determina a maneira como elas interagem, ou seja, o desenho das salas, dos pátios abertos e a provisão de materiais estão fortemente relacionados à qualidade das relações que ocorrem entre as crianças.

Sager, Sperb, Roazzi e Martins (2003), em seu estudo, investigaram a relação entre os pátios de duas escolas infantis municipais de Porto Alegre e a interação de cinquenta crianças de cinco a seis anos que frequentavam esses espaços. Foram observados os tipos de brincadeiras e brinquedos utilizados pelas crianças e os tipos de interações estabelecidos em cada um dos dois pátios (pátio grande e pequeno). Cada qual possuía algumas características distintas quanto à área, densidade de crianças e materiais. Os resultados mostraram que as crianças estabeleceram mais interações associativas e paralelas no pátio grande e mais do tipo desocupada e solitária no pátio pequeno. Quanto ao tipo de brinquedo, no pátio grande, a associação desse aspecto com os tipos de interação foi menor do que no pátio pequeno. Houve maior associação entre as interações e os tipos de brincadeiras no pátio pequeno. Concluiu-se que, com relação aos aspectos ambientais, o pátio grande favorece uma maior variação de interações.

Magalhães e Otta (1995), por sua vez, procuraram relacionar comportamento agressivo de crianças da educação infantil com o ambiente físico e o gênero. Os resultados mostraram diferenças nos comportamentos agressivos em relação aos três contextos estudados – sala, pátio e parque. A incidência de agressão foi significativamente maior no pátio do que no ambiente externo do parque.

Outro fator do ambiente físico que influencia as interações das crianças diz respeito ao arranjo espacial. Campos-de-Carvalho e Meneghini (2003) e Campos-de-Carvalho e Bomfim (2006), por exemplo, vêm se dedicando ao estudo do papel dos arranjos espaciais enquanto suporte para as interações infantis. Investigam a influência de zonas circunscritas (áreas localizadas em cantos, delimitadas em pelo menos três lados por barreiras formadas por mobiliário, paredes, diferenças no nível do solo etc) nas interações infantis. Consideram três tipos diferentes de arranjos espaciais, ou seja, semiaberto, aberto e fechado. Nas zonas circunscritas, segundo as autoras, as crianças podem permanecer em pequenos grupos, participando de atividades sem a necessidade da mediação de um adulto e sem interrupções frequentes de outras crianças, o que poderia explicar sua preferência por essas áreas. Além disso, essas zonas seriam preferidas por propiciarem uma sensação de proteção e privacidade, permitindo que as crianças se concentrassem em suas atividades e no comportamento de seus pares. As zonas circunscritas, então, atuariam como suporte para o estabelecimento e a manutenção das interações infantis. Os resultados mostraram que, em arranjos espaciais abertos, as crianças preferiram brincar em áreas próximas ao educador, em contraste com arranjos semiabertos. As zonas circunscritas mostraram-se as mais atrativas, sendo preferencialmente utilizadas pelas crianças.

A influência da definição espacial do ambiente no comportamento de crianças foi igualmente estudada por Elali (2002).

Em seu trabalho, a autora constata que a densidade de crianças nos espaços e as áreas disponíveis para brincar também são fatores relevantes quando se quer relacionar aspectos do ambiente e a interação de crianças. A falta de espaço em contextos escolares acarreta uma série de problemas. A autora realiza uma análise acurada do ambiente de instituições de educação infantil da cidade de Natal-RN sob o ponto de vista técnico e arquitetônico e a partir da percepção dos usuários. Os dados permitiram-lhe realizar uma discussão sobre os espaços educativos para a clientela infantil, subsidiando a indicação de algumas diretrizes para a criação de normas que fiscalizem os empreendimentos existentes em Natal-RN e orientem a elaboração de propostas arquitetônicas adequadas às necessidades da população local.

No geral, as pesquisas demonstram que é possível um desenvolvimento sadio em contextos diversos do familiar, mesmo para crianças em seus primeiros anos de vida, desde que assegurado tempo e espaço para brincar, de forma livre e espontânea. A criança necessita sentir segurança nas atividades de brincadeira que realiza, para que, em simultâneo, desenvolvam mecanismos mentais de segurança emocional e íntima. Segundo Rosseti-Ferreira e Silva (2005), todas as instituições de educação coletiva podem tornar-se um espaço adequado, seguro, estimulante e gostoso para as crianças e, sobretudo, adequado para o desenvolvimento infantil.

Os estudos de Campos-de-Carvalho (2005) sobre os aspectos do ambiente físico importantes para o desenvolvimento infantil consideram, *a priori*, que há alguns aspectos importantes para o desenvolvimento global infantil que deveriam estar presentes especialmente no planejamento do ambiente infantil coletivo. Assim, todos os ambientes infantis deveriam promover, por exemplo, identidade pessoal: permitindo que as crianças deixem suas marcas, tragam seus objetos (personalizem o território escolar), promovendo a ligação afetiva entre criança e escola e com isso possibilitando o desenvolvimento da identidade. Segundo essa, autora também é possível o desenvolvimento de competências nas crianças na medida em que o ambiente é planejado para possibilitar que a criança possa ver e pegar objetos sem a mediação do educador, desenvolvendo nesta um sentimento de domínio e controle. Construir caminhos indicadores, ligando áreas do pátio ou parque, sinalizando o trajeto a percorrer com demarcações físicas, por exemplo, também auxilia a criança a executar com competência suas atividades, sem se desviar de seu objetivo, pois, colaboram para o desenvolvimento da percepção e a orientação espacial.

O espaço aberto da escola, para além dos aspectos citados acima, é primordial para o desenvolvimento infantil, pois oportuniza movimentos corporais, já que é importante que a criança ande, corra, suba e desça, pule, balance, salte, pendure-se, agarre-se, empurre e puxe objetos. O conhecimento corporal dá-se a partir das experiências motoras que a criança realiza. Da mesma forma, esses ambientes são ricos para a estimulação dos sentidos. Quanto mais naturais forem os ambientes, mais diversidade de estímulos conterão. O nível do solo, a incidência solar, a diversidade de cores são atrativos para as crianças quando proporcionam também conforto e segurança. Os espaços abertos, além de tudo, podem proporcionar locais de privacidade quando permite às crianças optarem por atividades isoladas ou se relacionarem em pequenos grupos, desenvolvendo laços de amizade e expressão de sentimentos como ciúme, raiva, carinho e outros (Campos-de-Carvalho, 2005).

CONSIDERAÇÕES FINAIS

A noção de desenvolvimento, proposta pela ecologia do desenvolvimento humano, descreve-o como "o conjunto de processos através dos quais as particularidades da pessoa e do ambiente interagem para produzir constância e mudança nas características da pessoa no curso de sua vida" (Bronfenbrenner, 1996, p. 191). Essa noção inclui a maturação biológica, mas também abrange os processos sociais que organizam a personalidade e dão significado a essas conquistas. Tudo isso acontecendo dentro de um contexto que se refere às condições de vida, aos sistemas sócio-histórico-culturais, ao ambiente físico e de pessoas que compõem o cenário no qual se insere o sistema indivíduo-ambiente em desenvolvimento.

De modo geral, os estudos de desenvolvimento humano privilegiam um ou outro fator de influência. Entretanto, poucos são os que enfocam o ambiente físico. A psicologia ambiental, dentro das teorias psicológicas contemporâneas, tem como ponto principal o estudo das influências ambientais na subjetividade e no comportamento humano. Nesse sentido, ela contribui com as ciências do desenvolvimento humano quando estuda o impacto de características físicas do ambiente nas relações interpessoais, ou ainda, a interação das crianças com os contextos onde elas atuam e o modo como esses contextos afetam suas interações.

Este estudo pretende se somar àqueles da psicologia ambiental que afirmam que o contexto no qual as crianças brincam determina a maneira como elas interagem. Visto que a escola consiste no ambiente por excelência da criança, pois é nela que as crianças passam importantes momentos de suas vidas e desenvolvem as suas primeiras habilidades sociais e intelectuais, o ambiente escolar costuma ser o principal foco de estudo dessas investigações.

Queremos que este estudo possa contribuir para o questionamento do ambiente escolar, no sentido de apontar não apenas uma especificidade desse contexto, mas a importância dessa especificidade no processo de desenvolvimento na infância. Este estudo propõe uma maior problematização acerca da dimensão ambiental, espaço físico, necessária à constituição humana. É fundamental que a legislação que regulariza a montagem e organização desses espaços seja aprimorada e que os serviços responsáveis pela orientação e fiscalização das creches exerçam de forma mais efetiva suas funções.

Referências

ALVES, P. B. A ecologia do desenvolvimento humano: experimentos naturais e planejados. [Versão eletrônica]. *Psicologia. Reflexão e. Crítica*, v. 10, n. 2, p. 369-373, 1997. Disponível em: <http://www.scielo.br/scielo.php?script=sci_arttext&pid=S0102->. Acesso em: 19 ago. 2008.

BARROS, A. J. et al. Perfil das creches de uma cidade de porte médio do sul do Brasil: operação, cuidados, estrutura física e segurança. *Cadernos de Saúde Pública*, v. 15, n. 3, p. 597-604, 1999.

BRONFENBRENNER, U. Ecological system theory. In: Vasta, R. *Six theories of child development:* Revised formulations and current issues. Londres: Jessica Kningsley Publishers, 1992.

_____. *A ecologia do desenvolvimento humano:* experimentos naturais e planejados. (2. ed.). Porto Alegre: Artes Médicas, 1996.

_____; Ceci, S. Nature-nurture reconceptualized in developmental perspective: A bioecological model. *Psychological Review*, v. 101, p. 568-586, 1994.

_____; Evans, G. W. Developmental science in the 21 century: emerging questions, theoretical models, research designs and empirical findings. *Social Development*, v. 9, n. 1, p. 115-125, 2000.

_____; MORRIS, P. A. The ecology of developmental process. In: DAMON, W.; LERNER, R. M. (Orgs.). *Handbook of child psychology*: Theoretical models of human development, v. 1, n. 5. ed. New York: Wiley, 1998. p. 993-1028.

CAMPOS-DE-CARVALHO, M. Pesquisas contextuais e seus desafios: uma contribuição a partir de investigações sobre arranjos espaciais em creches. *Estudos de Psicologia*, v. 8, n. 2, p. 369-373, 2003.

_____. Psicologia ambiental e do desenvolvimento: O espaço em instituição infantil. In: GUINTHER, H.; PINHEIRO, J.; GUZZO, R. (Orgs.). *Psicologia ambiental*: entendendo as relações do homem com seu ambiente. Campina: Alínea, 2004. p. 181-196.

_____. O porquê da preocupação com o ambiente físico. In: Rossetti-FERREIRA, M; MELLO, A.; VITÓRIA, T.; GOSUEN, A.; CHAGURI, A. C. *Os fazeres na educação infantil*. (7. ed.). São Paulo: Cortez, 2005.

_____; BOMFIM, J. Intercâmbios sociais em ninõs de 1-2 años y arreglos espaciales em guarderías brasileñas. *Meio ambiente y comportamiento humano*, v. 7, n. 1, p. 67-88, 2006.

_____; FULLGRAF, J.; WIGGERRSET, V. A qualidade da educação infantil brasileira: alguns resultados de pesquisa. *Cad. Pesqui.*, v. 36, n. 12, p. 87-128, 2006.

_____.; MENEGHINI, R.. Arranjo espacial na creche: espaços para interagir, brincar isoladamente, dirigir-se socialmente e observar o outro. In: *Psicologia. Reflexão e Crítica*, v. 16, n. 2, p. 367-378, 2003.

_____.; SOUZA, T. N. Qualidade de ambientes de creches: uma escala de avaliação. In: *Psicologia em estudo*, v. 10, n. 1, p. 87-96, 2005.

CONSTITUIÇÃO da República Federativa do Brasil de 1988. Brasília. Disponível em: <http://www.planalto.gov.br/CCIVIL_03/Constituicao/Constitui%C3%A7ao.htm>. Acesso em: 20 abr. 2008.

ELALI, G. A. *Espaços para educação infantil: um quebra-cabeças?* Tese de doutorado não-publicada, Universidade de São Paulo, São Paulo, 2002.

_____. O ambiente da escola – o ambiente na escola: uma discussão sobre a relação escola-natureza em educação infantil. In: *Estudos de Psicologia*, v. 8, n. 2, p. 309-319, 2003.

GIULIANI, M. O lugar do apego nas relações pessoa-ambiente. In: Tassara, E. T.; Rabinovich, E. P. *Psicologia e ambiente*. São Paulo: Educ., 2004. p. 89-106.

KREBS, R. J. Novas tendências para o estudo do desenvolvimento humano. *Palestra proferida no V Encontro internacional para estudos da criança*, 2000. Disponível em: <http://www.fmh.utl.pt/mestradodc/textosruykrebs/novastendencias.pdf>. Acesso em: 27 jun. 2008.

LA TAILLE et al. *Piaget, Vygotsky, Wallon*: teorias psicogenéticas em discussão. 8. ed.. São Paulo: Summus, 1992. p. 117.

LEI n. 9394, de 20 de dezembro de 1996 (1996). Estabelece as Diretrizes e Bases da Educação Nacional. Brasília. Disponível em <http://www.unifesp.br/reitoria/reforma/ldb.pdf>. Acesso em 10 abr. 2008.

LIMA, A. B.; BHERING, E. Um estudo sobre creches como ambiente de desenvolvimento. *Cadernos de Pesquisa*, v. 36, n. 129, p. 573-596, 2006.

LLERA, J. B. Introdução: história, escolas e objeto da psicologia. In: LLERA, J. B. *Psicologia*. São Paulo: Vozes, 1993.

MAGALHÃES, Otta. Agressão em crianças: influências de sexo e de variáveis situacionais. *Psicologia: Teoria e Pesquisa*, v. 11, n. 1, p. 7-12, jan.-abr. 1995.

MARIOTTO, R. M. M. Atender, cuidar e prevenir: a creche, a educação e a psicanálise. In: *Estilos da Clínica*, v. 8, n. 15, p. 34-47, 2003.

MEKIDECHE, T. Espaços para crianças na cidade de Argel: um estudo comparativo da apropriação lúdica dos espaços públicos. In: TASSARA, E. T.; RABINOVICH, E. P. *Psicologia e ambiente*. São Paulo: Educ., 2004. p. 143-167.

MOSER, G. Psicologia ambiental. *Estudos de psicologia*, v. 3, n. 1, p. 121-130, 1998.

NORMAS para construção e instalação de creches. Estabelece os requisitos gerais de projetos arquitetônicos para construção, instalação e funcionamento de creches. Ministério da Saúde.

Brasília, Centro de Documentação do Ministério da Saúde, 1989.

OLIVEIRA, Z. M.. *Educação infantil*: muitos olhares. São Paulo: Cortez, 1994.

PAVAN, L. C.; KONS, P. V. *Estatuto da criança e do adolescente:* uma adoção irrevogável. Blumenau: Nova Letra, 2001.

PINHEIRO, J. Psicologia ambiental: a busca de um ambiente melhor. *Estudos de Psicologia*, v. 2, n. 2, p. 377-398, 1997.

_____. Psicologia ambiental brasileira no início do século XXI: sustentável? In: YAMAMMOTO, D. H.; GOUVEIA, V. V. (Orgs.). *Construindo a psicologia brasileira:* desafios da ciência e prática psicológica. São Paulo: Casa do Psicólogo, 2003, p. 279-313.

POLONIA, C; DESSEN, M.; SILVA, N. O modelo bioecológico de Bronfenbrenner: constribuições para o desenvolvimento humano. In: DESSEN, M.; COSTA JUNIOR, A. *A ciência do desenvolvimento humano*. Porto Alegre: Artmed, 2005. p. 71-89.

RIZZO, G. *Creche:* organização, montagem e funcionamento. 2. ed. Rio de Janeiro: Francisco Alves, 1984.

ROSSETTI-FERREIRA, M. C.; SILVA, A. P. Novos ares para a educação infantil. In: ROSSETTI-FERREIRA, M; MELLO, A.; VITÓRIA, T.; Gosuen, A.; Chaguri, A. C. *Os fazeres na educação infantil*. 7. ed. São Paulo: Cortez, 2005.

_____; SOARES, A. P. (2002) *Desafios atuais da educação infantil e da qualificação de seus profissionais: onde o discurso e a prática se encontram?* Disponível em: <http: //www. anped. org.br/0707t.htm>. Acesso em 1 maio 2002.

SAGESR, F. et al. Avaliação da interação de crianças em pátios de escolas infantis: uma abordagem da psicologia ambiental. *Psicol. Reflexão e Crítica*, v. 16, n. 1, p. 203-215, 2003.

SOMMER, R. O desenvolvimento e a aplicação dos conceitos de espaço pessoal. In: DEL RIO, DUARTE, C. R.; RHEINGANTZ, P. A. (Orgs.) *Projeto de Lugar* – colaboração entre psicologia, arquitetura e urbanismo. Rio de Janeiro: Contra capa/PROARQ, 2000. p. 19-29.

VIDAL, T.; VALERA, S. Privacidad y territorialidad. In: ARAGONÉS, J. I. Y; AMÉRIGO, M. (Coord.) *Psicología ambiental*. Madrid: Pirâmide, 1998. p. 123-148.

WEINSTEIN, C. S.; DAVID, T. G. *Spaces for children:* the built environment and child development. New York: Penum Press, 1987.

WERNER, J. *Saúde & educação*: desenvolvimento e aprendizagem do aluno. Rio de Janeiro: Gryphus, 2000.

ZANELLA, A. V.; CORD., D. Tia, o Tonico me bateu! Considerações sobre a violência infantil no contexto da creche. *Educação, Subjetividade e Poder*, v. 6, n. 6, p. 99-106, 1999.

8

Ambientes criativos: a relação pessoa e trabalho

Igor Reszka Pinheiro[1]
Roberto Moraes Cruz[2]

Introdução

No âmbito das relações produtivas entre pessoa-ambiente pode-se notar que uma das principais dimensões potencializadoras da realização humana é a expressão da criatividade. A produção do conhecimento sobre processos criativos destacam, de foma genérica, a ideia de que criar significa promover a emergência de um produto novo, seja uma ideia ou invenção original, seja a reelaboração e o aperfeiçoamento de produtos ou ideias já existentes. Também presente em muitas das definições propostas é o fator relevância, ou seja, não basta que a resposta seja nova, é necessário, também, que ela seja apropriada à dada situação.

[1] *Designer*, especialista em Educação, mestrando do Programa de Pós-Graduação em Psicologia da Universidade Federal de Santa Catarina. E-mail: pinheiro_ir@yahoo.com.br

[2] Professor do Departamento de Psicologia da Universidade Federal de Santa Catarina - Programa de Pós-Graduação em Psicologia. E-mail: robertocruz@cfh.ufsc.br

Criatividade é um termo recorrente na literatura científica e encontra-se escrutinada principalmente em quatro focos de estudo: 1) o processo criativo, abrangendo os caminhos cognitivos desse fenômeno; 2) a pessoa criativa, interessada na personalidade dos gênios; 3) o produto criativo, investigando a importância da produção para a própria definição do construto e; 4) o ambiente criativo, o qual dá ênfase aos fatores físicos e sociais que porventura influenciam na criação (Stavridou; Furnham, 1996).

Contrastando com os inúmeros direcionamentos de pesquisa apontados por autores clássicos do assunto (De Masi, 2003; Wechsler, 2002; De Bonno, 2002; Amabile; Gryskiewicz, 1989, entre outros), este último foco, os ambientes catalisadores ou inibidores da criatividade, tem recebido pouca atenção e, dessa forma, o presente capítulo busca preencher tal lacuna ao revisar a criatividade, buscando nas mais recentes contribuições teóricas possíveis respostas à pergunta: é possível favorecer a criatividade na relação pessoa-ambiente?

CRIATIVIDADE: DEFINIÇÕES

De fagulha de inspiração divina à resposta impossível em uma busca heurística, existem tantas definições de criatividade quanto pessoas capazes de defini-la. Para a área da metodologia de projetos, por exemplo, soluções criativas são encontradas por meio da reorganização de informações (Baxter, 2000; Munari, 1998), ou seja, da mudança de uma *gestalt* para outra. Um segundo ponto de vista, aquele que está voltado para a inventividade, tem para si que criatividade é a remoção de contradições (Manzini, 1993; Schwartz, 1992). A psicologia confere ao termo criatividade uma definição mais restritiva, a qual, além de exigir a sempre referida originalidade, também requer utilidade, abrangendo a discussão sobre juízo de valor (Ward, 2007; Sternberg, 2000).

Longe de se obter um consenso quanto à sua definição, afirma-se, pelo menos, que um dos pontos de convergência entre os estudos da criatividade é a sua natureza ambígua e conciliatória, consistindo, sempre, da somatória e não exclusão de vetores contraditórios como passado e futuro (Stein, 1989), concreto e abstrato (Flowers; Garbin, 1989) e lógico e intuitivo (Hayes, 1989). Estes dois últimos vetores caracterizam-se, aliás, como o cerne de várias das atuais pesquisas cognitivas voltadas para a criatividade (Dorfman, Martindale, Gassimova; Vartanian, 2008; Kounios et al., 2008; Chávez-Eakle et al., 2007; Dietrich, 2004; Jausovec, 1998, entre outras).

Dietrich (2004) considera a coexistência de dois sistemas neurais no cérebro, sendo eles responsáveis pelo processamento de diferentes tipos de informação do ambiente. O primeiro, também chamado de implícito, avalia rapidamente e de maneira absoluta (sim/não, bom/mau, certo/errado etc.) os estímulos recebidos, atribuindo um significado biológico e comportamental a cada evento, a intuição. O segundo, o sistema explícito, processa, paralelamente, de maneira linear cada detalhe de uma situação (se, A e B, então C etc.), obtendo um nível de precisão muito superior ao custo da morosidade da linguagem, a lógica.

Lógica refere-se à capacidade de organizar, ao sequenciar (Figura 1) as informações, caracterizando pensamentos claros, objetivos, elaborados, enriquecidos e, principalmente, imparciais (McInerny, 2006). Tal feito ocorre graças ao córtex pré-frontal, o qual integra, processa, avalia e inibe os dados advindos de outras áreas do cérebro, criando uma hierarquia (Goldberg, 2002). Estudos imagéticos do encéfalo ainda destacam as porções dorsolateral, medial e frontopolar do mesmo córtex pré-frontal como os responsáveis por memória de trabalho, atenção e planejamento, respectivamente (Slachevsky et al., 2005).

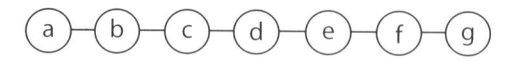

Figura 1: Informações organizadas logicamente.

A intuição, por sua vez, diz respeito à organização caótica de informações (Figura 2), compreendendo mais a dimensão horizontal que a vertical de um contexto, o que possibilita equacionar inúmeras variáveis simultaneamente. Características comumente atribuídas aos intuitivos são: a empatia, a flexibilidade, a imaginação, o senso de humor e o uso constante de analogias e metáforas (O'Reilly; Dunbar; Bentall, 2001). Além de fazer uso da amígdala, esse sistema implícito está associado ao giro temporal superior e anterior direito (Chávez-Eakle et al., 2007), ao tálamo, aos gânglios basais, ao hipocampo e ao córtex motor (Dietrich, 2004). Possivelmente associada à definição onírica da intuição, Kounios e colaboradores (2008) também demonstram uma alta correlação entre as ondas alfa e gama – as quais costumam se encontrar em maior abundância durante relaxamento e inconsciência – e os momentos de *insight*.

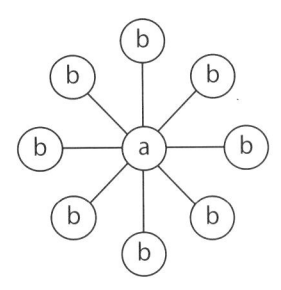

Figura 2: Informações organizadas intuitivamente.

Ao tentar discernir os processos mentais envolvidos com a criatividade, Chávez-Eakle e demais (2007) estudaram o fluxo sanguíneo do cérebro realizando tarefas que exigiam fluência, originalidade e flexibilidade, chegando à conclusão de que pessoas que apresentam alto desempenho criativo tendem a uma estimulação bilateral do cérebro, integrando os sistemas neurais implícito e explícito. Mais especificamente, Jausovec (1998), atendo-se aos padrões elétricos do cérebro, descreve os sujeitos mais criativos como capazes de manter ondas de pensamento mais homogêneas, enquanto pessoas padrão tendem a alterar as zonas cerebrais utilizadas em cada tarefa. Isso sugere que a eficiência fruto da criatividade não está diretamente associada a uma maior velocidade de processamento (mudança quantitativa do cérebro), mas a uma melhor integração das diferentes formas de processamento de dados (mudança qualitativa do cérebro).

Averiguando a flexibilidade – dimensão da criatividade – de enxadristas afiliados à Federação Americana de Xadrez, Bilalic, McLeod e Gobet (2008) encontram dados que corroboram com essa ideia, já que especialização (posicionamento no *ranking*) e rigidez foram diretamente proporcionais, com exceção daqueles mestres acima de cinco desvios-padrão da média. Nesse caso, mais que a presença de um ponto ótimo de informações, acredita-se que houve uma combinação rara de capacidades, consistindo de uma nova e mais complexa forma de organização mental, a qual, além de analisar os pormenores de cada situação, também é capaz de prever diferentes cenários e rever decisões (Figura 3).

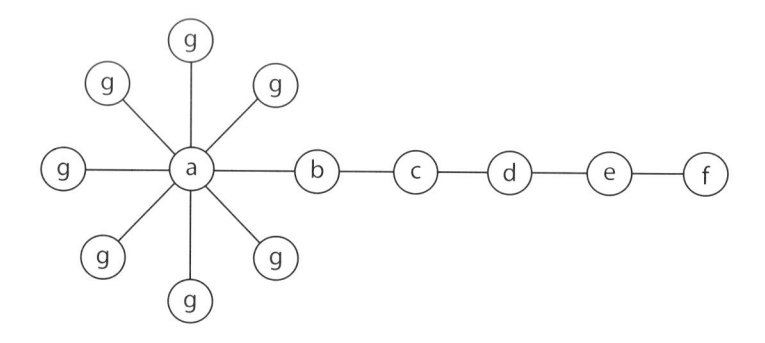

Figura 3: Informações organizadas criativamente.

Descartada, portanto, a hipótese da eficiência como um ganho numérico absoluto, encontra-se em Dorfman, Martindale, Gassimova e Vartanian (2008) a teoria do ajuste no foco de atenção, a qual prediz que uma melhor adaptação dos mecanismos de atenção dos criativos frente a diferentes tipos de problemas corresponde ao seu ganho de eficiência relativo à tarefa. Enquanto pessoas de orientação apenas autônoma tendem a interpretar eventos como oportunidades, desafios e possibilidades de escolha, pessoas de orientação somente controlada buscam interpretar o contexto através de regras, contingências e limitações (King; Gurland, 2007). Nisso, encontra-se na mistura entre a atenção formal (lógica) e a informal (intuição), o padrão criativo de pensamento capaz de gerar respostas ao mesmo tempo novas e úteis.

Equilibrar lógica e intuição significa equilibrar entradas e saídas de um sistema, já que, para Pinheiro e Pinheiro (2006), todos os incrementos relativos ao pensamento lógico envergam a curva "S" do Ciclo de Vida da Tecnologia para o eixo das ordenadas e as práticas intuitivas tencionam essa mesma curva para o eixo das abscissas (Figura 4a). Seja por meio da constante quebra de paradigmas, seja por meio de curvas "S" cada vez menos sinuosas, essa opção estreita os infinitos pontos ótimos de eficiência (T1, T2, T3...), devolve ao trabalho seu caráter prazeroso e, ainda, possibilita prever futuros bônus e ônus de uma tarefa, permitindo intervenções preventivas, graças à sua trajetória linear (T4) (Figura 4b).

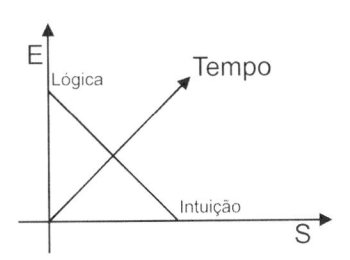

Figura 4a: Lógica X intuição.
Fonte: Pinheiro; Pinheiro, 2006.

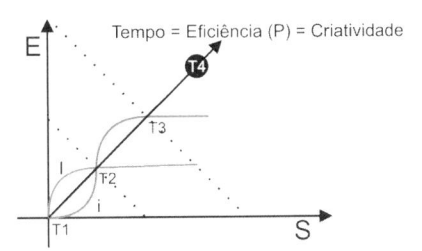

Figura 4b: Trabalho criativo.
Fonte: Pinheiro; Pinheiro, 2006.

Considerando os ambientes competitivos os causadores da especialização, percebe-se, portanto, que a manipulação, não do número, mas dos tipos de estímulos do ambiente é a chave para o desenvolvimento de espaços catalisadores da criatividade, assim como a sua má administração é tida como fonte de inibição (Leybourne; Sadled-Smith, 2006). Escassez ou excesso de informações tendem a provocar erros por omissão em pessoas intuitivas e erros de intrusão em indivíduos lógicos (Kounios et al., 2008). Por outro lado, o equilíbrio entre demanda e capacidade é visto como o causador da motivação aos lógicos e da autonomia aos intuitivos, ampliando sua criatividade (Gumusluoglu; Ilsev, prelo).

AMBIENTE E TRABALHO: EFICIÊNCIA E CRIATIVIDADE?

"[...] quem produz necessita de um ambiente que respeite a sua dignidade e exalte a sua criatividade. O trabalhador tem o direito, enquanto trabalha, de estar imerso em um ambiente harmonioso, confortável, estimulante e saudável, no mínimo igual ao ambiente no qual passa seu tempo livre". De Masi (1999, p. 199)

Clitheroe Jr., Stokols e Zmuidzinas (1998) definem ambiente como todo o entorno do comportamento humano, o que inclui os estímulos pessoais, os sociais e os físicos. Os fatores pessoais referem-se à interpretação que o indivíduo faz do meio com base em sua personalidade. Já os fatores sociais podem ser tanto formais, políticas públicas e empresariais, hierarquias e relações profissionais, quanto informais, trato com amigos, família e vizinhança. Por fim, os fatores físicos são aquelas estruturas produzidas pelo homem, bem como as variáveis geográficas e climáticas.

Dadas as virtualmente infinitas configurações que o ambiente pode assumir, o foco deste estudo torna-se a interpretação que o homem faz do meio, especialmente os elementos do processamento *bottom-up* (percepção-cognição), com os quais é possível gerenciar a criatividade. Essa ênfase é bastante difundida no ramo empresarial, principalmente na esfera administrativa, a qual se vê constantemente em busca de meios de favorecer a inovação, garantindo a competitividade (Gumusluoglu; Ilsev, prelo; Halbesleben, Novicevic, Harvey; Buckley, 2003). Competitividade é fruto do aumento da densidade populacional, seja por um acréscimo absoluto na quantidade de pessoas, seja por uma maior concentração urbana.

Milgram (1970), por sua vez, constata que esse aumento na densidade é proporcional ao aumento de estímulos ambientais, os quais, quando excedem a capacidade mental dos indivíduos geram sobrecarga, obrigando as pessoas à alienação ou à especialização, ambas as características distantes da criatividade. Assim, fecha-se um ciclo vicioso entre pessoa e ambiente (Figura 5), no qual o conglomerado de pessoas gera um ambiente desfavorável à criatividade, que obriga os indivíduos à especialização, sendo incapazes de gerar inovação, necessária à manutenção do conglomerado.

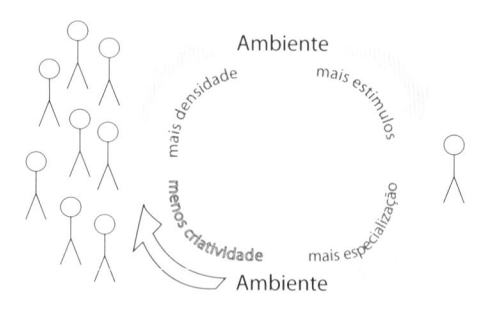

Figura 5: Ciclo pessoa – ambiente com sobrecarga.

Ao perceber o problema da criatividade no contexto da crescente densidade populacional como a disparidade entre o número de estímulos do ambiente e a capacidade de resposta do indivíduo, encontra-se em Pinheiro e Pinheiro (2006) a discussão que traduz essa questão na equação: P = E / S (Eficiência é igual a Entradas sobre Saídas). Para esses autores, o único objetivo comum a todas as empresas, organizações e indústrias contemporâneas é a eficiência, valorizando sempre a maior quantidade de entradas que saídas de um sistema. Se, por um lado, essa busca se justifica no ganho total de tempo, por outro, isso significa submeter o ser humano a atividades repetitivas, prolongadas, monitoradas, rítmicas e estatísticas, convertendo seu trabalho em tecnologia (maquinário), o qual descreve, invariavelmente, a curva "S" do Ciclo de Vida da Tecnologia.

Conforme descrito na Figura 6a, inicialmente, a produção experimental, às vezes artesanal, apresenta um baixo desempenho em função dos recursos necessários, contudo, a padronização dos processos, a organização serial, a adaptação do público consumidor, a confecção em massa e todos os demais incrementos administrativos e industriais fazem com que a curva passe da quase horizontalidade (a) à quase verticalidade (b). Em seguida, esses mesmos procedimentos norteadores que alçaram a eficiência pela sua retidão (b), tornam-se um entrave para o crescimento contínuo, que por sua vez exige flexibilidade, novidade e destreza, levando a curva à quase estagnação em um novo patamar (c). O meio que se apresenta para superar o nível atingido é a quebra do paradigma vigente, iniciando uma nova curva S em um patamar mais elevado (Figura 6b).

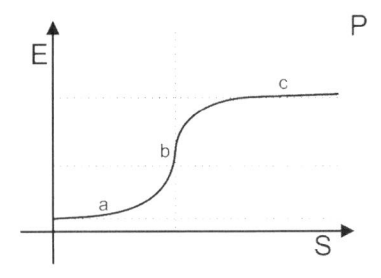

Figura 6a: Curva "S" do ciclo de vida da tecnologia. **Fonte:** Pinheiro & Pinheiro, 2006.

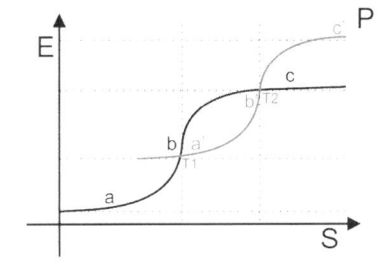

Figura 6b: Sucessão de tecnologias. **Fonte:** Pinheiro & Pinheiro, 2006.

Essa perspectiva do trabalho humano é coerente com Cruz (2004), o qual confere nexo fundamental entre o processo de produção e a saúde das pessoas em um contexto industrial. A despersonalização do trabalho acarreta em sofrimento, que por sua vez alimenta estratégias defensivas, aumentando a resistência a mudanças, minando a eficiência. Mais especificamente, Livingstone, Nelson e Barr (1997) sugerem que quando não há equilíbrio entre demanda e capacidades, o trabalho gera insatisfação, baixa *performance* e estresse.

Entre as muitas pesquisas que tiveram como proposta relacionar a influência de determinados elementos do ambiente e a criatividade, encontram-se contribuições que dizem respeito às necessidades individuais (Besançon; Lubart, prelo; Lanni et al., 2008), à construção material (Clitheroe Jr., Stokols; Zmuidzinas, 1998) e, principalmente, às formas de se organizar o trabalho (Reilly, prelo; Theule; Fronda, 2005; Nakamori; Sawaragi, 1996). Um provável ponto comum entre esses estudos é a necessidade de se adaptar os estímulos à capacidade de resposta imediata e prolongada, ou seja, à inclinação da percepção e ao nível de atenção de cada um.

Programas de premiação, alocação de verbas para treinamento, motivação, reconhecimento profissional e abertura à comunicação, logo, são úteis apenas quando complementares às competências individuais, o que explica as frequentes contradições citadas como valores estimulantes da criatividade (Wong; Pang, 2003; Veitch; Gifford, 1996). Não se sabe até que ponto uma pessoa criativa é capaz, conscientemente, de se adaptar aos estímulos de cada ambiente; porém, existem fortes indícios de que ela pode definir suas necessidades com maior facilidade e, com isso, submeter-se aos ambientes que a fariam inovar (Dorfman; Martindale, Gassimova; Vartanian, 2008).

Seguindo essa linha de raciocínio, não há, portanto, ambientes de tendência absoluta quanto à criatividade, existindo contextos especialistas, do mesmo modo que pessoas especialistas, sendo necessária a sua complementaridade. Organizações caóticas – que submetem seus membros a diferentes tipos de informação simultaneamente e sem ordem predeterminada – trariam equilíbrio às pessoas lógicas ao obrigá-las interpretar eventos e tomar decisões, até o limite em que sua tendência de atenção se inverteria, gerando estresse. Organizações ordeiras – que restringem as informações ao foco de atuação imediato dos seus membros –, por sua vez, favoreceriam os intuitivos ao direcionar a sua produção por meio de regras e contingências, até o ponto em que, novamente, sua tendência de atenção se inverteria culminando em estresse.

Transformar o ciclo vicioso da sobrecarga em um ciclo virtuoso envolve, por conseguinte, mais que a simples negação de cada um dos valores apresentados (densidade, estímulos e especialização), uma vez que a escassez também prejudica a criatividade (Reilly, prelo) e é virtualmente impossível escapar da crescente pluralidade. Nesse caso, usufrui-se da maior densidade populacional para uma maior diluição da carga de trabalho (especialização da demanda), possibilitando uma melhor correspondência entre as competências (especialização da capacidade), estimulando a criatividade, mola propulsora da inovação, responsável pela manutenção do coletivo (Figura 7). Em suma, no que se refere à criatividade, mudanças quantitativas no ambiente devem ser seguidas por mudanças qualitativas na sua organização, mantendo-se uma mesma eficiência de amplitude cada vez maior.

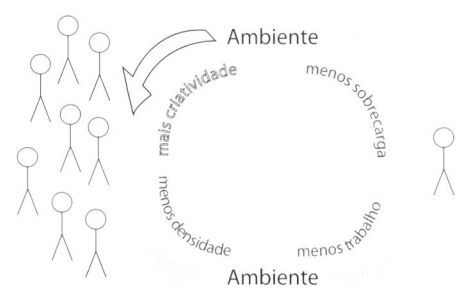

Figura 7: Ciclo pessoa – ambiente sem sobrecarga.

Na equação P = E / S, o exercício criativo seria favorecido, portanto, quando uma mesma quantidade de trabalho (eficiência) se divide entre um maior número de pessoas (entradas), obtendo resultados qualitativamente melhores (saídas). Em vez de produzir mais de um mesmo produto, o trabalho criativo objetiva produzir a mesma quantidade com mais qualidade, compensando os investimentos (De Masi, 2003). Se, por um lado, esse nexo de produção não privilegia o lucro, por outro, ele evita patologias pela busca do alto rendimento, ao invés da fuga do baixo (estresse e alienação).

Cruz (2005, p. 208) sugere que "apenas uma flexibilidade na organização do trabalho é capaz de possibilitar a economia psicossomática a fim de evitar adoecimentos – reações externalizadas, resultantes da agressão sofrida no contexto organizacional". As sociedades e organizações que se pretendem criativas também, nesse caso, autossustentáveis, devem permitir, por conseguinte, a dúvida, definindo os problemas de seus componentes e não as soluções que competem a cada um (Wu; McMullen; Neubert; Yi, 2008; Theule; Fronda, 2005).

O primeiro passo para concretizar essa ideia é encerrar a discussão sobre criação e racionalização, admitindo que lógica e intuição não compõem um paradoxo, mas uma sinergia. Nisso, cabe ao líder o trabalho de identificação de demandas e competências, já que, em geral, esse possui um forte senso de temporalidade, o que o permite analisar e relacionar causas e consequências em períodos cada vez mais distantes no passado e futuro (Halbesleben; Novicevic; Harvey; Buckley, 2003), possibilitando o reforço positivo, a aceitação do erro e a redução da carga de trabalho individual.

Na prática, compor um ambiente catalisador da criatividade significa, por fim, identificar as demandas de trabalho e as competências pessoais, orquestrando a sua integração em um contexto de qualidades complementares. Nem todo trabalho pode ser exercido de maneira criativa por todo tipo de pessoa. Ambientes desorganizados ou pouco definidos, sujeitos a mudanças rápidas e imprevistas dos elementos físicos e organizacionais estimulam, por natureza, somente a criatividade das pessoas lógicas, já que essas ignoram interferências ao prever consequências, quando não sobrecarregados.

Os ambientes limpos e livres de ruído, cuja organização física e hierárquica é encadeada de maneira linear e cíclica, por outro lado, somente estimulam a criatividade de pessoas intuitivas, pois, essas ignoram consequências ao prever interferências, também quando não sobrecarregados (Nakamori; Sawaragi, 1996).

Conclusão

Consciente das limitações desse texto, especialmente quanto à pequena dimensionalidade da criatividade abarcada, espera-se que o capítulo elucide algumas questões referentes ao ambiente criativo, principalmente em relação à sobrecarga de trabalho. Estando o mecanismo de atenção diretamente vinculado aos estímulos do ambiente, voltou-se a discussão para os sistemas implícito e explícito de processamento de dados, os quais necessitam de um contexto complementar para se atingir resultados criativos. Nisso, acredita-se que a variável das entradas na equação da eficiência deva ser tratada como uma grandeza qualitativa, cujo resultado proporcionaria o equilíbrio de um ambiente cada vez mais denso e competitivo.

Em se tratando da criatividade, o ambiente se torna um aspecto importante do trabalho em equipe, equilibrando a tendência dos indivíduos por meio da constante quebra de rotinas para os lógicos, e do contínuo encadeamento e repetição para os intuitivos. Sugere-se a continuação dessa linha de pesquisa na forma de experimentos arquitetônicos e paisagísticos, visando identificar os elementos físicos que possibilitam tais interferências. Enquanto não forem possíveis mudanças organizacionais que reduzam a carga de trabalho mecânico, favorecendo o dito "ócio criativo", espera-se, ao menos, que o meio em que tais atividades se realizam seja propício à saúde e à criatividade.

Referências

AMABILE, T.; GRYSKIEWICS, N. The creative environment scales: work environment inventory. *Creativity Research Journal*, v. 2, p. 231-253, 1989.

BAXTER, M. *Projeto de produto:* Guia prático para o design de novos produtos. 4. ed. São Paulo: Edgard Blucher, 2000.

BESAÇON, M.; LUBART, T. Differences in the development of creative competencies in children schooled in diverse learning environments. In: *Learning and Individual Differences*. No prelo.

BILALIC, M.; McLEOD, P.; GOBET, F. Inflexibility of experts – reality or myth? Quantifying the Einstellung effect in chess masters. *Cognitive Psychology*, v. 56, p. 73-102, 2008.

CHÁVEZ-EAKLE, R. et al. Cerebral blood flow associated with creative performance: a comparative study. *NeuroImage*, v. 38, 519-528, 2007.

CLITHEROE Jr., H.; STOKOLS, D.; ZMUIDZINAS, M. Conceptualizing the context of environment and behavior. *Journal of Environmental Psychology*, v. 18, p. 103-112, 1998.

CRUZ, R. Distúrbios musculoesqueléticos, processos de trabalho e cultura organizacional. In: TAMAYO, A. (Org.). *Cultura e saúde nas organizações*. Porto Alegre: Artmed. 2004, p. 231-252.

_____. Saúde, trabalho e psicopatologias. In: AUED, B. (Org.). *Traços do trabalho coletivo*. São Paulo: Casa do Psicólogo, 2005. p. 201-236.

DE BONNO, E. *O pensamento lateral*. 3. ed. Rio de Janeiro: Nova Era, 2002.

DE MASI, D. *A emoção e a regra:* Os grupos criativos na Europa de 1850 a 1950. Trad. Elia Ferreira Edel. 4. ed. Rio de Janeiro: José Olympio, 1999.

_____. *Criatividade e grupos criativos*. Rio de Janeiro: Sextante, 2003.

DIETRICH, A. Neurocognitive mechanisms underlying the experience of flow. *Consciousness and Cognition*, v. 13, p. 746-761, 2004.

DORFMAN, L. et al. Creativity and speed of information processing: a double dissociation involving elementary versus inhibitory cognitive tasks. *Personality and Individual Differences*, v. 44, p. 1382-1390, 2008.

FLOWERS, J.; GARBIN, C. Creativity and perception. In: GLOVER, J.; RONNING, R.; REYNOLDS, C. (Orgs.). *Handbook of creativity:* perspectives on individual differences. New York: Plenum Press, 1989. p. 147-162.

GOLDBERG, E. O *cérebro executivo:* lobos frontais e a mente civilizada. Rio de Janeiro: Imago, 2002.

GUMUSLUOGLU, L.; ILSEV, A. Transformational leadership, creativity, and organizational innovation. *Journal of Business Research.* No prelo.

HALBESLEBEN, J. et al. Awareness of temporal complexity in leadership of creativity and innovation: a competency-based model. In: *The Leadership Quarterly*, v. 14, p. 433-454, 2003.

HAYES, J. Cognitive processes in creativity. In: Glover, J.; Ronning, R.; Reynolds, C. (Orgs.). *Handbook of creativity: perspectives on individual differences.* New York: Plenum Press, 1989. p. 135-145.

JAUSOVEC, N. Are gifted individuals less chaotic thinkers? *Personality and Individual Differences*, v. 25, p. 253-267, 1998.

KING, L.; GURLAND, S. Creativity and experience of creative task: person and environment effects. In: *Journal of Research in Personality*, v. 41, p. 1252-1259, 2007.

KOUNIOS, J. et al. The origins of insight in resting-state brain activity. *Neuropsychologia*, v. 46, p. 281-291, 2008.

LANNI, C. Cognition enhancers between treating and doping the mind. *Pharmacological Research*, v. 57, p. 196-213, 2008.

LEVBOURNE, S.; SADLED-SMITH, E. The role of intuition and improvisation in project management. *International Journal of Project Management*, v. 24, p. 483-492, 2006.

LIVINGSTONE, L.; NELSON, D.; BARR, S. Person-environment fit and creativity: an examination of supply-value and demand-ability versions of fit. *Journal of Management*, v. 23, n. 2, p. 119-146, 1997.

MANZINI, E. *A matéria da invenção*. Lisboa: Centro Português de Design, 1993.

McINERNY, D. *Use a lógica:* um guia para o pensamento eficaz. Rio de Janeiro: BestSeller, 2006.

MILGRAM, S. The experience of living in cities: adaptations to urban overload create characteristic qualities of city life that can be measured. *Science*, v. 167, p. 1461-1468, 1970.

MUNARI, B. *Das coisas nascem coisas*. São Paulo: Martins Fontes, 1998.

NAKAMORI, Y.; SAWARAGI, Y. Methodology and systems for environmental decision support. *A Rev Control*, v. 20, p. 143-154, 1996.

O'REILLY, T.; DUNBAR, R.; BENTALL, R. Schizotypy and creativity: An evolutionary connection? *Personality and Individual Differences*, v. 31, p. 1067-1078, 2001.

PINHEIRO, I.; PINHEIRO, I. O recurso à criatividade: estratégia para aumentar a eficiência e promover a inovação. In: *Anais do XXIV Simpósio de Gestão da Inovação Tecnológica da ANPAD*, Gramado, 2006.

REILLY, R. Is expertise a necessary precondition for creativity? A case of four novice learning group facilitators. In: *Thinking Skills and Creativity*. No prelo.

SCHWARTZ, J. *O momento criativo:* Mito e alienação na ciência moderna. São Paulo: Best seller, 1992.

SLACHEVSKY, A. et al. Córtex prefrontal y transtornos del comportamiento: modelos explicativos y métodos de evaluación. *Ver. Chil. Neuro-Psiquiat.*, v. 43, n. 2, p. 109-121, 2005.

STAVRIDOU, A.; FURNHAM, A. The relationship between psychoticism, trait-creativity and the attentional mechanism of cognitive inhibition. *Personality and Individual Differences*, v. 1, p. 143-153, 1996.

STEIN, B. Memory and creativity. In: GLOVER, J.; RONNING, R.; REYNOLDS, C. (Orgs.). *Handbook of creativity:* Perspectives on individual differences. New York: Plenum Press, 1989. p. 163-176.

STERNBERG, R. *Psicologia Cognitiva*. Porto Alegre: Artes Médicas, 2000.

THEULE, M.; FRONDA, Y. The organization in tension between creation and racionalization: facing management views to artistic and scientific creators. *Critical Perspectives on Accounting*, v. 16, p. 749-786, 2005.

VEITCH, J.; GIFFORD, R. Choice, perceived control, and performance decrements in the physical environment. *Journal of Environmental Phychology*, v. 16, p. 269-276, 1996.

WARD, T. Creative cognition as a window on creativity. *Methods*, v. 42, p. 28-37, 2007.

WECHSLER, S. *Criatividade:* Descobrindo e encorajando. 3. ed. Campinas: Livro Pleno, 2002.

WONG, S.; PANG, L. Motivators to creativity in hotel industry: perspectives of managers and supervisors. *Tourism Management*, v. 24, p. 551-559, 2003.

WU, C. et al. The influence of leader regulatory focus on employee creativity. *Journal of Business Venturing*, v. 23, n. 5, p. 587-602, 2008.

9

RESILIÊNCIA NAS INTERAÇÕES GRUPAIS: COMO IDENTIFICÁ-LA?

Luciana Rabello Silva[1]

"A verdadeira medida de um homem não é como ele se comporta em momentos de conforto e conveniência, mas como ele se mantém em tempos de controvérsia e desafio".

Martin Luther King

INTRODUÇÃO

Como algumas pessoas ou grupos de pessoas conseguem enfrentar situações adversas ao próprio desenvolvimento? O que acontece para que alguns sejam mais vulneráveis e outros apresentem mais competência para lidar com essas circunstâncias? Como essas habilidades acontecem no contexto das interações grupais? Qual a interferência que os processos grupais exercem

[1] Psicóloga, especialista em Gestão de Pessoas nas Organizações. E-mail: rabello_lu@hotmail.com

e como auxiliam para o comportamento de enfrentamento e superação de situações desafiadoras aos seus integrantes? Interrogações como essas surgem com cada vez mais frequência na sociedade contemporânea, na qual as mudanças ocorrem cada vez mais rápida e profundamente, constituindo um grande desafio que exige constantes esforços de adaptação.

No campo da psicologia, busca-se compreender tais questionamentos a partir do conceito de resiliência, habitualmente referida como a capacidade que tem uma pessoa, ou grupo de pessoas, de se recuperar psicologicamente, quando é submetida a situações adversas, violências e catástrofes na vida. Tal capacidade leva ao enfrentamento das adversidades e à possibilidade de ser transformado por elas, mas, sobretudo, de conseguir superá-las.

Mas há diferenças em enfrentar uma situação desafiadora sozinho ou em grupo? Há potencializadores grupais para esse processo? Como esse fenômeno de superação ocorre na esfera grupal?

Sabe-se que a formação de grupos promove o reconhecimento e a legitimação de suas competências e criatividade e o fortalecimento da autoestima e empoderamento grupal. Dessa forma, não só a dor de um favorece o reconhecimento de dores semelhantes nos outros, como também a consideração das competências dos outros contribui com que cada um reconheça e assuma suas competências, potencializando a superação de desafios. O presente artigo, portanto, tem por objetivo caracterizar o fenômeno da resiliência nas interações grupais.

Resiliência individual e social: os fatores de risco e proteção

São cada vez mais frequentes as notícias sobre a elevação dos níveis de ansiedade, depressão, estresse, tensão e outras angústias humanas na atualidade. Problemas financeiros, profissionais, na família, de saúde ou mesmo os decorrentes dos fenômenos da natureza, constituem a relação de fatores que geram sofrimento humano e incidem negativamente em suas vidas. A sensação de incapacidade para lidar com tais adversidades pode desencadear nos indivíduos o sentimento de impotência. No entanto, o que se observa é que, em um mesmo contexto, diferentes caminhos de enfrentamento podem ser adotados, tornando as pessoas vulneráveis ou resilientes diante da situação adversa.

O significado de resiliência tem sido empregado há muito tempo pela física e engenharia; no entanto, apresenta-se ainda em fase de construção e discussão como construto psicológico.

O termo resiliência tem significações diversas. Na origem etimológica, do latim *resiliens*, denota saltar para trás, voltar, ser impelido, recuar, encolher-se, romper, e da língua inglesa, *resilient* remete à ideia de elasticidade e capacidade rápida de recuperação. O conceito original de resiliência é atribuído à física, ao se referir até que ponto um material sofre impacto e não se deforma, definindo, assim, a habilidade de uma substância retornar à sua forma original quando a pressão sobre ela é removida.

A origem conceitual de resiliência contempla o sentido físico e também remete o elemento humano. Nesse sentido, Yunes e Szymansti (2001) ressalta que o estudo do fenômeno resiliência é recente na psicologia e, em função disso, a definição não é clara, tampouco precisa, como na física. Entende que os fatores e as variáveis que devem ser levados em conta no estudo dos fenômenos humanos são complexos e múltiplos:

> Para apenas usar uma metáfora, poder-se-ia dizer que a relação tensão/pressão com deformação não-permanente do material corresponderia à relação situação de risco/estresse/experiências adversas com respostas finais de adaptação/ajustamento no indivíduo, o que ainda nos parece bastante problemático, haja vista as dificuldades em esclarecer o que é considerado risco e adversidade, bem como adaptação e ajustamento (Yunes; Szymanski, 2001, p. 16).

Seguindo similar entendimento, Flach (1991) aborda a questão dos ambientes facilitadores de resiliência, afirmando que os mesmos devem apresentar características como: garantia de privacidade, estruturas coerentes e flexíveis, tolerância às mudanças, comunicação aberta, respeito, busca de reconciliação, reconhecimento, limites de comportamento definidos e realistas, tolerância aos conflitos, empatia e sentido de comunidade. Esses aspectos ressaltam a importância de componentes do processo grupal, que mais à frente serão vistos com maior profundidade neste artigo.

No trabalho psicanalítico, a resiliência é compreendida como

> "um processo, um conjunto de fenômenos harmonizados em que o sujeito se esgueira para dentro de um contexto afetivo, social e cultural. A resiliência é a arte de navegar nas torrentes (...), o resiliente deve apelar aos recursos internos

impregnados em sua memória, brigar para não se deixar arrastar pela inclinação natural dos traumatismos que o fazem navegar aos trambolhões de golpe em golpe, até o momento que uma mão estendida lhe ofereça um recurso externo, uma relação afetiva, uma instituição social ou cultural que lhe permita a superação" (Cyrulnik, 2001, p. 207).

Nessa direção, distingue resistência e resiliência, sendo que a primeira se dá no tratamento analítico, enquanto a segunda acontece no contexto de uma relação afetiva, podendo, portanto, ocorrer na relação analítica.

Com um olhar biológico, Rutter (1990) estabelece uma relação análoga com a imunização médica. Explica que a *resiliência* é o produto final de um processo de imunização que não extingue o risco, mas encoraja ao efetivo enfrentamento. Compara com a vacina, em que a exposição a doses pequenas e sucessivas do agente patológico auxilia a desenvolver mecanismos que reagem contra a doença.

Nessa perspectiva, pode-se perceber que a resiliência se expressa frente à presença de fatores de risco. O risco tem um potencial para predispor pessoas e populações a resultados negativos e podem estar presentes tanto em características individuais como ambientais (Masten; Garmerzy, 1985). Os fatores de risco individuais caracterizam-se por gênero, problemas genéticos, carência de habilidades sociais, intelectuais e características psicológicas limitadas. Os fatores de risco ambientais apresentam como características eventos de vida estressantes, ausência de apoio social e afetivo e o baixo nível socioeconômico.

Em situações de risco, atuam os fatores de proteção, que são características que diminuem a probabilidade de um resultado negativo acontecer na presença de um fator de risco, reduzindo a sua incidência e gravidade (Cowan et al., 1996). Por meio da interação com os fatores de risco, os fatores de proteção podem modificá-los.

Segundo Garmezy e Masten (1994), são identificados três grupos considerados fatores de proteção: as características individuais, a coesão familiar e o apoio afetivo e o apoio social externo. Com a função de ajudar o indivíduo a interagir com os fenômenos da vida e alcançar resultados positivos, os fatores de proteção possibilitam, consequentemente, o desenvolvimento do processo de resiliência. Contudo, como a resiliência não é uma característica fixa, a sua ocorrência em certa ocasião da vida não determina a presença constante em todos os momentos.

Dessa forma, o estudo da resiliência demanda uma compreensão dinâmica e interacional dos fatores de risco e de proteção. Sobretudo, é preciso um exame ecológico, a fim de perceber a forma como o indivíduo compreende e enfrenta as adversidades, decorrentes dos processos proximais ocorridos entre ele e sua história e rotinas, bem como a influência do contexto e do tempo atual em que está vivendo (Cecconello, 2003).

Para melhor compreender e analisar esses aspectos, faz-se oportuno conhecer os tipos de resiliência estudados em crianças por Rutter (1990), os quais abrangem os fatores e mecanismos de proteção, identificáveis em cada um deles. Os três tipos de resiliência são: emocional, acadêmica e social.

Tais estudos apontam que os fatores de proteção mais importantes para o desenvolvimento da resiliência emocional nas crianças são as experiências positivas que proporcionam sentimentos de autoestima, autonomia e autoeficácia, capacidade para enfrentar mudanças e estratégias para solução de problemas, bem como o desenvolvimento do ego, altos índices de empatia e lócus de controle interno. Quanto à resiliência acadêmica, é indicado que a escola possibilite aos estudantes a ampliação e o fortalecimento de habilidades de resolução de problemas e o desenvolvimento de novas estratégias, assim como a capacitação dos professores para ajudar alunos com dificuldades. O terceiro tipo proposto, resiliência social, demonstra como fatores de proteção o distanciamento de delinquências, a participação e o sentimento de pertencimento a grupo de amigos, relacionamentos íntimos, vínculo adequado com a escola, acompanhamento dos pais, estrutura familiar, bem como as responsabilidades sociais e as exigências por obter determinados benefícios.

Flach (1991) destaca também a importância da criatividade para o desenvolvimento da resiliência, apontando dois motivos principais: primeiro quando os acontecimentos estão obscuros e o desfecho ainda não ocorreu, denominado pelo autor como pontos de bifurcação; depois quando as pessoas ou a vida delas, ao retomar seus devidos lugares, acabam tomando novas e desconhecidas homeostases. Assim, o ato criativo auxilia a organizar, relacionar e sintetizar fatos já existentes, ideias, pontos de referência, relacionando-se à lei da ruptura e da reintegração. Dessa forma, o desenvolvimento do processo criativo contribui para a resiliência, ampliando a capacidade de busca de soluções de problemas, estimulando a busca de ideias diferenciadas e encorajando a aplicação de inovações no cotidiano.

Partindo de pesquisas e terapias com pacientes, Flach (1991) sintetiza a personalidade resiliente por meio de um conjunto de atributos:

- Um forte e flexível sentido de autoestima;
- Independência de pensamento e ação, sem medo de depender dos outros ou relutância em ficar nessa condição de dependência;
- A habilidade de dar e receber nas relações com os outros, e um bem estabelecido círculo de amigos pessoais, que inclua um ou mais amigos que servem de confidentes;
- Um alto grau de disciplina pessoal e um sentido de responsabilidade;
- Reconhecimento e desenvolvimento de seus talentos;
- Mente aberta e receptiva a novas ideias;
- Disposição para sonhar;
- Grande variedade de interesses;
- Apurado senso de humor;
- Percepção de seus próprios sentimentos e do sentimento dos outros, e capacidade de comunicar esses sentimentos de forma adequada;
- Grande tolerância ao sofrimento;
- Concentração, um compromisso com a vida, e um contexto filosófico no qual as experiências pessoais possam ser interpretadas com significado e esperança, até mesmo nos momentos mais desalentadores da vida.

Silva (2006) enfatiza os aspectos da resiliência e da espiritualidade no processo de envelhecimento, em que categoriza tematicamente as facetas da essência do mostrar-se resiliente como sendo:

- Humor (reconfiguração de uma situação produzindo mudança no afeto e no comportamento do sujeito);

- Autoestima (capacidade do indivíduo para querer a si mesmo, a partir de uma visão realista de seu potencial e de suas limitações);
- Propósito/sentido de vida/meta/sonho (consciência de ter na vida uma missão a cumprir; desejo de viver e se relacionar);
- Iniciativa (consideração dos problemas como desafio para exercitar o controle, um teste para si mesmo nas tarefas necessárias; autorregulação e responsabilidade pessoal para conseguir autonomia e independência);
- Autoconceito (manter a "integridade pessoal" em oposição à experiência de "desespero" promovida pelo sentido de que a vida tem pouco significado);
- Aceitação (integridade; aceitação de um ciclo de vida único);
- Independência/autonomia (distanciamento físico e emocional do dano enquanto satisfaz as próprias demandas);
- Otimismo/confiança/esperança (as experiências pessoais frente às adversidades são interpretadas com significado e esperança em mudar o que se tinha de obscuro);
- Espiritualidade e fé (força para o crescimento e resposta na hora da dor; sentido de direção na vida mesmo no sofrimento);
- Apoio/suporte familiar e social.

A análise de tais aspectos somados aos conceitos abordados anteriormente, reforçam a visão do fenômeno da resiliência como um processo dinâmico, multidimensional, multideterminado e mutável, que exige um processo contínuo de adaptação e acomodação entre indivíduos e seus ambientes. Necessita assim, ser estudado de forma contextualizada, levando em consideração a influência mútua existente na interação do ser humano com seus diversos ambientes, investigada pela psicologia ambiental. Nessa direção, reforça-se a importância de se investigar de que forma o fenômeno da resiliência acontece no contexto dos processos grupais.

Resiliência nas interações em grupo: terapia comunitária, família, ambiente de trabalho

A maioria dos estudos sobre resiliência geralmente tem por objetivo pesquisar os pontos de vista individuais, enfocando traços e disposições pessoais. No entanto, neste artigo, tem-se a intenção de ampliar essa perspectiva para a dimensão grupal, a partir da compreensão de que "resiliência é uma capacidade universal que permite que uma pessoa, grupo ou comunidade previna, minimize ou supere os efeitos nocivos das adversidades" (Grotberg, 1995, p. 7).

Assim, a resiliência grupal é entendida como a forma dos sistemas sociais combinarem a capacidade inata de lidar com o sofrimento e as adversidades, complementada pela habilidade de aprender com estas e, simultaneamente, aproveitá-las como oportunidade de crescimento. O que observaremos neste tópico é como os processos sociais, com os intrapsíquicos, possibilitam ter uma vida sã, apesar de momentos extremamente desafiadores para a manutenção dessa condição.

Do nascimento à morte, nossa vida é um permanente exercício de sociabilidade. A natureza psicológica do homem torna-o um ser social e, consequentemente, um ser grupal. Ele está em contínuo processo de interação com o outro. Daí, consistir de um ser de relações, de diálogo, de participação e de comunicação, portanto, um ser social, que se traduz no cotidiano. Pela vida em grupo e, pela convivência, esse homem passa a concretizar a sua existência, produzindo, recriando e realizando-se nas suas relações com o outro.

A partir dessa relação de interação com os outros, determinados comportamentos são desenvolvidos. Os estudiosos de resiliência afirmam que são as relações precoces pré-verbais adequadas que esclarecem a maneira de reagir às agressões da existência, levando o indivíduo a buscar relações com pessoas adequadas do seu entorno para se refazerem dos golpes e continuarem a viver. Mas enfatizam que mesmo a resiliência adquirida no início da vida pode ser perturbada se o meio adequado se transforma de repente em um meio lesivo, mantido por muitos anos.

A resiliência depende de um processo interativo (social e intrapsíquico) e somente por meio dessa relação possibilita a condição humana propriamente dita. Por essas e por outras razões, a ênfase aos processos grupais (sejam eles familiares, comunitários, profissionais, ou outros) para ampliar o conhecimento sobre o fenômeno da resiliência torna-se relevante, bem como instigante. Em especial pela capacidade positiva dos grupos em fortalecer a autoestima dos seus integrantes, o empoderamento grupal (*empowerment*) e a capacidade de resiliência, possibilitando o enfrentamento e superação de situações adversas.

O sentimento de solidão, frequentemente experimentado pelas pessoas que vivenciam momentos traumáticos, evidencia a importância do sentir-se com, o sentimento de pertencimento, de ser compreendido, possibilitado pelos grupos. Visto que o componente desencadeador do processo grupal é a consideração mútua dos sujeitos, que ao se verem compartilhando algo significativo, sentem-se constituintes de um grupo, essa convivência torna-se importante para o indivíduo traumatizado.

Sabe-se que as pessoas resilientes estão mais frequentemente envolvidas em atividades comuns, com a inserção grupal solidária. Conforme Maximiano (1986) uma das formas mais importantes de se definir um grupo é pela percepção que este possui da sua autoimagem. Não basta que um conjunto de pessoas conviva fisicamente, estejam organizadas ou tenham os mesmos objetivos para que se caracterizem como um grupo. É necessário ainda que elas se percebam como partes de um mesmo todo e que cada uma veja as outras da mesma forma. Ou seja, é importante para o desenvolvimento da resiliência que o indivíduo se defina como integrante de um grupo, e que os demais membros também se identifiquem assim, pertencentes à mesma identidade social. A inclusão em grupos também exercita a capacidade de se engajar mais profundamente em algo significativo para si, o que se torna uma habilidade importante diante de situações desafiantes.

O grupo, para Coutinho e colaboradores (2005, p. 9), "a partir do encontro promove, simultaneamente, continuidades e rupturas com a história pregressa, construindo assim sua própria rota, sendo esta marcada tanto pelas singularidades presentes quanto pela ação coletiva ali engendrada". Esse potencial grupal possibilita a resignificação da história catastrófica vivenciada, através do uso da palavra e do encontro da compreensão, proporcionando a elaboração do acontecimento traumático e diluição das cenas traumatizantes na memória. Por intermédio da relação interpessoal, as catástrofes podem possibilitar a capacidade humana de representação e o consequente desenvolvimento da capacidade simbólica e de comunicação por meio da fala.

A participação em grupos permite o estabelecimento de redes sociais, possibilitando trocas de experiências com outras pessoas, além de envolvê-las em novos papéis, atividades e conversas proporcionadas pelos diferentes ambientes. O encorajamento à confiança mútua, a orientação positiva e o equilíbrio de poder na relação são favorecidos pelo relacionamento significativo com outras pessoas. A utilização dos grupos como fonte de apoio social pode proporcionar continências às ansiedades e, ao mesmo tempo, exercer a função de fonte de apoio e de oportunidade para que os membros expressem seus medos. Esse recurso possibilita o fortalecimento e o processo de enfrentamento da vida cotidiana, consequentemente, incrementa a construção da resiliência.

Nessa perspectiva é que a resiliência torna-se um dos pilares fundamentais do paradigma da Terapia Comunitária (Barreto, 2005), a qual compreende que a carência proporciona competência, bem como sofrimento possibilita o fortalecimento, a capacitação. Entre os princípios da Terapia Comunitária, há o entendimento de que a vivência pessoal é uma fonte de saber e que os obstáculos, os traumas, os sofrimentos são fontes de conhecimento.

As atividades e os estudos dos grupos de Terapia Comunitária têm evidenciado que o espaço e estímulo à fala, socialização, identificação e compartilhamento das situações de perda e sofrimento têm sido uma ferramenta na consolidação da resiliência das pessoas envolvidas nesses grupos. Isso evidencia o quanto o fenômeno da resiliência é um processo construído e não solitário, podendo ser parte de uma construção grupal solidária que auxilia na transformação do sofrimento do indivíduo em um espaço de fala, de escuta, de troca e de compreensão que possibilita uma alteridade grupal.

A construção de uma nova história para o sofrimento dos integrantes das vivências grupais, propostas pela Terapia Comunitária, também se dá por meio do estímulo à circulação, tanto entre os membros do grupo como também entre seus familiares, dos atributos das pessoas resilientes, consideradas por eles: alta capacidade de resistência, facilidade de construção coletiva, alta capacidade de amar, alta capacidade para crescer profissionalmente e alta capacidade de troca com o mundo.

Em consonância com tal abordagem, Yunes e Szymanski (2001) sinalizam que características como crescimento pessoal e social fazem parte de pessoas resilientes. Complementam orientando que comportamento resiliente pode ser expresso em várias etapas da vida; na fase inicial do desenvolvimento ou ainda quando a pessoa já se encontra na fase adulta. Pesquisas mencionadas no artigo dos autores supracitados, os quais acompanharam o desenvolvimento de algumas crianças e adolescentes até a fase adulta, indicam que existem fatores que caracterizam um grupo como resiliente:

- Melhor desenvolvimento intelectual;
- Maior nível de autoestima;
- Maior grau de autocontrole;

- Famílias menos numerosas;
- Menor incidência de conflitos nas famílias.

Na mesma pesquisa foi constatado que os indivíduos considerados de alto risco tornaram-se adultos competentes, e também que os meninos são mais vulneráveis a agentes estressores físicos e psicossociais do que as meninas.

Outros estudos sobre a resiliência grupal enfocam o aspecto familiar, tipo de grupo considerado primário e fundamental na constituição do ser humano. Um dos primeiros trabalhos específicos desta área foi publicado por McCubbin e McCubbin (1988) sobre a "tipologia de famílias resilientes", partindo da definição segundo a qual famílias "resilientes" são aquelas que resistem aos problemas decorrentes de mudanças e "adaptam-se" às situações de crise.

Ampliando esse olhar, Flach (1991) conceituou resiliência como o resultado de um comportamento adaptativo somado à mudança e ao crescimento, ou seja, à capacidade de transformação da família diante de crises. Dessa forma, distingue uma família resiliente consistindo naquela que manifesta flexibilidade, permitindo a independência e a identidade própria de seus integrantes.

O desenvolvimento do equilíbrio desses grupos familiares em situações estressantes do dia a dia, proporciona aos seus membros o enfrentamento de situações potencialmente provocadoras de crises, fortalecidos pela solidariedade e coesão da família. Assim, a estrutura familiar se fortalece ao reagir positivamente às adversidades, proporcionando seu crescimento e a ampliação da sua capacidade de transformação.

De acordo com o modelo proposto por McCubbin (1993), a resiliência familiar possui duas fases: o ajustamento e a adaptação. O primeiro ocorre no período do enfrentamento de uma situação de estresse e, dependendo da maneira como a família lida com a tensão nervosa inicial, poderá ter um bom ou mau ajustamento. O segundo acontece quando o empenho para a superação da crise durante o ajustamento não foi suficiente e percebe-se a necessidade de uma reorganização dos padrões familiares vigentes.

Comumente, o ajustamento está atrelado a fatores como: elemento estressor; vulnerabilidade familiar; padrões de funcionamento familiar; recursos de resistência familiar como a qualidade da comunicação e suporte mútuo; avaliação do estressor pela família; e capacidade de solução do problema e estratégias de enfrentamento familiar.

Já a adaptação familiar depende de fatores como: demanda de estressores que deram origem à crise; padrões de funcionamento; habilidade de enfrentamento e transformação familiar; disponibilidade de recursos potenciais para o enfrentamento; suporte social; capacidade de avaliação da crise provocada pela doença, bem como capacidade de administrar as demandas; avaliação da organização e padrões de funcionamento para dar significado à doença e as mudanças resultantes no sistema familiar; capacidade de resolução e enfrentamento do problema; bom ajustamento; e mau ajustamento.

O modelo proposto por McCubbin evidencia o movimento constante do grupo familiar, em busca de novos ajustes e adaptações necessários a cada situação estressora. Muitos processos interativos estão inseridos ao longo do ciclo vital da resiliência, incluindo a maneira da família enfrentar a situação ameaçadora da crise, até estratégias diferenciadas para o enfrentamento de estresses emergentes no período imediato pós-crise ou em longo prazo. Apoiando tal concepção, Souza e Ceveny (2004) ressaltam que uma família é denominada resiliente quando desempenha com eficiência funções como formação e manutenção da unidade, suporte econômico, cuidado, educação, socialização e proteção aos membros vulneráveis, de forma que seus integrantes e outros sistemas sociais se beneficiem. Assim, aspectos como humor, crença, capacidade de comunicação e expressão, confiança em si e nos outros, capacidade de colaborar, emoções ligadas à esperança e ao otimismo, habilidade na resolução de conflitos, flexibilidade, capacidade de assumir compromissos e participação, e a capacidade de autorreflexão, reforçam a resiliência no grupo familiar (Walsh, 2005).

No entanto, os estudos sobre o fenômeno da resiliência em grupos procuram identificar quais são os processos grupais fundamentais que os possibilitam lidar com os fenômenos dissociadores e convertê-los em processos construtivos, inclusive no contexto empresarial. Nessa direção, busca-se entender melhor como empresas em crises são capazes de, por intermédio dos grupos de pessoas que as constituem, enfrentar os desafios reafirmando as possibilidades de superação, mediante a colaboração dos membros ante a adversidade.

Nesse enfoque, Brenson-Lazan (n.d.) propõe quatro categorias de fatores que determinam o nível de resiliência dentro de um grupo ou equipe:

Fatores de desenvolvimento individual: o grupo estimula e reforça a autonomia responsável de seus integrantes, a qual inclui:
- O sentido de identidade pessoal com a sua função;
- A flexibilidade comportamental;
- A consciência de si mesmo;

- A habilidade e disponibilidade de autocorreção;
- Autoconhecimento;
- Autoestima e confiança em si mesmo;
- A competência e capacidade para distanciar-se de mensagens e comportamentos negativos.

Fatores de desenvolvimento interpessoal: o grupo cria, estimula e reforça os espaços e processos para:
- A valorização da diversidade;
- A empatia e a compreensão;
- O afeto e apoio mútuo;
- A comunicação dialógica e participativa;
- O sentido do humor;
- A introspecção individual e grupal.

Fatores estratégicos: o grupo desenvolve uma missão e as competências necessárias para:
- Definir metas realistas;
- Elaborar estratégias para alcançá-las;
- Promover reflexão grupal e autocorreção;
- Ter criatividade para resolver os conflitos;
- Pedir apoio e recursos;
- Medir e avaliar os resultados.

Fatores de visão: o grupo desenvolve uma visão que inclui seus valores compartilhados, os propósitos e as expectativas de um futuro promissor, a integração das metas e aspirações individuais com as corporativas, o otimismo e a fé.

Tais considerações remetem à afirmação de Gallende (2004, p. 57-58) que ressalta que "o sujeito resiliente não é um adaptado e, menos ainda, um inadaptado: é um sujeito crítico de sua situação existencial, capaz de apropriar-se dos valores e significados de sua cultura que melhor sirvam à realização de seu próprio anseio ou ambição". Complementa, ainda, que resiliente é quem não se resigna a reproduzir as condições existentes; sua ambição cria o imaginário de uma mudança possível e isto já o modifica como indivíduo e, por sua vez, causa impacto sobre o grupo imediato e assinala os comportamentos práticos para enfrentar a adversidade e suas imposições.

CONSIDERAÇÕES FINAIS

Este estudo pode possibilitar melhor compreensão dos fenômenos que caracterizam a resiliência, tanto no aspecto individual como também em diferentes contextos grupais, o que pode ser identificado entre os processos grupais por meio dos pontos abordados pelos mencionados autores.

Quanto aos pesquisadores da resiliência grupal, pode-se verificar que os estudos nesse campo ainda são insuficientes. Apesar da importância desse contexto ficar clara, em especial, a resiliência social, como fator de proteção e apoio social, pouco se explora o enfoque dos processos grupais especificamente.

Notou-se que as principais pesquisas sobre a resiliência grupal abordam o aspecto familiar, mas, ainda assim, são poucas com uma conotação positiva sobre a família, enfocando os aspectos sadios dos grupos familiares. A tendência ainda acaba sendo de salientar os fatores de risco desse ambiente, principalmente os associados ao contexto da pobreza.

Dessa forma, ao finalizar este artigo, fica a sugestão, o estímulo a mais investigações a respeito do tema resiliência grupal e da interferência dos processos grupais na resiliência e vice-versa, possibilitando a ampliação da compreensão sobre esse importante fenômeno nas interações grupais.

Referências

BARRETO, A.. *Terapia comunitária passo a passo.* Fortaleza: LCR, 2005.

BRENSON-LAZAN, G. (n.d.). La facilitacion de resiliencia grupal. Disponível em: <http://www.amauta-international.com/BIBVIRT/RESILIENCIA-ARG.pdf>. Acesso em 3 jun. 2008.

CECCONELLO, A. M. *Resiliência e vulnerabilidade em famílias em situação de risco.* Tese de Doutorado não publicada, Universidade Federal do Rio Grande do Sul. Porto Alegre, 2003.

COUTINHO, M. et al. Novos caminhos, cooperação e solidariedade: A psicologia em empreendimentos solidários. *Psicologia Social*, v. 17, n. 1, p. 7-13, 2005.

COWAN, P.; COWAN, C.; SCHULZ, M. Thinking about risk and resilience in families. In: HETHERINGTON, E.; BLECHMAN, E. (Orgs.). *Stress, coping and resiliency in children and families.* New Jersey: Lawrence Erlbaum, 1996. p. 1-38.

CYRULNIK, B. *La maravilla del dolor:* El sentido de la resiliencia. Barcelona: Ediciones Granica, 2001. p. 207.

FLACH, F. *Resiliência:* A arte de ser flexível. São Paulo: Saraiva, 1991.

GALLENDE, E. Subjetividad y resiliencia: del azar y la complejidad. In: MELILLO, A.; OJEDA, N.; RODRIGUÉZ, D. (Orgs.). *Resiliencia y subjetividad: Los ciclos de La vida.* Argentina: Paidós, 2004.

GARMEZY, N.; MASTEN, A. Chronic adversities. In: RUTTER, M.; TAYLOR, E.; HERSON, L. (Orgs.). *Child and adolescence psychiatry*, 3rd., p. 191-208. Oxford, Blackwell Scientific Publication, 1994.

GROTBERG, E. A guide to promoting resilience in children: strengthening the human spirit. *The Hague, Netherlands*, The Bernard van Leer Foundation, 1995.

MASTEN, A.; GARMEZY, N. Risk, vulnerability and protective factors in developmental psychopathology. In: LAHEY, B.; KAZDIN, A. (Orgs.). *Advances in clinical child psychology.* New York: Plenum Press, p. 1-52, 1985.

MAXIMIANO, A. *Gerência do trabalho em equipe.* São Paulo: Pioneira, 1986.

McCUBBIN H.I. e McCUBBIN M.A. Typologies of resilient families: Emerging roles of social class and ethnicity. *Family Relations*, v. 37, p. 247-254, 1988.

_____. Families coping with illness: the resiliency model of family stress, adjustment, and adaptation. In: DENIELSON, C. (Org.). *Families, health and illnes:* Perspectives on coping and intervention. Madison: University of Wisconsin, 1993. p. 21-63.

RUTTER, M. Psychosocial resilience and protective mechanisms. In: ROLF, J.; MASTEN, A. S.; CICCHETTI, D.; NEUCHTERLEIN, K. H.; WEINTRAUB, S. (Eds.). *Risk and protective factors in the development of psychopathology*. New York: Cambridge University Press, 1990. p. 181 214.

SILVA, A. Envelhecimento: resiliência e espiritualidade. Dissertação de Mestrado não publicada. Universidade Católica de Brasília, Brasília, 2006.

SOUZA, M.; CEVENY, C. *Família: comunicação, divórcio, mudanças, residência, deficiência, lei, bioética, doenças, religião e drogadição*. São Paulo: Casa do Psicólogo, 2004.

WALSH, F. *Fortalecendo a resiliência familiar*. São Paulo: Roca, 2005.

YUNES, M.; SZYMANSKI, H. Resiliência: noção, conceitos afins e considerações críticas. In: TAVARES, J. (Org.), *Resiliência e educação*. São Paulo: Cortez, 2001. p. 13-42.

10

A TÉCNICA DE MEDITAÇÃO COMO PRÁTICA DE GERENCIAMENTO NO ESTRESSE OCUPACIONAL

Mariana López[1]

INTRODUÇÃO

Estudos atuais discutem a relação entre as dificuldades que o indivíduo pode possuir para tolerar, superar ou se adaptar às exigências ambientais e o desgaste emocional e físico no trabalho. Os mesmos estudos abordam o termo estresse ocupacional ou estresse no trabalho, que se torna foco de preocupação, levando em consideração ser um componente que predispõe o desenvolvimento de patologias. Dessa forma, o trabalho pode ser fonte de satisfação e autorrealização, bem como, de adoecimento, considerando fatores de risco para a saúde e a dificuldade do trabalhador se adaptar às excessivas exigências (Araújo et al., 2003; Murta; Tróccoli, 2004; Avellar; Iglesias; Valverde, 2007; Areias; Andolpho; Guimarães, 2004; Jacques, 2003).

[1] Mestranda do Programa de Pós-Graduação em Psicologia da Universidade Federal de Santa Catarina, pós-graduada em Neuropsicologia Clínica, pelo Instituto Catarinense de Terapia Cognitiva, Florianópolis.

A frustração em tarefas ocupacionais, em que o indivíduo busca atingir metas definidas, prestígio e padrões de comportamentos impostos pelo grupo cultural, podem ser um dos fatores de desencadeamento do estresse. Além disso, a saúde pode ser afetada pelo prolongamento de sobrecarga no trabalho, bem como de "subcarga" (falta de atividade muscular, de comunicação com outras pessoas, de diversificação em tarefas, entre outros). A saúde e o estresse tornam-se, assim, atrelados às interações sociais, ao ambiente, às condições que o cargo ocupado exige e à própria subjetividade do indivíduo (Abreu et al., 2002).

O bem-estar no trabalho torna-se, assim, relevante, tendo em vista seu papel na formação da identidade e na inserção social. Sugere-se, portanto, que a tensão emocional vivenciada pelo trabalhador, tanto no ambiente do trabalho quanto em outros âmbitos da vida, podem fragilizar a saúde (Ferrareze, Ferreira; Carvalho, 2006; Noronha; Fernandes, 2007; Abreu, et al., 2002).

De tal modo, investiga-se a meditação como uma das práticas que podem ser utilizadas para o controle de estresse ocupacional. Essa técnica pode ser utilizada em grupos de todas as idades e pode auxiliar na habilidade do indivíduo gerenciar e modular as emoções (Wall, 2005).

ESTRESSE

Autores como Margis, Picon, Cosner, Silveira (2003), Sardá, Legal, Jablonski (2004), Lipp (1998), Rio (1998) e Lent (2005) consideram o termo estresse como o estado ocasionado pela percepção de estímulos que desencadeiam excitação emocional, modificando a homeostase do organismo. A resposta ao estresse abrange aspectos cognitivos, comportamentais e fisiológicos, tendo em vista a busca de soluções, preparando o indivíduo para selecionar condutas adequadas de maneira rápida e vigorosa.

Os conhecimentos da neurofisiologia do estresse podem contribuir para a compreensão dos seus efeitos à saúde. Para tanto, pode-se considerar a ativação, principalmente do sistema nervoso autônomo e do sistema nervoso periférico, produzindo aumento do ritmo cardíaco, aumento da pressão arterial, secura na boca, sudorese, "nó" na garganta, formigamento dos membros, dilatação das pupilas, diminuição do fluxo sanguíneo nos rins, no trato gastrointestinal e na pele, estimulação dos músculos estriados, de ácidos graxos, triglicerídeos, de colesterol no sangue e dificuldade para respirar (Margis, Picon, Cosner; Silveira, 2003).

O hipotálamo pode estimular a secreção do hormônio adrenocorticotrófico, que por sua vez libera o cortisol pelas adrenais (eixo hipotálamo-hipófise-adrenal). Níveis cronicamente elevados de cortisol podem ainda modificar a estrutura e função hipocampal, produzindo alterações de memória e cognição (Margis; Picon; Cosner; Silveira, 2003).

Os efeitos neuroendócrinos são mais lentos, sendo necessário para sua ativação condições de estresse de longa duração. Quando desencadeado, ativa as suprarrenais, gerando secreção de catecolaminas (adrenalina e noradrenalina). Estas auxiliam no aumento e na manutenção da atividade adrenérgica somática, que produz efeitos similares aos gerados pela ativação simpática (Margis; Picon; Cosner; Silveira, 2003; Sardá; Legal; Jablonski, 2004).

Quando prolongados, esses efeitos podem aumentar significativamente o risco de hipertensão, de formação de trombos, de angina do peito em pessoas propensas, arritmias, morte súbita, lesão gástrica, aumento da produção de ureia, aumento da liberação de ácidos graxos livres no sistema circulatório, aumento da suscetibilidade a processos ateroscleróticos, aumento da suscetibilidade à necrose miocárdica e a doenças crônicas, supressão de mecanismos imunológicos e diminuição do apetite (Margis, Picon, Cosner; Silveira, 2003; Sardá; Legal; Jablonski, 2004).

Em estados de estresse, é diminuída a serotonina e aumenta-se a liberação e o metabolismo da dopamina no córtex pré-frontal, podendo gerar estados de hipervigilância. Ressalta-se que a serotonina pode atuar como regulador do comportamento de defesa, em um sentido adaptativo. Contudo, a serotonina pode também aumentar a ansiedade atuando na amígdala. Dessa maneira, as funções executivas também ficam prejudicadas em longos períodos de estresse, o que pode influir na memória de trabalho, tomada de decisão, planejamento, controle inibitório, atenção e todos os processos cognitivos voluntários.

Tendo em vista os aspectos neurofisiológicos do estresse e seus efeitos maléficos quando prolongado, é relevante o gerenciamento do mesmo para a saúde mental do trabalhador, considerando o estresse como um problema de saúde pública, econômica e social que acarreta em gastos para o indivíduo, a empresa e ao governo (Murta; Tróccoli, 2004; Mendes; Cruz, 2004).

Meditação e trabalho

As intervenções no campo organizacional podem ocorrer de forma individual até ao nível macro da sociedade, sendo categorizadas, de forma didática, como: primárias (redução de estressores no trabalho), secundárias (redução de estresse, *burnout* etc.) e terciárias (redução das consequências de longo prazo do estresse relacionado ao trabalho) (Kompier; Kristensen, 2003).

De acordo com Kompier e Kristensen (2003), a maior parte das publicações na área de intervenções no campo organizacional, destina-se a estudos que contemplam o nível individual, de tipo secundário e terciário, com atividades como: aconselhamento de trabalhadores "estressados", psicoterapia individual, relaxamento ou *biofeedback*, meditação e treinamento em habilidades cognitivo-comportamentais. Esses programas, de forma geral, objetivam a redução da avaliação cognitiva de estressores e de seus consequentes efeitos.

O programa de intervenção para manejo do estresse ocupacional que este trabalho investiga se direciona à técnica de meditação. A meditação está ligada a práticas orientais, sendo uma forma específica de atenção e de concentração no momento atual e sem julgamento. Para isso, os conteúdos dos pensamentos e dos sentimentos são vivenciados bem como se apresentam (Vandenberghe; Sousa, 2006; Wall, 2005).

Essa prática começou a se inserir na medicina comportamental a partir dos programas de redução de estresse (Mindfulness-based stress reduction - MBSR), de Jon Kabat-Zinn, no ano de 1982, da Universidade de Medicina de Massachusetts. Mindfulness-based stress reduction é um curso intensivo, estruturado tradicionalmente com grupos de trinta pacientes, com oito sessões semanais e com duração de cerca de duas horas cada, incluindo as atividades que devem ser realizadas em casa. Em específico, na técnica *mindfulness*, quando praticada, o indivíduo pode passar a perceber o ambiente e a si mesmo sem julgamentos e, portanto, estimula a capacidade de restauração de influências estressoras (Vandenberghe; Sousa, 2006).

Atualmente, as técnicas de MBSR são aplicadas em mais de oitenta clínicas, hospitais e organizações por todo o mundo. Outras técnicas meditativas também são muito utilizadas, tais como a meditação focada no mantra, meditação andando e a meditação transcendental (Kreitzer; Gross; Ye; Russas; Treesak, 2005; Wall, 2005).

Além disso, os documentos referentes à meditação demonstram dados que sua prática regular pode auxiliar na redução de ansiedade, estresse e depressão, bem como na melhora do sono, com benefícios perdurando após seis meses da realização do curso. Consideram-se os relatos dos praticantes, em geral como: bem-estar, calma, melhora da concentração e do sono, sensação de união à natureza (Kreitzer; Gross; Ye; Russas; Treesak, 2005).

Em uma meta-análise sobre a técnica da meditação e seus efeitos na saúde, realizada por Grossman, Niemann, Schmidt e Walach (2004), mostrou-se que a maior parte dos estudos era direcionada à população clínica (pacientes com câncer, depressão, ansiedade, estresse pós-traumático etc) e que os efeitos decorrentes da prática de MBSR mostraram-se homogêneos nos resultados encontrados, sugerindo o possível auxílio aos indivíduos no manejo com problemas clínicos e não clínicos. Foi observada melhora na qualidade do sono, na recuperação de doenças e cirurgias, no manejo de doença crônica, na redução dos efeitos desencadeados durante elevado nível de estresse, diminuição da taxa cardíaca com redução da resposta do organismo à norepinefrina, aumento do sistema imunológico, capacidade de relaxar, relatos de bem-estar, de melhora de concentração em atividades cotidianas e de mudança nas relações interpessoais.

Segundo pesquisas recentes, durante a prática de meditação é aumentado o fluxo sanguíneo no lobo frontal e no lobo ocipital, mais especificamente no giro do cíngulo, no córtex orbitofrontal e frontal inferior, no córtex pré-frontal dorsolateral e no tálamo, sugerindo maior atividade nessas regiões, decorrente do treino da atenção/concentração. Ocorre ainda diminuição metabólica e sanguínea nos demais órgãos e regiões do corpo, ocorrendo uma sensação de relaxamento. Aumentam as ondas cerebrais theta e alfa em lobos frontais, sugerindo estado de bem-estar, relaxamento corporal e atenção. Os níveis de dopamina também são alterados no lobo frontal, o que diminui o estado de hipervigilância proveniente do estresse crônico. Estudos mostram que em consequência a todo esse processo cerebral envolvido durante a prática de meditação podem ser observados benefícios nas funções executivas e na saúde em geral (Cahn; Polich, 2006; Kutz; Borysenko, 1985; Ostafin et al., 2006; Solberg, 2004; Lou et al., 1999; Kjaer et al., 2002; Lutz et al., 2008; Barnhofer et al., 2007; Hölzel et al., 2007; Cresell, 2007; Pagnoni; Cekic, 2007).

A partir dessa coleta preliminar de informações sobre a técnica de meditação e o estresse, surgiu o interesse na análise de documentos referentes à aplicação da meditação no âmbito do trabalho. Assim, este capítulo visa investigar e discutir os estudos que relacionam a técnica de meditação como intervenção no estresse no trabalho, com o objetivo de mostrar como o tema vem sendo pesquisado e quais seus principais resultados. Para isso, a pesquisa seguiu-se pela busca na base de dados Pubmed.

Método, resultados e discussão

Para atingir o objetivo deste trabalho, foi realizada uma pesquisa bibliográfica na base de dados Pubmed, com a palavra de busca "occupational stress and meditation", na data de 22 de maio de 2008. A Pubmed é um serviço da U.S. National Library of Medicine, que adiciona mais de 17 milhões de citações da Medline e de outros periódicos científicos de biomedicina. A partir da busca com a palavra-chave "occupational stress and meditation" foram encontrados dezenove documentos[2]. Não foi possível o acesso completo a seis desses documentos. Dessa maneira, foram coletados treze artigos para discussão deste trabalho.

Foram apreciados os treze artigos, que estão apresentados no Quadro 1, separados por categorias. As categorias foram elaboradas a partir dos resultados encontrados nesses estudos. São elas: (1) a meditação pode ser uma alternativa para melhora da saúde, bem-estar e manejo do estresse, contudo são necessários mais estudos para resultados significativos, não sendo possível uma afirmação sobre a eficácia da meditação; (2) a prática da meditação proporciona resultados significativos para o manejo do estresse ocupacional; (3) o tema central do artigo não se relaciona ao estresse ocupacional e/ou meditação.

[2] Abgrall-Barbry; Consoli, 2006; Bazan; Dwyer, 1998; Beddoe; Murphy, 2004; Bellarosa; Chen, 1997; Blomberg, 2004; Carrington et al., 1980; Delmonte, 1984; Dwyer, 2001; Fiedler, Vivona-Vaughan; Gochfeld, 1989; Gutman; Schindler, 2007; Morse, 1977; Murphy, 1996; Newbury, 1979; Pridmore, 2007; Randolph; Price, 1985; Scott, 1999; Stein, 2001; Wick; Zanni, 2002; Worsley; Crawford, 1987.

Quadro 1: Categorias dos documentos encontrados.

Categorias elaboradas a partir dos resultados dos estudos encontrados	Autores
(1) a meditação pode ser uma alternativa para melhora da saúde, bem-estar e manejo do estresse, contudo são necessários mais estudos para resultados significativos, não sendo possível uma afirmação sobre a sua eficácia.	Gutman e Shindler (2007) Abgrall-Barbry (2006) Bellarosa, Chen (1997) Murphy (1996) Fiedler, Vivona-Vaughan, Gochfeld (1989) Delmonte (1984)
(2) a prática da meditação proporciona resultados significativos para o manejo do estresse ocupacional	Beddoe, Murphy (2004) Stein (2001) Scott (1999). Bazan, Dwyer (1998) Carrington, Collings, Benson, Robinson, Madeira, Lehrer, Woolfolk, Cole (1980). Newbury (1979)
(3) o tema central do artigo não se relaciona ao estresse ocupacional e/ou meditação	Worsley, Crawford (1987)

Na categoria (1), os documentos não se restringiram a analisar apenas a prática de meditação como técnica no manejo do estresse ocupacional, mas também outras atividades como *tai chi*, relaxamento progressivo, artes, desenho, música, *biofeedback*, entre outras. Os artigos mais recentes são de Gutman e Shindler (2007) e Abgrall-Barbry (2006), e os mais antigos de Fiedler, Vivona-Vaughan e Gochfeld (1989) e Delmonte (1984). Todos os documentos concluíram que é prematuro afirmar que a prática de meditação reduz o estresse ocupacional, sugerindo a realização de mais pesquisas.

No estudo de Gutman e Schindler (2007), por exemplo, verificou-se que a música, o desenho, a meditação, a leitura e as artes podem atuar e estimular o sistema neural, capaz de proporcionar melhor saúde e bem-estar. Entretanto, os pesquisadores apontam a necessidade de mais estudos sobre essas atividades para examinar se podem reduzir significativamente o estresse cognitivo.

Em outra pesquisa foram aplicadas técnicas como: *biofeedback*, relaxamento, meditação e técnicas cognitivo-comportamentais para manejo do estresse, a fim de verificar a possível eficácia para a hipertensão, sendo esta comumente associada com níveis elevados de estresse ocupacional. De acordo com a análise dos dados obtidos neste estudo, os melhores resultados para o gerenciamento do estresse se encontram nas técnicas cognitivo-comportamentais. As demais intervenções aplicadas também foram pertinentes para o controle do estresse, mas merecem ser mais investigadas (Abrall-Barbry, 2006).

Pode-se ainda citar a revisão crítica da literatura de Murphy (1996) sobre os efeitos de intervenções no trabalho. Foram estudadas uma variedade de técnicas que auxiliam os empregados a modificar sintomas de estresse. Entre essas técnicas, pode-se citar o relaxamento, a meditação, o *biofeedback*, as técnicas cognitivo-comportamentais e combinações dessas atividades. O *biofeedback* foi observado como o menos frequente para proporcionar melhorias no trabalho e o menos eficaz. A meditação apresentou resultados mais consistentes, mas foi utilizada em somente seis estudos. Em geral, estudos que utilizaram uma combinação de técnicas (por exemplo, relaxamento e técnicas cognitivo-comportamentais) se demonstraram mais eficazes em comparação a técnicas únicas. Ressalta-se que variou a qualidade metodológica entre cada estudo e que nenhuma das intervenções para manejo do estresse foi consistentemente eficaz na produção de maior rendimento no trabalho, ou na diminuição do absentismo e satisfação do empregado. Para produzir mudanças nesses tipos também é importante alterar as fontes de estresse no próprio ambiente de trabalho.

Outra revisão realizada por Delmonte (1984) mostrou três documentos que dão a evidência nos efeitos da prática de meditação para a saúde de trabalhadores. Os documentos demonstraram que os resultados provenientes da prática de meditação são benéficos à saúde, contudo, estes achados esperam uma replicação adicional. Na categoria (2), os documentos foram favoráveis à técnica de meditação para o manejo do estresse ocupacional.

Um exemplo é a pesquisa de Beddoe, Murphy (2004), em que buscou observar e medir os efeitos da prática de MBSR em estudantes de enfermagem, em oito semanas de prática. Os resultados sugerem que: 63% dos participantes relataram mudança nas relações interpessoais (abrangendo modificação de pensamentos, sentimentos e reações); 75% relataram confiança em si mesmo; 88% afirmaram apresentar mais esperança; 69% demonstraram-se mais assertivos; catorze dos dezesseis participantes indicaram que estavam melhorando seus comportamentos e hábitos; e treze participantes relataram sensação aumentada na habilidade de gerenciar situações estressantes. Isso sugere que a prática diária de meditação pode contribuir no trabalho de enfermagem tanto em nível individual quanto grupal.

Para Stein (2001), Scott (1999), Bazan e Dwyer (1998), Carrington et al. (1980) e Newbury (1979), atividades como relaxamento progressivo, exercícios, meditação e *biofeedback* podem reduzir sintomas psicofisiológicos de estresse ocupacional no indivíduo, bem como aumentar a satisfação e o desempenho no trabalho, considerando que a atividade seja diária, com monitoração de sintomas e resultados.

Os artigos mais recentes nessa categoria foram os de Beddoe & Murphy (2004) e Stein (2001), sendo que os de Carrington et al. (1980) e Newbury (1979) foram os menos recentes.

A pesquisa de Worsley e Crawford (1987) não apresentou como tema central a atividade de meditação e/ou estresse ocupacional. Esse estudo teve como tema a consciência da nutrição e suplementos dietéticos. A meditação foi citada como uma atividade em que alguns participantes do estudo realizavam, mas não como foco da pesquisa.

Os artigos mostraram-se igualmente divididos entre as categorias (1) e (2). Mesmo que a coleta preliminar de informações realizada na introdução deste trabalho induz a uma possível melhora da saúde decorrente a realização da técnica de meditação, observa-se que, com os dados coletados nos documentos da Pubmed, são necessárias mais pesquisas sobre esse tema no âmbito do trabalho.

Pode-se perceber ainda que dos 13 artigos encontrados na Pubmed, nove são da década de 1980 e 1990. Dessa forma, a excassez da produção de conhecimento sistematizada nesse âmbito revela a necessidade de compor estudos com a aplicação da técnica de meditação no gerenciamento do estresse ocupacional, considerando ser este uma síndrome que contribui para o afastamento do trabalho e, sobretudo, os gastos da empresa e a redução da qualidade de vida e da produtividade.

CONCLUSÃO

A prática de meditação está ligada a níveis secundários e terciários de intervenção organizacional, em que o objetivo dessa atividade pode se relacionar à redução da avaliação cognitiva de estressores e de seus consequentes efeitos. Considera-se que os funcionários das organizações são contratados, entre outros motivos, pela probabilidade de obterem sucesso no cargo. Se estes estiverem em elevados níveis de estresse terão maior probabilidade de desenvolverem patologias e, portanto, de obterem menor rendimento. Por conseguinte, é relevante pensar na saúde do trabalhador enquanto prevenção, para acelerar o processo de crescimento da empresa e do próprio indivíduo.

Programas de intervenção, como a técnica de meditação, voltados a níveis secundários e terciários, têm aumentado nas últimas décadas. Esse dado é positivo para o manejo e enfrentamento do estresse. Contudo, podem também ser evidenciadas fragilidades e/ou limitações em intervenções secundárias e terciárias no campo das organizações, tais como: a existência de muitos estudos sem fundamentação teórica decorrente de uma "explosão comercial" e a falta de avaliação com métodos científicos de tais intervenções de prevenção/manejo do estresse. Esse dado pode ser observado não como negativo, mas como fator motivador para o desenvolvimento de novas pesquisas que estejam metodologicamente adequadas e com melhores medidas de avaliação. Para isso, contribuições da Psicometria e de novas tecnologias são importantes para o aprimoramento de novos estudos.

Na pesquisa realizada na base de dados Pubmed foi observado que os artigos sugerem a prática de meditação no auxílio da redução dos efeitos desencadeados durante elevado nível de estresse, bem como na possível diminuição de emoções negativas, com capacidade de restauração. Porém, uma parte desses documentos ressalta a importância de mais pesquisas para esta afirmação, o que é relevante para a confirmação dos benefícios da meditação sobre a saúde.

Referências

ABRALL-BARBRY, G.; CONSOLI, S. Psychological approaches in hypertension management. In: *Presse Med*, v. 35, n. 6, p. 1088-1094, 2006.

ABREU, K. et al. Estresse ocupacional e Síndrome de *Burnout* no exercício profissional da psicologia. In: *Psicol. Cienc. Prof.*, v. 22, n. 2, p. 22-29, 2002.

ARAÚJO, T.; Aspectos psicossociais do trabalho e distúrbios psíquicos entre trabalhadoras de enfermagem. *Rev. Saúde Pública*, v. 37, n. 4, p. 424-433, 2003.

AREIAS, M.; ANDOLPHO, L.; GUIMARÃES, M. Gênero e estresse em trabalhadores de uma universidade pública do estado de São Paulo. In: *Psicol. Estud.*, v. 9, n. 2, p. 255-262, 2004.

AVELLAR, L.; IGLESIAS, A.; VALVERDE, P. Sofrimento psíquico em trabalhadores de enfermagem de uma unidade de oncologia. *Psicol. estud.*, v. 12, n. 3, p. 475-481, 2007.

BARNHOFER, T. et al. Effects of meditation on frontal alpha-asymmetry in previously suicidal individuals. *Neuroreport*, v. 18, n. 7, p. 709-712, 2007.

BAZAN, W.; DWYER, D. Assessing spirituality. Healthcare organizations must address their employees' spiritual needs. *Health Prog.*, v. 79, n. 2, p. 20-24, 1998.

BEDDOE, A.; MURPHY, S. Does mindfulness decrease stress and foster empathy among nursing students? *Journal of Nursing Education*, v. 43, n. 7, p. 305-312, 2004.

BELLAROSA, C.; CHEN, P. The effectiveness and practicality of occupational stress management interventions: a survey of subject matter expert opinions. *J Occup Health Psychol.*, v. 2, n. 3, p. 247-262, 1997.

BLOMBERG, M. Training for improved body awareness and relaxation for stress management. *Lakartidningen*, v. 101, n. 15-16, p. 1398-1400, 2004.

CAHN, B.; POLICH, J. Meditation states and traits: EEG, ERP, and neuroimaging studies. The Scripps Research Institute. *Psychological Bulletin*, v. 132, n. 2, p. 180–211, 2006.

CARRINGTON, P. et al. The use of meditation-relaxation techniques for the management of stress in a working population. *J Occup Med.*, v. 22, n. 4, p. 221-231, 1980.

CORRAL-VERDUGO, V. Psicologia ambiental: objeto, "realidades" sócio-físicas e visões culturais de interações ambiente-comportamento. *Psicologia USP*, v. 16, n. 1-2, p. 71-87, 2005.

CRESELL, J. et al. Neural correlates of dispositional mindfulness during affect labeling. *Psychosom Med.*, v. 69, n. 6, p. 560-565, 2007.

DELMONTE, M. Meditation practice as related to occupational stress, health and productivity. *Percept Mot Skills*, v. 59, n. 2, p. 581-582, 1984.

DWYER, D. The contemplative approach in the workplace. *Health Prog*, v. 82, n. 1, p. 56-55, 2001.

FERRAREZE, M.; FERREIRA, V.; CARVALHO, A. Percepção do estresse entre enfermeiros que atuam em Terapia Intensiva. *Acta paul. enferm.*, v. 19, n. 3, p. 310-315, 2006.

FIEDLER, N.; VIVONA-VAUGHAN, E.; GOCHFELD, M. (1989). Evaluation of a work site relaxation training program using ambulatory blood pressure monitoring. *J Occup Med.*, v. 31, n. 7, p. 595-602, 2006.

GROSSMAN, P. et al. Mindfulness-based stress reduction and health benefits. A meta-analysis. *Journal Psychosomatic Research*, v. 57, n. 1, p. 35-43, 2004.

GUTMAN, S.; SCHINDLER, V. The neurological basis of occupation. In: *Occup Ther Int.*, v. 14, n. 2, p. 71-85, 2007.

HÖlZEL, B. et al. Differential engagement of anterior cingulate and adjacent medial frontal cortex in adept meditators and non-meditators. In: *Neurosci Lett.*, v. 421, n. 1, p. 16-21, 2007.

JACQUES, M. Abordagens teórico-metodológicas em saúde/doença mental & trabalho. *Psicol. Soc.*, v. 15, n. 1, p. 97-116, 2003.

KOMPIER, M.; KRISTENSEN, T. As intervenções em estresse organizacional: considerações teóricas, metodológicas e práticas. *Cad. psicol. soc. trab.*, v. 6, p. 37-58, 2003.

KJAER, T.; Increased dopamine tone during meditation-induced change of consciousness. *Brain Res Cogn Brain Res.*, v. 13, n. 2, p. 255-259, 2002.

KUTZ, I.; BORYSENKO, J. Meditation and psychotherapy: A rationale for the integration of dynamic psychotherapy, the relaxation response, and mindfulness meditation. *American Journal of Psychiatry*, v. 142, p. 1-8, 1985.

KREITZER, M.; Longitudinal impact of mindfulness meditation on illness burden in solid-organ transplant recipients. *Prog Transplant*, v. 15, n. 2, p. 166-172, 2005.

LENT, R. *Cem bilhões de neurônios:* conceitos fundamentais de neurociência. São Paulo: Atheneu, 2005.

LIPP, M. *Como enfrentar o Stress.* 5 ed. Campinas: Ícone Unicamp, 1998.

LOU, H. et al. 15O-H2O PET study of meditation and the resting state of normal consciousness. *Hum Brain Mapp.*, v. 7, n. 2, p. 98-105, 1999.

LUTZ, A. et al. Attention regulation and monitoring in meditation. In: *Trends Cogn Sci.*, v. 12, n. 4, p. 163-169, 2008.

MARGIS, R. et al. Relação entre estressores, estresse e ansiedade. *Rev. Psiquiatr.*, v. 25, supl. 1, p. 65-74, 2003.

MENDES, A.; CRUZ, R. Trabalho e saúde no contexto organizacional: vicissitudes teóricas. In: TAMOYO, A. (Org.). *Cultura e saúde nas organizações.* Porto Alegre: Artmed, 2004. p. 39-55.

MIRA, R.; CAMESELLE, J.; MARTINEZ, J. *Psicologia y medio ambiente: aspectos psicosociales, educativos y metodológicos.* Corunha: Asociacion Galega de Estudios e Investigacion Psicosocial, 2002.

MORSE, D. Variety, exercise, meditation can relieve practice stress. *Dent Stud.*, v. 56, n. 3, p. 26-29, 1977.

MURPHY, L. Stress management in work settings: a critical review of the health effects. *Am J Health Promot.*, v. 11, n. 2, p. 112-135, 1996.

MURTA, S.; TRÓCCOLO, B. Avaliação de intervenção em estresse ocupacional. *Psic.: Teor. e Pesq.*, v. 20, n. 1, p. 39-47, 2004.

NEWBURY, C. Tension and relaxation in the individual. In: *Int Dent J.*, v. 29, n. 2, p. 173-182, 1979.

NORONHA, A.; FERNANDES, D. Estresse laboral e raciocínio inferencial: um estudo correlacional. *Psicol. cienc. prof.*, v. 27, n. 4, p. 596-607, 2007.

OSTAFIN, B. et al. Intensive mindfulness training and the reduction of psychological distress: a preliminary study. *Cognitive and Behavioral Practice*, v. 13, p. 191–197, 2006.

PAGNONI, G..; CEKIC, M. Age effects on gray matter volume and attentional performance in Zen meditation. *Neurobiol Aging.*, v. 28, n. 10, p. 1623-1627, 2007.

PRIDMORE, S. Re: "Work related stress and pain". In: *Aust Fam Physician*, v. 36, n. 4, p. 199, 2007.

RANDOLPH, G.; PRICE, J. Stress: meditation vs. the rat race. In: *Nurs Manage*, v. 16, n. 2, p. 30J-30O, 1985.

RIO, R.. *O fascínio do stress*. Rio de Janeiro: Qualitymark/ Dunya, 1998.

SARDÁ Jr., J.; LEGAL, E.; JABLONSKI Jr., S. *Estresse:* Conceitos, métodos, medidas e possibilidades de intervenção. São Paulo: Casa do Psicólogo, 2004.

SCOTT, A. Wellness works: community service health promotion groups led by occupational therapy students. In: *Am J Occup Ther.*, v. 53, n. 6, p. 566-574, 1999.

SOLBERG, et al. Hemodynamic changes during long meditation. *Applied Psychophysiology and Biofeedback*, v. 29, n. 3, p. 213-221, 2004.

STEIN, F. Occupational stress, relaxation therapies, exercise and biofeedback. In: *Work*, v. 17, n. 3, p. 235-245, 2001.

VANDENBERGHE, L.; SOUSA, A. Mindfulness nas terapias cognitivas e comportamentais. *Rev. bras.ter. cogn.*, v. 2, n. 1, p. 35-44, 2006.

WALL, R. Tai chi and mindfulness-based stress reduction in a Boston Public Middle School. *Journal of pediatric health care*, v. 19, n. 4, p. 230-237, 2005.

WEISS, M.; NORDLIE, J. e SIEGEL, E. Mindfulness-based stress reduction as an adjunct to outpatient psychotherapy. *Psychother Psychosom*, v. 74, n. 2, p. 108-112, 2005.

WICK, J.; ZANNI, G. Stress in the pharmacy: changing the experience. *J Am Pharm Assoc.*, v. 42, n. 1, p. 16-20, 2002.

WORSLEY, A.; CRAWFORD, D. Nutrition awareness, health practices and dietary supplementation. *Hum Nutr Appl Nutr.*, v. 41, n. 2, p. 107-117, 1987.

11

PSICOFISIOLOGIA DA INTERAÇÃO PESSOA-AMBIENTE: MECANISMOS BÁSICOS E AMBIENTE VIRTUAL

Caroline Di Bernardi Luft[1]

INTRODUÇÃO

Muitos dos avanços na psicologia estão atrelados a sua capacidade de estudar os fenômenos psicológicos sobre óticas diversas. Áreas como a psicologia ámbiental e a psicofisiologia têm ganhado espaço na tentativa de ampliar a compreensão acerca dos fenômenos psicológicos. O conhecimento sobre esses fenômenos tem auxiliado o desenvolvimento de novas tecnologias e aplicações em diversos espaços de atuação humana, seja ele no lazer, no trabalho ou na família.

A interação do ser humano com os seus diversos ambientes vem sendo investigada pela psicologia ambiental, que tem como objeto a influência mútua de fatores ambientais e

[1] Graduada em educação física, especialista em neuropsicologia, mestre em ciências do movimento humano e doutoranda do Programa de Pós-Graduação em psicologia (UFSC). E-mail: caroluft21@hotmail.com

comportamentais (Corral-Verdugo, 2005). O ambiente é considerado pelas suas características físicas (material) e sociais (cultural), constituindo o ambiente sociofísico. A pesquisa em psicologia ambiental deve preocupar-se em definir os cenários social e físico correspondentes ao comportamento investigado (Id., Ibid.).

Uma das características da psicologia ambiental é a sua multidisciplinaridade, sendo consideráveis os esforços interdisciplinares nos estudos atuais (Rivlin, 2003). No presente estudo, considera-se que, para entender o comportamento e as reações humanas em diferentes ambientes, é necessário conhecer o funcionamento psicofisiológico que torna possível tal interação.

Kort et al. (2006), ao investigar o papel da simulação de um ambiente natural na restauração psicofisiológica de adultos, constataram que a imersão em uma natureza "virtual" exercia impacto significativo nas variáveis psicofisiológicas, levando os sujeitos mais imersos nesse ambiente a níveis maiores de relaxamento. Essa pesquisa questiona sobre quanto de "real" se tem no ambiente virtual e como o ser humano interage com essa realidade e com as pessoas que nela se integram. Estudar essas interações sociais no ambiente virtual observando seus correlatos psicofisiológicos é importante quando nos preocupamos em entender essas questões no contexto da saúde.

É necessário abordar os aspectos ambientais da realidade virtual, pois ela vem se consolidando como um espaço de interações sociais. A concepção de espaço deve se configurar para além das suas características físicas, de acordo com a noção descrita por Santos (1997), que considera o espaço como uma realidade relacional: coisas e relações juntas. Pinheiro (2003), ao listar temas abordados na psicologia ambiental, inclui a investigação de "ambientes específicos", como caracterizadores de relações humano-ambientais. No entanto, nessa descrição, não consta a possibilidade de estudo do "ambiente virtual", o qual é proposto como tema nesse estudo.

Entende-se que é possível estudar a realidade virtual como um "ambiente" considerando as suas características físicas, espaciais e temporais e as relações pessoa-ambiente e pessoa-pessoa que ocorrem no mesmo. A influência mútua da pessoa-ambiente, no caso da realidade virtual, deve ser considerada, pois, à medida que o homem explora o ambiente e o modifica, também por ele é influenciado. Pinheiro (2003, p. 284) destaca:

> Não observamos um ambiente, nós o exploramos, o que implica acumulação de informação ao longo do tempo. Também reagimos à variedade de estímulos presentes, hierarquizando-os e selecionando-os em função de sua relevância e adequação aos nossos objetivos, tornando o processo de percepção ambiental basicamente vinculado aos nossos propósitos na situação, sem direta correspondência com as propriedades do ambiente.

Considerando que o ambiente influencia o indivíduo, mas que o indivíduo também constrói e modifica seu ambiente, é necessário considerar, de um lado, os processos psicofisiológicos básicos que sustentam a interação humana com o ambiente e do outro, como os diferentes aspectos do ambiente influenciam nas relações e no comportamento humano.

O objetivo desse estudo é, portanto, investigar quais os mecanismos psicofisiológicos da relação do ser humano com o ambiente e como esses temas são aplicados no ambiente virtual.

Busca-se também verificar como o ambiente virtual vem sendo abordado nas pesquisas. Assim, esse artigo está dividido em dois momentos: 1) exploração dos mecanismos psicofisiológicos da interação do ser humano com o ambiente; 2) revisão dos estudos sobre interação social e saúde em ambiente virtual.

A revisão dos estudos em ambiente virtual tem como objetivo mostrar como o tema vem sendo pesquisado e quais seus principais resultados. Nessa etapa, evidencia-se a necessidade de tratar o tema para ir além da identificação de como diferentes aspectos do ambiente virtual afetam a saúde, mas também sobre como tornar esses ambientes mais inteligentes na interação com o ser humano.

PSICOFISIOLOGIA DA INTERAÇÃO DO HOMEM COM O AMBIENTE

Para compreender os aspectos psicofisiológicos da interação com o ambiente, é necessário ter como base a regulação autonômica e as suas interações com a atividade cerebral. Na tentativa de buscar explicações sobre como o ser humano se adapta ao ambiente, muitos pesquisadores têm se dedicado ao estudo da variabilidade da frequência cardíaca, pois essa tem se mostrado um importante marcador da modulação do Sistema Nervoso Autônomo (SNA) (Achten; Jeukendrup, 2003; Pagani et al., 1997; Park, Lee; Jeong, 2007; Sandercock, 2007).

Os dois maiores ramos do SNA devem estar em um equilíbrio dinâmico para que o sujeito tenha uma habilidade adequada de se adaptar em um ambiente complexo – tanto o sistema nervoso simpático (SNS), associado com a resposta de luta-fuga

– quanto o sistema nervoso parasimpático (SNP), associado com a atividade de descanso-digestão (Thayer; Brosschot, 2005).

Quando alguém se depara com uma ameaça, o SNS é ativado imediatamente com o objetivo de preparar o corpo para a ação, alocando os recursos energéticos necessários (acelera os batimentos cardíacos, reduz o fluxo sanguíneo nas extremidades e no aparelho digestivo, reduz a atividade do sistema imunológico, aumenta a liberação de cortisol, entre outras reações). No entanto, o SNS pode ser ativado mesmo quando não há ameaça real, pois, na incerteza, ele reage para maximizar as chances de sobrevivência, o que faz sentido sob uma perspectiva evolucionista (Thayer; Brosschot, 2005). Após esse "alarme", é necessário que o lobo pré-frontal do cérebro verifique se existe ou não perigo, e caso não haja, ele deve inibir a ação do SNS ativando o SNP. Isso é muito importante diante das necessidades da vida moderna (Id., Ibid.).

Assim, quando o córtex pré-frontal está hipoativo, a capacidade de inibir a resposta simpatoexcitatória fica prejudicada, bem como a resposta adaptativa. A capacidade inibitória é como um processo escultural para o cérebro, a habilidade de excluir respostas inapropriadas é vital para um bom funcionamento cognitivo (Garavan, Ross; Stein, 1999). Uma baixa atividade no córtex pré-frontal tem implicações claras nas funções executivas, atenção seletiva e respostas afetivas (Thayer; Lane, 2000). A última estrutura do cérebro a se desenvolver no ser humano é o córtex pré-frontal, o que reproduz a sequência de desenvolvimento presente na nossa evolução filogenética (Ribas, 2006).

O córtex pré-frontal está associado também com aspectos psicológicos importantes, como subjetividade, noção de passado e futuro, empatia, valores e normas sociais, importante para a realização de tarefas executivas como planejamento, organização e memória de trabalho (Goldberg, 2002). Essa região integra as representações sociais do mundo, como as crenças, com as informações subcorticais (Flannelly, Koenig, Galek; Ellison, 2007), como as emoções, no sentido descrito por Damásio (1994).

O córtex pré-frontal pode ser considerado o diretor executivo do cérebro, pois a ele cabem as funções de planejar as ações, selecionando as informações do ambiente mais importantes para a execução de determinada tarefa, retendo-as temporariamente na memória de trabalho (Awh; Vogel, 2008). As funções do lobo pré-frontal ajudam-nos a entender a influência da história pessoal na seletividade da atenção.

A atenção seletiva tem sido considerada uma função cognitiva fundamental para o desempenho de diversas tarefas, como dirigir um automóvel, jogar uma partida de futebol, entre outras. Essa função cognitiva é influenciada pelo ambiente, no sentido que quanto maior for a quantidade de estímulos concorrentes, maior a necessidade de "filtro", para desempenhar a tarefa (Awh, Vogel; Oh, 2008). Esse filtro pode ser direcional, quando comandado pelo córtex pré-frontal, ou automático, quando realizado pelo tálamo (Tracy et al., 2000). A atenção seletiva está associada com a seleção de determinados estímulos, a fim de atingir um objetivo. O filtro automático de estímulos está associado com a adaptação, quando um estímulo irrelevante constante, como, por exemplo, o barulho do ar condicionado, é identificado como não perigoso e passa a ser filtrado, pelo tálamo, o que faz pararmos de percebê-lo depois de um tempo.

Novas descobertas vêm sendo feitas no campo das funções executivas, especialmente em relação à memória de trabalho. Em oposição à teoria de que a capacidade de reter informações depende do tamanho do "disco rígido" do indivíduo, alguns pesquisadores têm sugerido que as funções executivas dependem da capacidade de não armazenar informações irrelevantes do ambiente (Awh; Vogel, 2008; Vogel; Machizawa, 2004; Vogel, McCollough; Machizawa, 2005; Vogel, Woodman; Luck, 2005). Essa capacidade de ignorar informações irrelevantes está associada com a atenção seletiva, bem como com a memória de trabalho, ambas mediadas pelas áreas corticais pré-frontais.

Essa ideia se baseia em evidências de estudos recentes (Awh; Vogel, 2008; Vogel; Machizawa, 2004; Vogel, McCollough; Machizawa, 2005; Vogel et al., 2005), nos quais foi verificado que indivíduos com alta capacidade executiva apresentavam maior capacidade de ignorar estímulos irrelevantes em tarefas cognitivas. Vogel et al. (2005) realizaram um experimento em que foi solicitado aos indivíduos que observassem uma tela e lembrassem a posição de todos os itens. Depois, foram apresentadas outras telas, e os indivíduos eram orientados a lembrar apenas a posição dos blocos vermelhos. A atividade cerebral foi monitorada durante as tarefas. Os resultados indicaram que, durante a primeira tarefa (lembrar tudo), os indivíduos apresentaram uma ativação cerebral generalizada, mas que, na segunda tarefa (lembrar apenas os blocos vermelhos), os sujeitos ativaram fortemente a região pré-frontal, o sulco intraparietal e o globo pálido. Os indivíduos com maior desempenho foram aqueles que não lembravam a posição dos estímulos irrelevantes. Quanto mais forte foi a ativação pré-frontal e do globo pálido, mais eficiente foi o desempenho na tarefa. A atividade no sulco intraparietal mostrou-se relacionada com a quantidade de informações armazenadas na memória, de forma que os

238

indivíduos com baixa capacidade executiva apresentaram maior ativação nessa área durante as tarefas e lembravam-se de mais informações não relevantes para a tarefa. Esses resultados nos levam a algumas considerações sobre a organização dos ambientes: excesso de estímulos pode prejudicar a execução de algumas tarefas, trabalhar as funções executivas pode auxiliar o desenvolvimento da atenção seletiva e da memória de trabalho, podemos modificar a percepção do ambiente conforme o objetivo das tarefas que propomos.

Além disso, esses resultados permitem questionar o modelo da escola tradicional no que tange aos conteúdos de disciplinas que valorizam exclusivamente a memorização, muitas vezes de coisas irrelevantes para o aluno. Nesse caso, os nossos modelos educacionais estariam reforçando funções cognitivas que seriam inversas a um desenvolvimento saudável das funções executivas. O aluno não aprende a selecionar informações, a planejar, a organizar, apenas decora o conteúdo passado em aula. Esse modelo, embora tenha sido questionado, continua a vigorar na maioria das escolas brasileiras.

Assim como reduzir o excesso de estímulos pode ser importante para melhorar o desempenho em muitas tarefas, aumentá-lo também pode ser proveitoso quando se deseja treinar as funções executivas ou mesmo evitar a progressão de doenças neurodegenerativas (Nithianantharajah; Hannan, 2006). Até mesmo o aumento dos estímulos olfativos parece diminuir a morte neural na área olfativa de animais (Woo, Hingco, Taylor; Leon, 2006). Leggio et al. (2005) verificaram que o enriquecimento do ambiente provocou o aumento das habilidades espaciais, bem como promoveu o crescimento dendrítico em ratos. No entanto, faltam estudos sobre o papel do enriquecimento dos estímulos ambientais no desenvolvimento das funções executivas em seres humanos.

Como foi mencionado anteriormente, o córtex pré-frontal é responsável também pela inibição das respostas automáticas do sistema nervoso simpático, associado com a resposta ao estresse. O desenvolvimento dessa área cerebral permite que o indivíduo se adapte melhor ao ambiente e consiga inibir estímulos irrelevantes com maior facilidade. Talvez, por isso, sejam recorrentes as queixas de atenção e memória em pessoas que sofrem da síndrome do *burnout*.

No entanto, assim como é importante cuidar para que o córtex pré-frontal se desenvolva adequadamente, é necessário que os ambientes possibilitem a manutenção da sua atividade na idade adulta. Nesse sentido, o trabalho é fundamental, pois ele tem um papel central na vida das pessoas (Mendes; Cruz, 2004). Para prejudicar a dinâmica do cérebro, existem duas possibilidades principais: desuso ou sobreuso. Ambas as possibilidades resultam em um mesmo problema: hipoativação do córtex pré-frontal. No entanto, o processo pelo qual o fazem é diferente. Mendes e Cruz (2004) citam três tipos principais de eventos estressores ligados à atividade de trabalho: a) sobrecarga; b) falta de estímulo; c) constrangimentos organizacionais.

Esses eventos podem resultar, em longo prazo, em uma série de doenças ocupacionais, especialmente na síndrome do *burnout*. A falta de estímulos, o trabalho sem significado, repetitivo, monótono, tendem a deixar o cérebro no "automático", diminuindo a ativação cortical como um todo, especialmente na região pré-frontal. Fora do ambiente de trabalho, esse desuso pode estar associado à falta de estímulos, a desafios, à estabilidade por tempo excessivo. Por outro lado, a sobrecarga e os constrangimentos organizacionais, destacados por Mendes e Cruz (2004), tendem a levar o cérebro a "ligar" o sistema de luta-fuga (SNS), fazendo com que o pré-frontal tenha que utilizar grande parte dos seus recursos para inibi-lo. Isso não funciona por muito tempo, sendo que, se o SNS ficar superativado por um longo período, o SNP diminui sua atividade e o córtex pré-frontal tem seu funcionamento prejudicado. Assim, em ambos os casos, o resultado é o prejuízo da ativação pré-frontal, que traz consequências como depressão, falhas de memória de trabalho e de tomada de decisão, entre outros sintomas.

Considerando esses mecanismos básicos e achados de estudos recentes, é importante pensar no ambiente sociofísico, pois muitas características do ambiente são convencionadas e os estímulos do ambiente classificados segundo as atribuições geradas por grupos sociais (Segall et al. citado por Corral-Verdugo, 2005). O córtex pré-frontal trabalha com essas atribuições e direciona sua atenção a determinados estímulos ambientais de acordo com uma série de significados, normas, valores e objetivos pessoais construídos ao longo de sua história. No entanto, isso não significa que os nossos comportamentos nos ambientes são completamente dependentes da cultura, pois a história filogenética da humanidade foi fundamental na consolidação de mecanismos neurais básicos necessários à nossa sobrevivência como espécie e influencia na maior parte dos nossos comportamentos. Resultados de pesquisas recentes indicam que grande parte das nossas decisões e impressões não sejam conscientes (Soon, Brass, Heinze; Haynes, 2008).

Pesquisas em psicofisiologia e ambientes virtuais

Nessa etapa foram revisados os estudos que tratam dos aspectos psicofisiológicos da interação com o ambiente virtual. A pesquisa foi realizada nas bases de dados PubMed e PsycINFO. As palavras-chave utilizadas na busca foram: "virtual environment", "psychology", "brain". Entre os artigos buscados, foram selecionados aqueles que realizaram investigações utilizando o ambiente virtual e que tenham verificado algum correlato psicofisiológico da interação ou utilizado conceitos da psicologia ambiental. Na base PubMed, foram encontrados 37 artigos, sendo excluídos nove por não atenderem aos critérios de inclusão na pesquisa. Na base PsycINFO foram encontrados dezoito artigos, no entanto, foi verificado que um artigo estava duplicado, sendo, portanto, excluído da pesquisa. Desses dezoito artigos, dezessete atenderam aos critérios de inclusão do estudo. As pesquisas teóricas foram incluídas na análise, desde que atendessem ao mesmo pré-requisito das pesquisas empíricas citado anteriormente. No total, foram analisados 45 artigos.

Os artigos foram categorizados conforme os eixos temáticos, definidos com base nos objetivos das pesquisas encontradas. Identificaram-se seis eixos temáticos principais: investigação de terapias em ambiente virtual; desenvolvimento de testes/avaliações em ambiente virtual; associação entre atividade cerebral/lesão cerebral e aspectos cognitivos do comportamento no ambiente; desenvolvimento de tecnologias interativas do ser humano com o ambiente virtual; experimentos em ambiente virtual com manipulação dos ambientes; investigação dos ambientes virtuais com base em conceitos da psicologia ambiental. A quantidade de artigos encontrados em cada eixo temático pode ser observada no Quadro 1, bem como as diferenças em relação à distribuição nos eixos dos artigos encontrados na PubMed e na PsycINFO.

Quadro 1: Pesquisas utilizando ambiente virtual em psicologia.

Eixos temáticos	PubMed	PsycINFO	Pesquisas
Associação entre atividade cerebral e aspectos cognitivos do comportamento no ambiente	7	4	**PubMed:** Aguirre & D'Esposito (1997), Burgess et al. (2001); Hoffman et al. (2003); Iaria et al. (2003); Bohbot, Iaria & Petrides (2004); Burgess et al. (2006); Messier et al.(2007) **PsycINFO:** Skelton et al. (2000; 2006); Morganti et al. (2008); Linvingston e Skelton (2007);
Experimentos em ambiente virtual e investigação de correlatos psicológicos ou psicofisiológicos	6	3	**PubMed:** Veltman & Gaillard (1993); Baumann & Sayette (2006); Brundage et al. (2006); Knight, Titov & Crawford (2006); Kort et al. (2006); Onate, Beck & Van Lunen (2007) **PsycINFO:** Sandstrom et al. (1998); Carr et al. (2008); Droll et al. (2005)
Desenvolvimento de testes/avaliações em ambiente virtual	5	7	**PubMed:** Botella et al.(1998); Ku et al.(2003); Lee et al.(2003); Livingstone & Skelton (2007); Matheis et al.(2007) **PsycINFO:** Rizzo et al. (2004); Bros et al. (2004); Loarer et al. (1998); Zakzanis et al. (2004); Fink et al. (2007); Hebl & Kleck (2002); Matheis et al. (2007)

Terapias em ambiente virtual	4	2	**PubMed:** Grealy, Johnson & Rushton (1999); Holden et al. (2001); Da Costa & de Carvalho (2004); Das et al. (2005) **PsycINFO:** Rose et al. (1998); Wilson et al. (1997)
Desenvolvimento de tecnologias interativas do ser humano com o ambiente virtual	4	0	**PubMed:** Bayliss & Ballard (2000); Leeb et al.(2007); Scherer et al.(2008); Mandryk & Atkins (2007)
Investigação do ambiente virtual com base em conceitos da psicologia ambiental	2	1	**PubMed:** Alessi & Huang (1998); Bangay & Preston (1998); **PsycINFO:** Peruch et al. (2006)
TOTAL	28	17	

Pesquisas com ambiente virtual e realidade virtual foram incluídas nesse estudo. A diferença entre ambiente virtual e realidade virtual é que o primeiro é um termo genérico que significa a vivência tida em contato com o computador e o mundo virtual em geral. A realidade virtual é graficamente tridimensional, sendo que o sujeito interage com esse ambiente de forma parecida com o mundo real, permitindo a ele perceber-se como parte do ambiente, vivenciar emoções e realizar ações (Botella et al., 1998). No Quadro 1 pode-se observar os temas encontrados, o número de pesquisas em cada um e as referências dos estudos em cada tema.

Ao analisar o Quadro 1, percebe-se que houve uma predominância de estudos tratando da relação entre atividade cerebral e aspectos cognitivos do comportamento no ambiente na base de dados PubMed, enquanto na base PsycINFO houve uma tendência em relação ao desenvolvimento de testes/avaliações em ambiente virtual. No primeiro eixo temático, são incluídos os estudos com lesão cerebral, em que se pretende identificar problemas de localização espacial, orientação e memória em pessoas que apresentam algum tipo de dano cerebral. O eixo temático de desenvolvimento de testes/avaliações em ambiente virtual trata da validação de testes utilizando tanto a realidade virtual, quanto o ambiente virtual como um todo. Por isso, parece compreensível essa diferença, pois nas áreas médicas (maioria dos periódicos indexados no PubMed) o interesse maior pode ser nas lesões cerebrais, enquanto que na psicologia, o interesse maior seja desenvolver ferramentas que permitam ampliar a compreensão dos aspectos cognitivos e psicológicos do ser humano. Os eixos temáticos são descritos e exemplificados a seguir:

1) ASSOCIAÇÃO ENTRE ATIVIDADE CEREBRAL/LESÃO CEREBRAL E ASPECTOS COGNITIVOS DO COMPORTAMENTO NO AMBIENTE:

Esse tema está caracterizado por pesquisas preocupadas em conhecer como o cérebro realiza operações como localização espacial, reconhecimento do ambiente virtual e comportamentos exploratórios básicos. Grande parte dos estudos faz isso por meio da comparação de indivíduos com lesões cerebrais com pessoas sem lesões, visando identificar quais componentes são afetados pela lesão. Outros estudos contam com tecnologias de imageamento cerebral, a fim de identificar as áreas mais ativadas durante determinados comportamentos. A realidade virtual é utilizada para simular um ambiente real, sendo necessário que o indivíduo realize tarefas, como achar objetos, nesse ambiente. Burgess et al. (2001) realizaram uma pesquisa com o objetivo de investigar com ressonância magnética funcional a memória do contexto espacial em ambiente virtual controlado, mas similar ao mundo real. Os participantes recebiam objetos de duas pessoas diferentes e em dois lugares diferentes em realidade virtual. Eles tinham que escolher os objetos de acordo com diferentes critérios: recebidos naquele lugar, de uma pessoa específica, se o objeto era de fácil reconhecimento e se o objeto era amplo, ou seja, não tinha uma função específica. Foram identificadas diferenças na ativação cortical relacionadas ao resgate de informações de memória espacial e informações de tipo de objeto, sem referências ao contexto. Quando as informações eram similares e exigiam mais estratégias de memória, foram verificadas maiores ativações na região pré-frontal.

Outros estudos (Aguirre; D'Esposito, 1997; Bohbot et al., 2004; Livingstone; Skelton, 2007) também se preocuparam com a relação entre atividade do cérebro e do ambiente, sendo que, em geral, todos apontam para um funcionamento integrado de diversas regiões na busca e localização espacial, incluindo o reconhecimento do ambiente. Os estudos indicam que quanto menos familiar o ambiente é, maior o esforço cognitivo para que esses aspectos sejam incorporados à memória. Isso indica que o cérebro deve aprender as características dos ambientes e quanto menor for a sua familiaridade com estes, maior será o seu esforço.

2) Experimentos em ambiente virtual e investigação de correlatos psicológicos/psicofisiológicos:

A realidade virtual vem sendo utilizada como meio de realização de experimentos, em que se deseja controlar os ambientes e observar o seu impacto sobre diferentes aspectos do funcionamento cognitivo ou do comportamento dos indivíduos. Esse é o segundo eixo temático encontrado. Um exemplo de pesquisa nesse tema é a de Baumann & Sayette (2006), que teve como objetivo identificar qual a influência de mensagens subliminares de estímulo ao tabagismo em ambiente virtual no desejo de fumar de indivíduos fumantes privados desse consumo. Um grupo foi submetido a tais mensagens (GE) e o outro grupo não (GC). Os ambientes virtuais embora dessem liberdade de navegação controlaram a presença dessas mensagens. Em vários momentos, os participantes avaliaram sua vontade ou urgência em fumar. A vontade de fumar dos dois grupos, GC e GE, foi semelhante na linha de base. No entanto, o GE apresentou aumento significativo da vontade de fumar em comparação ao GC. Esses resultados indicam que as mensagens contidas em ambiente virtual influenciam nas vontades e desejos das pessoas, sem que elas estejam conscientes de tais mensagens.

As pesquisas preocupadas em entender as interações dos aspectos psicológicos e psicofisiológicos na interação do ambiente virtual normalmente o manipulam em desenhos experimentais para verificar os resultados de diferentes aspectos do ambiente. Existe a preocupação, nesses estudos, de tornar o ambiente o mais ecológico possível, a fim de reproduzir a realidade vivenciada pelo indivíduo fora do laboratório.

3) Desenvolvimento de testes/avaliações em ambiente virtual:

O terceiro eixo temático encontrado foi o desenvolvimento de testes ou avaliações em ambiente virtual. As pesquisas encontradas nesse tema preocupam-se em desenvolver e validar testes cognitivos e psicológicos em tais ambientes, bem como algumas realidades virtuais. São observadas as propriedades psicométricas dos testes, sendo ressaltadas as vantagens de realizá-los em ambiente virtual. Esses testes possibilitam a construção de bancos de dados automaticamente gerados, que evitam o trabalho de digitação e avaliação do próprio pesquisador. A utilização de realidade virtual em alguns testes possibilita aumentar a validade ecológica de muitos testes, especialmente aqueles de tomada de decisão (Botella et al., 1998).

Além disso, as publicações encontradas nesse tema são atuais, indicando que a utilização do ambiente virtual na psicologia está aumentando, e existe uma tendência de ampliar a utilização das tecnologias nas avaliações psicológicas.

Um exemplo de pesquisa nessa área é o estudo de Ku et al. (2003) no qual foi investigada a validade de um sistema de realidade virtual para a avaliação das habilidades cognitivas de pacientes com esquizofrenia. O teste desenvolvido busca a integração de diferentes estímulos do ambiente, com a necessidade de utilização da memória de trabalho para resgate de informações necessárias ao jogo. Os resultados indicaram que o programa de realidade virtual desenvolvido é equivalente (validade concorrente) ao Wisconsin Card Sorting Test (WCST) e às Standard Progressive Matrices (SPM).

Parece haver uma diferença entre o objeto principal dos estudos encontrados nas duas bases de dados. Na PubMed, os artigos estavam mais preocupados com o desenvolvimento de testes computadorizados com propriedades psicométricas adequadas. Na PsycINFO, os artigos apresentaram maior preocupação com o desenvolvimento de realidade virtual, na busca de aumentar a validade ecológica das avaliações neuropsicológicas. Rizzo et al. (2004) discutem as vantagens da utilização da realidade virtual para aumentar a validade ecológica das avaliações sem afetar o controle das variáveis. Nessa tendência, aparecem estudos preocupados em verificar se a memória, a atenção, entre outras funções cognitivas, são diferentes quando testadas em realidade virtual. Matheis et al. (2007) realizaram um estudo em que foi observado que, além da avaliação neuropsicológica em realidade virtual ter validade concorrente com testes consolidados na área, ela permite acessar dificuldades mais relacionadas com o dia a dia de pessoas com lesões e prejuízos neuropsicológicos.

4) Terapias em ambiente virtual:

Os estudos listados neste tema preocupam-se com a utilização de tecnologias virtuais para tratamentos de transtornos específicos, desde fobias até esquizofrenia. Os ambientes utilizados nessas pesquisas variam de grupos de intervenção com psicoterapia virtual até a utilização de realidade virtual e jogos para reabilitação. Por exemplo, Das et al. (2005) realizaram um estudo com o objetivo de investigar a eficácia de um jogo em realidade virtual na modulação da dor em crianças com lesões de queimaduras agudas. Foram comparadas a utilização de analgésicos e a utilização combinada de analgésicos e jogos virtuais. Os resultados indicaram que onze sessões de jogos combinadas com analgésicos foram capazes de reduzir significativamente a percepção de dor das crianças em relação ao uso de analgésicos sozinho.

5) Desenvolvimento de tecnologias interativas do ser humano com o ambiente virtual:

As pesquisas neste eixo preocupam-se com o desenvolvimento de ambientes virtuais, robôs ou próteses que sejam capazes de utilizar os sinais fisiológicos do ser humano para aperfeiçoar a interação. O pressuposto desses estudos é que os ambientes podem se tornar mais sensíveis às emoções dos indivíduos que nele interagem. Essas emoções são investigadas por meio da mensuração de alguns sinais fisiológicos simples, como a variabilidade da frequência cardíaca. Embora o tema tenha estreita relação com a psicologia, não foi encontrado nenhum artigo desse tema na base PsycINFO, pois os estudos publicados nessa área são normalmente presentes nos periódicos de tecnologia ou de fisiologia.

Uma dessas pesquisas (Mandryk; Atkins, 2007) preocupou-se em analisar e classificar as emoções durante um jogo em realidade virtual. A ideia é que essas emoções possam ser incorporadas ao jogo. As emoções verificadas foram: tédio, desafio, empolgação e frustração. Os autores propuseram que a partir dessa identificação de emoções possam ser desenvolvidos jogos que as utilizem para aperfeiçoar a interação com as pessoas.

6) Investigação do ambiente virtual com base em conceitos da psicologia ambiental:

O sexto e último eixo temático é a investigação do ambiente virtual por meio dos conceitos da psicologia ambiental. Os dois estudos encontrados visam compreender melhor a relação do ser humano com o ambiente virtual. A pesquisa realizada por Alessi e Huang (1998) investigou a aplicação da teoria do apego na construção de tecnologias virtuais. A partir das discussões, os autores propõem que a similaridade com as formas de ser e expressar típicas do ser humano devem ser incorporadas às tecnologias para que elas possam ser utilizadas no campo da psiquiatria e da psicologia. De alguma forma, embora exista a utilização do conceito de apego, essa pesquisa também se enquadra no eixo temático do desenvolvimento de tecnologias, pois se preocupa em utilizar os conceitos da psicologia ambiental para o aprimoramento dos ambientes virtuais e da inteligência artificial.

Conclusões

Essa pesquisa permite apresentar alguns indicativos com base nos seus resultados. Um deles é a necessidade de compreensão dos aspectos psicofisiológicos do ser humano em interação com o ambiente. A compreensão desses aspectos auxilia no conhecimento sobre como organizar ambientes, a fim de maximizar as chances de aprendizagem e torná-los mais adequados às necessidades humanas.

Sobre o ambiente virtual, verificou-se diferentes tendências nos estudos encontrados nas bases de dados PubMed e PsycINFO, mostrando que, nas áreas médicas, predomina o interesse pelo estudo das regiões cerebrais envolvidas na interação com o ambiente, enquanto que, na psicologia, predomina o aprimoramento das avaliações psicológicas utilizando o ambiente virtual.

Sugere-se que, para ter uma compreensão mais aprofundada sobre a interação do ser humano com o ambiente virtual, seja necessário maior aprofundamento e sistematização dos diferentes aspectos desse ambiente. A psicologia ambiental faz-se necessária nessa investigação, principalmente no que se refere à sistematização e compreensão de conceitos que são tratados de forma desorganizada na maioria das pesquisas revisadas. Faltam estudos que apliquem conceitos como privacidade, territorialidade, apego ao lugar no ambiente virtual. Os jogos em realidade virtual estão aumentando sua popularidade no meio científico e as investigações sobre a atividade do cérebro também; assim, seria interessante que a psicologia ambiental se apropriasse mais desse tema de estudo procurando a integração do que se descobre nas neurociências, na computação e na psicologia.

Referências

ACHTEN, J.; JEUKENDRUP, A., E. Heart rate monitoring: applications and limitations. *Sports Medicine*, v. 33, n. 7, p. 517-538, 2003.

AGUIRRE, G. K.; D'ESPOSITO, M. Environmental knowledge is subserved by separable dorsal/ventral neural areas. *J Neurosci*, v. 17, n. 7, p. 2512-2518, 1997.

ALESSI, N. E.; HUANG, M. P. The potential relevance of attachment theory in assessing relatedness with virtual humans. *Stud Health Technol Inform*, v. 58, p. 180-187, 1998.

AWH, E.; VOGEL, E. K. The bouncer in the brain. *Nat Neurosci*, v. 11, n. 1, p. 5-6, 2008.

_____.; OH, S. H. Interactions between attention and working memory. *Neuroscience*, v. 139, n. 1, p. 201-208, 2006.

BANGAY, S.; PRESTON, L. An investigation into factors influencing immersion in interactive virtual reality environments. *Stud Health Technol Inform*, v. 58, p. 43-51, 1998.

BAUMANN, S. B.; SAYETTE, M. A. Sming cues in a virtual world prove craving in cigarette smers. *Psychol Addict Behav*, v. 20, n. 4, p. 484-489, 2006.

BAYLISS, J. D.; BALLARD, D. H. A virtual reality testbed for brain-computer interface research. *IEEE Trans Rehabil Eng*, v. 8, n. 2, p. 188-190, 2000.

BOHBOT, V. D.; IARIa, G. e PETRIDES, M. Hippocampal function and spatial memory: evidence from functional neuroimaging in healthy participants and performance of patients with medial temporal lobe resections. *Neuropsychology*, v. 18, n. 3, p. 418-425, 2004.

BOTELLA, C. et al. Virtual reality: a new clinical setting lab. In: *Stud Health Technol Inform*, v. 58, p. 73-81, 1998.

BROS, B. M. et al. Assessing stre patients' prospective memory using virtual reality. *Brain Injury*, v. 18, n. 4, p. 391-401, 2004.

BRUNDAGE, S. B. et al. Frequency of stuttering during challenging and supportive virtual reality job interviews. *J. Fluency Disord*, v. 31, n. 4, p. 325-339, 2006.

BURGESS, N. et al. A temporoparietal and prefrontal network for retrieving the spatial context of lifelike events. *Neuroimage*, v. 14, n. 2, p. 439-453, 2001.

BURGESS, N. et al. Impaired allocentric spatial memory underlying topographical disorientation. *Rev Neurosci*, v. 17, n. 1-2, p. 239-251, 2006.

CARR, S.-M.; PHILLIPS, J.-G.; MEEHAN, J.-W. Non-target flanker effects on movement in a virtual action centred reference frame. *Experimental Brain Research*, v. 184, n. 1, p. 95-103, 2008.

CORRAL-VERDUGO, V. Psicologia ambiental: objeto, "realidades" sócio-físicas e visões culturais de interações ambiente-comportamento. *Psicologia USP*, v. 16, n. 2, p. 71-87, 2005.

DA COSTA, R. M.; DE CARVALHO, L. A. The acceptance of virtual reality devices for cognitive rehabilitation: a report of positive results with schizophrenia. *Comput Methods Programs Biomed*, v. 73, n. 3, p. 173-182, 2004.

DAMASIO, A. *O erro de Descartes: emoção, razão e o cérebro humano*. São Paulo: Companhia das Letras, 1994.

DAS, D. A. et al. The efficacy of playing a virtual reality game in modulating pain for children with acute burn injuries: a randomized controlled trial [ISRCTN87413556]. *BMC Pediatr*, v. 5, n. 1, p. 1, 2005.

DROLL, J.-A. et al. Task Demands Control Acquisition and Storage of Visual Information. *Journal of Experimental Psychology: Human Perception and Performance*, v. 31, n. 6, p. 1416-1438, 2005.

FINK, P.-W.; FOO, P.-S.; WARREN, W.-H. Obstacle avoidance during walking in real and virtual environments. In: *ACM Transactions on Applied Perception*, v. 4, n. 1, p. 1-18, 2007.

FLANNELLY, K. J. et al. Beliefs, mental health, and evolutionary threat assessment systems in the brain. *J Nerv Ment Dis*, v. 195, n. 12, p. 996-1003, 2007.

GARAVAN, H.; ROSS, T. J.; STEIN, E. A. Right hemispheric dominance of inhibitory control: an event-related functional MRI study. *Proc Natl Acad Sci U S A*, v. 96, n. 14, p. 8301-8306, 1999.

GOLDBERG, E. *O cérebro executivo*: Lobos frontais e a mente civilizada. Trad. R. Fikerand, M. E. Fiker. Rio de Janeiro: Imago, 2002.

GREALY, M. A. et al. Improving cognitive function after brain injury: the use of exercise and virtual reality. *Arch Phys Med Rehabil*, v. 80, n. 6, p. 661-667, 1999.

HEBL, M.-R.; KLECK, R.-E. Virtually interactive: A new paradigm for the analysis of stigma. In: *Psychological Inquiry*, v. 13, n. 2, p. 128-132, 2002.

HOFFMAN et al. The illusion of presence in immersive virtual reality during an fMRI brain scan. *Cyberpsychol Behav*, v. 6, n. 2, p. 127-131, 2003.

HOLDEN, M. K. et al. Retraining movement in patients with acquired brain injury using a virtual environment. In: *Stud Health Technol Inform*, v. 81, p. 192-198, 2001.

IARIA, G. et al. Cognitive strategies dependent on the hippocampus and caudate nucleus in human navigation: variability and change with practice. *J Neurosci*, v. 23, n. 13, p. 5945-5952, 2003.

KNIGHET, R. G.; TITOV, N.; CRAWFORD, M. The effects of distraction on prospective remembering following traumatic brain injury assessed in a simulated naturalistic environment. *J Int Neuropsychol Soc*, v. 12, n. 1, p. 8-16, 2006.

KORT, Y. et al. What's wrong with virtual trees? Restoring from stress in a mediated environment. In: *Journal of Environmental Psychology*, v. 26, n. 4, p. 309-320, 2006.

KU, J.; et al. A virtual environment for investigating schizophrenic patients' characteristics: assessment of cognitive and navigation ability. *Cyberpsychol Behav*, v. 6, n. 4, p. 397-404, 2003.

LEE, J. H. et al. A virtual reality system for the assessment and rehabilitation of the activities of daily living. *Cyberpsychol Behav*, v. 6, n. 4, p. 383-388, 2003.

LEEB, R. et al. Brain-computer communication: motivation, aim, and impact of exploring a virtual apartment. *IEEE Trans Neural Syst Rehabil Eng*, v. 15, n. 4, p. 473-482, 2007.

LEGGIO et al. Environmental enrichment promotes improved spatial abilities and enhanced dendritic growth in the rat. In: *Behav Brain Res*, v. 163, n. 1, p. 78-90, 2005.

LIVINGSTONE, S.-A.; SKELTON, R.-W. Virtual environment navigation tasks and the assessment of cognitive deficits in individuals with brain injury. *Behavioural Brain Research*, v. 185, n. 1, p. 21-31, 2007.

LOARER, E. et al. Validation d'une épreuve de planification de l'activité avec des sujets atteints de lesions du cortex prefrontal / Validation of a planning task in normals and patients with prefrontal cortical lesions. *European Review of Applied Psychology/ Revue Européenne de Psychologie Appliquée*, v. 48, n. 1, p. 41-48, 1998.

MANDRYK, R. L.; ATKINS, M. S. A fuzzy physiological approach for continuously modeling emotion during interaction with play technologies. *International Journal of Human-Computer Studies*, v. 65, n. 4, p. 329-347, 2007.

MATHEIS, R. J. et al. Is learning and memory different in a virtual environment? *Clin Neuropsychol*, v. 21, n. 1, p. 146-161, 2007.

MENDES, A. M.; CRUZ, R. M. Trabalho e saúde no contexto organizacional: vicissitudes teóricas. In ____. *Cultura e saúde nas organizações*. Porto Alegre: Artmed, 2004.

MESSIER, J. et al. Visuomotor learning in immersive 3D virtual reality in Parkinson's disease and in aging. *Exp Brain Res*, v. 179, n. 3, p. 457-474, 2007.

MORGANTI, F. et al. The use of virtual environments for survey spatial ability evaluation in topographical disorientation. *Behavioural Neurology*, v. 19, n. 1-2, p. 81-85, 2008.

NITHIANANTHARAJAH, J.; HANNAN, A. J. Enriched environments, experience-dependent plasticity and disorders of the nervous system. *Nat Rev Neurosci*, v. 7, n. 9, p. 697-709, 2006.

ONATE, J. A.; BECK, B. C.; VAN LUNEN, B. L. On-field testing environment and balance error scoring system performance during preseason screening of healthy collegiate baseball players. In: *J Athl Train*, v. 42, n. 4, p. 446-451, 2007.

PAGANI, M. et al. Relationship between spectral components of cardiovascular variabilities and direct measures of muscle sympathetic nerve activity in humans. *Circulation*, v. 95, p. 1441-1448, 1997.

PARK, S. B.; LEE, B. C.; JEONG, K. S. Standardized tests of heart rate variability for autonomic function tests in healthy Koreans. In: *Int J Neurosci*, v. 117, n. 12, p. 1707-1717, 2007.

PERUCH, P. et al. Comparing distances in mental images constructed from visual experience or verbal descriptions: The impact of survey versus route perspective. *Quarterly Journal of Experimental Psychology*, v. 59, n. 11, 1950-1967, 2006.

PINHEIRO, J. Q. Psicologia ambiental brasileira no início do século XXI: sustentável? In: ____. *Construindo a psicologia brasileira:* desafios da ciência e prática psicológica. São Paulo: Casa do Psicólogo, 2003.

RIBAS, G. C. Considerations about the nervous system phylogenetic evolution, behavior, and the emergence of consciousness. *Rev Bras Psiquiatr.*, v. 28, n. 4, p. 326-338, 2006.

RIVLIN, L. G. Olhando o passado e o futuro: revendo pressupostos sobre inter-relações pessoa-ambiente. *Estudos de Psicologia*, v. 8, n. 2, p. 215-220, 2003.

RIZZO, A.-A. et al. Analysis of assets for virtual reality applications in neuropsychology. *Neuropsychological Rehabilitation*, v. 14, n. 1-2, p. 207-239, 2004.

ROSE, F. D. et al. *Virtual environments in brain damage rehabilitation*: A rationale from basic neuroscience. Hagerstown: Lippincott Williams & Wilkins, 1998, p. 233-242.

SANDERCOCK, G. Normative values, reliability and sample size estimates in heart rate variability. *Clin Sci (Lond)*, v. 113, n. 3, p. 129-130, 2007.

SANDSTROM, N.-J.; KAUFMAN, J.; HUETTEL, S.-A. Males and females use different distal cues in a virtual environment navigation task. *Cognitive Brain Research*, v. 6, n. 4, p. 351-360, 1998.

SANTOS, M. *Metamorfoses do espaço habitado*. São Paulo: Hucitec, 1997. v. 5.

SCHERER, R. et al. Toward self-paced brain-computer communication: navigation through virtual worlds. *IEEE Trans Biomed Eng*, v. 55, n. 2, p. 675-682, 2008.

SKELTON, R.-W. et al. Humans with traumatic brain injuries show place-learning deficits in computer-generated virtual space. *Journal of Clinical and Experimental Neuropsychology*, v. 22, n. 2, p. 157-175, 2000.

_____. Human spatial navigation deficits after traumatic brain injury shown in the arena maze, a virtual Morris water maze. *Brain Injury*, v. 20, n. 2, p. 189-203, 2006.

SOON, C. S. et al. Unconscious determinants of free decisions in the human brain. *Nat Neurosci*, v. 11, n. 5, p. 543-545, 2008.

THAYER, J. F.; BROSSCHOT, J. F. Psychosomatics and psychopathology: loing up and down from the brain. *Psychoneuroendocrinology*, v. 30, n. 10, p. 1050-1058, 2005.

_____.; LANE, R. D. A model of neurovisceral integration in emotion regulation and dysregulation. *J Affect Disord*, v. 61, n. 3, p. 201-216, 2000.

TRACY, J. I. et al. The effect of autonomic arousal on attentional focus. *Neuroreport*, v. 11, n. 18, p. 4037-4042, 2000.

VELTMAN, J. A.; GAILLARD, A. W. Indices of mental workload in a complex task environment. *Neuropsychobiology*, v. 28, n. 1-2, p. 72-75, 1993.

VOGEL, E. K.; MACHIZAWA, M. G. Neural activity predicts individual differences in visual working memory capacity. *Nature*, v. 428, n. 6984, p. 748-751, 2004.

____.; McCOLLOUGH, A. W.; MACHIZAWA, M. G. Neural measures reveal individual differences in controlling access to working memory. *Nature*, v. 438, n. 7067, p. 500-503, 2005.

____.; WOODMAN, G. F.; LUCK, S. J. Pushing around the locus of selection: evidence for the flexible-selection hypothesis. *J Cogn Neurosci*, v. 17, n. 12, p. 1907-1922, 2005.

WILSON, P.-N.; FOREMAN, N.; STANTON, D. Virtual reality, disability and rehabilitation. *Disability and Rehabilitation: An International, Multidisciplinary Journal*, v. 19, n. 6, p. 213-220, 1997.

WOO, C. C. et al. Exposure to a broad range of odorants decreases cell mortality in the olfactory bulb. *Neuroreport*, v. 17, n. 8, p. 817-821, 2006.

ZAKZANIS, K.-K. et al. Neuropsychological reductionism and a possible solution toward clinical and experimental measurement of real world cognitive function and dysfunction: A case study using virtual reality within a functional magnetic resonance imaging bore. *Hellenic Journal of Psychology*, v. 1, n. 3, p. 326-347, 2004.

12

DESENVOLVIMENTO DA ATENÇÃO COMO MECANISMO RESTAURADOR DA SAÚDE

Pedro Paulo Mendes Sbissa[1]

INTRODUÇÃO

Inicialmente, gostaria de esclarecer que desenvolvo este artigo na primeira pessoa, não porque desejo contrapor a elegância e a clareza da linguagem científica, mas porque a terceira pessoa produz um distanciamento que, segundo a minha percepção, é um dos fatores que, quando transportados para as interações sociais, são causadores do adoecimento.

Os desafios e os problemas com os quais nos deparamos, em nosso trabalho, no local onde habitamos, com nossas famílias, nas últimas duas décadas, em função das mudanças sociais e tecnológicas, são cada vez maiores (Covey, 2005). Entretanto, são essas mesmas mudanças que têm possibilitado o desenvolvimento de várias áreas do conhecimento, o que permite uma

[1] Psicólogo, mestrando do Programa de Pós-Graduação em Psicologia da Universidade Federal de Santa Catarina. E-mail: ppsbissa@hotmail.com

maior compreensão dos elementos biopsicossociais intrínsecos à realidade humana. Observo, acompanhando esse processo, uma tentativa de aproximação entre diferentes disciplinas que compõem a psicologia, para que, mediante um trabalho conjunto, busquem respostas à complexidade envolvida na vida moderna.

Como fruto da interdisciplinaridade promovida entre a psicologia ambiental, métodos e medidas psicológicas aplicadas ao trabalho, saúde e as neurociências, identificou-se um elemento psicológico específico, a atenção, que, dependendo do nível, quantidade ou forma em que se apresenta, promove condições de saúde ou de adoecimento. Esse significativo elemento psíquico, quando associado aos diferentes sistemas, ocasiona o adoecimento pelas seguintes formas: excessiva manutenção da atenção, presente nas grandes cidades (Kaplan, 1995); carga psíquica do trabalho proveniente da necessidade de sustentar uma "atenção permanente" em uma atividade repetitiva (Cruz, 2002); ou falta de atenção social ou "conexão social", que, segundo alguns estudos (Kaplan, 1988), aumenta o risco de morte, por múltiplas causas, na proporção de duas a duas vezes e meia quando comparado a pessoas que têm a seu dispor uma atenção social maior.

A ATENÇÃO E SUAS CONSEQUÊNCIAS

Desde a descoberta dos elementos do átomo que possibilitaram a criação da teoria quântica, o conhecimento em relação ao universo ganhou dimensões nunca antes imaginadas. O princípio da relatividade, a descoberta do fóton, a compreensão sobre o que é energia, a descoberta do gráviton, a pluralidade de universos e a teoria das cordas buscam estabelecer princípios que possam nortear a própria existência. Entretanto, busco me restringir neste artigo aos aspectos da atenção encontrados em sistemas como o ambiente (natural e construído), o trabalho e as interações sociais.

A atenção é a capacidade de manter o foco sobre determinada "coisa", "objeto" ou "processo". Manter o foco, por sua vez, caracteriza-se por poder ser aplicado a praticamente todas as coisas neste universo. Por exemplo, podemos observar a estrela mais distante se tivermos os instrumentos adequados; ou nossos próprios pensamentos se, de preferência, fecharmos os olhos. O observar torna-se possível por meio da manutenção da atenção, que mobiliza a estrutura cognitiva do cérebro, que, valendo-se da memória, procura mediar a realidade pelos pensamentos. Essa manutenção da atenção, que é uma competência psicológica, quando exacerbada, pode levar à exaustão e, consequentemente, ao adoecimento.

A SOBRECARGA DA ATENÇÃO NO AMBIENTE

Ambientes construídos, como as cidades, são ricos em estímulos que exigem o direcionamento constante da atenção. Uma placa de trânsito, o semáforo que abriu, uma propaganda de roupas íntimas em um *outdoor*, a buzina de um carro, o constante transitar de pessoas são alguns exemplos. Para Kaplan (1995), essa sobrecarga de estímulos é uma das causas do adoecimento das pessoas, mas existem outros elementos que influenciam nesse processo, tais como a relação que acaba se estabelecendo entre o ambiente (de onde provêm os estímulos) e o sujeito, que reage na forma de comportamento.

As alterações que o ambiente causa sobre o comportamento iniciam-se na infância, quando a criança começa a se aperceber do meio em que está inserida e gradativamente vai se apegando a ele (Giuliani, 2003). Isso acontece porque, à medida que o sujeito vai entrando em contato com o ambiente, forma sua própria personalidade. O desenvolvimento dessa personalidade, que, com o passar dos anos, guarda memórias, sentimentos, experiências, mesclando-os a valores sociais, origina o que se conhece por identidade de lugar (Proshansky et al., 1983). Por isso nos sentimos tão mobilizados quando o local onde nascemos sofre uma invasão ou é atingido por um desastre da natureza. É como se uma parte de nós mesmos estivesse sendo agredida.

Segundo Corral-Verdugo (2005), o ambiente e o comportamento são elementos da realidade do indivíduo que interagem e modificam-se mutuamente na relação, sendo ambos responsáveis por uma sucessão de mudanças que ocorrem quando estabelecem contato um com o outro. Assim, torna-se fácil compreender que não é somente o excesso de estímulos que mobiliza em demasia a atenção dirigida, determinando a sobrecarga psíquica; a própria pessoa, de certa maneira, transforma-se no ambiente.

O produto final desse processo é o que podemos observar em nossas grandes cidades, com uma sociedade cada vez mais estressada, indiferente à degradação do meio ambiente, pois este não faz mais parte de sua identidade.

A SOBRECARGA DA ATENÇÃO NO TRABALHO

A incrível capacidade que possuímos de incorporar o local onde estamos ou de transformarmo-nos em função da atividade que realizamos é algo bem característico da raça humana. Fazemos em parte aquilo que somos, e somos em parte aquilo que fazemos. Essa frase demonstra a importância que o trabalho exerce sobre nossas vidas, como ele pode determinar uma percepção positiva ou negativa sobre nós mesmos. Quando gostamos do que fazemos, nosso trabalho faz-nos sentir bem em relação a quem somos. Em contrapartida, quando não gostamos de nossa profissão, nossa autoimagem abala-se.

A constituição da subjetividade pelo fazer é estabelecida desde a infância, quando, por intermédio das brincadeiras, dos jogos de montar e da manipulação de objetos usados para a realização de uma tarefa, acabamos consolidando as bases daquilo que somos hoje. Além disso, não somente é importante o que fazemos, mas como fazemos, pois, se, apesar de estarmos trabalhando em algo que nos dá prazer, formos confrontados constantemente com situações em que a demanda é muito maior do que nossa capacidade, podemos gradativamente adoecer.

Segundo Frutuoso e Cruz (2005), o conceito de carga do trabalho é resultante da contraposição entre as exigências do processo e a capacidade fisiológica do sujeito de responder a elas. De forma semelhante ao ambiente, em que a sobrecarga dá-se pelo excesso de estímulos, a sobrecarga do trabalho ocorre na medida em que as exigências excedem a capacidade biológica do trabalhador. Novamente, enfatizo aqui o exagero, que gera um desequilíbrio e, consequentemente, um desgaste. Grande parte das lesões por esforço repetitivo ocorre dessa forma. Como exemplo, cito uma pessoa que trabalha em um abatedouro de aves e que passa oito horas por dia fazendo somente determinado movimento de corte com a mão, dentro de uma câmera fria, sem poder conversar. Em função da repetitividade dos movimentos e da necessidade de manter a atenção dirigida, o trabalhador, aos poucos, não consegue mais manter o foco e passa a fazer os movimentos de forma mecânica, o que impede, pela perda da atenção, que perceba o lesionamento gradativo do braço ou do punho.

Conforme Tamayo (2004), o sofrimento contínuo no contexto do trabalho pode levar à desestabilização da própria identidade e da personalidade, acarretando problemas mentais. Um trabalho alienante pode levar ao enlouquecimento manifestado na forma de fobias, crises de ansiedade e depressão. A sobreposição da sobrecarga psíquica e física pode gerar uma doença ocupacional conhecida como a síndrome da desistência ou *burnout*, que tem sua incidência principalmente entre profissionais da área da saúde. Penson (Penson, Dignan, Canellos, Picard; Lynch, 2000, p. 426), médico oncologista, em uma pesquisa realizada por ele sobre profissionais com a síndrome de *burnout* e suas ideias em relação a essa doença, constatou que "metade tinha a percepção de derrota e frustração e um terço deles disse estarem deprimidos". Penson et al. (2000) perceberam que a frustração em lidar com vidas, mesmo sabendo da limitação em poder curá-las, é outro fator subjetivo agravante do quadro depressivo que enfrentam profissionais dessa área. O direcionamento constante da atenção no sentido de salvar vidas sabendo que esse esforço já está fadado ao fracasso é o que leva gradativamente à depressão.

Sendo assim, eu gostaria de caracterizar que a sobrecarga física, causada pelo esforço repetitivo, como no exemplo da câmara fria, que exige a constante utilização da atenção dirigida para a manutenção do movimento, tem como efeito principal a exaustão, que inviabiliza a realização adequada da tarefa. Também no exemplo dos profissionais da saúde, vimos que o direcionamento constante da atenção no sentido de salvar vidas, mesmo sabendo-se das limitações em fazê-lo, pode levar à exaustão. O somatório de fatores que levam à exaustão, tanto no aspecto físico como psicológico, acaba fazendo o trabalhador experienciar, como visto no *burnout*, um sentimento de fracasso e frustração, podendo levar a quadros de depressão.

A CARÊNCIA DE ATENÇÃO SOCIAL

Como a maior parte dos mamíferos, somos animais que gostamos de viver em grupo, pois desde os mais remotos vestígios de nossa civilização, que podem ser encontrados na forma de desenhos no fundo de cavernas habitadas na Idade das Pedras, visualizamos sempre o *Homo sapiens* representado com seus demais. Talvez o bebê humano, entre todas as espécies, é o que mais precisa de suporte e cuidado da mãe. Demoramos muito, quando comparados aos outros mamíferos, a ficar em pé sobre nossos pés – um cavalo logo que nasce já é capaz de se erguer sobre suas quatro patas. Além disso, não possuímos dentes protuberantes ou garras afiadas, nossa pele é desprovida de couro ou de pêlos suficientes para proteger-nos do frio e do calor. Entre todos os animais, nenhum permanece tanto tempo com os pais, fato que pode ser observado nos tempos modernos, quando os jovens têm estendido sua permanência na casa dos pais muitas vezes até depois dos 30 anos, o que representa quase

50% do tempo de vida médio no Brasil, que é em torno de 70 anos de idade.

Uma experiência (Vieira, 2003) sobre os efeitos de diferentes períodos de privação social sobre a brincadeira de *hamsters* dourados (*Mesocricetus auratus*) demonstrou que esses animais, ao serem propositalmente impossibilitados de brincar, quando finalmente reencontram seus pares, permanecem por um tempo significativamente maior do que o normal brincando e estabelecendo contato. O que se pressupõe em primeiro lugar é que a atividade de brincar e estar em contato um com o outro é fundamental para a sobrevivência dessa espécie, e, segundo, que, quando privados de contato, os *hamsters* buscam uma forma de compensação, ficando mais tempo juntos do que ficariam se não tivessem sido expostos à privação. Imagino que os seres humanos necessitam de contato em uma proporção maior do que os *hamsters*.

Um estudo longitudinal realizado por Kaplan (1988) demonstrou que pessoas solteiras ou separadas têm uma predisposição duas vezes e meia maior a sofrer de doenças cardíacas do que pessoas casadas ou com relacionamento estável. A conclusão desse estudo é que o isolamento tem um efeito devastador sobre nosso psiquismo, a ponto de nos tornar duas vezes e meia mais suscetíveis a doenças fatais. Nossas grandes cidades, com suas multidões de pessoas, ao invés de nos aproximar, produziram uma massificação da subjetividade, em que passamos a ser apenas mais um na multidão.

Para Milgram (1970), o fato de estarmos vivendo em metrópoles com uma concentração de pessoas cada vez maior tem determinado o desenvolvimento de mecanismos adaptativos que buscam filtrar o excesso de estímulos provenientes do ambiente, o que determina uma realidade paradoxal, na qual, apesar de vivermos rodeados por muitas pessoas, acabamos nos relacionando intimamente com poucas.

Observamos, assim, a importância de mais uma forma de desdobramento da atenção, neste caso, a social. Sem essa, por mais que tenhamos dinheiro, reconhecimento profissional ou *status*, estaremos fadados a uma vida vazia e, muitas vezes, ao suicídio, como comprovam os inúmeros atentados contra a própria vida no Japão, país rico, mas que culturalmente despri-vilegia a atenção social.

ELEMENTOS RESTAURADORES DA ATENÇÃO

Vivemos em um momento de crise, buscamos o desen-volvimento econômico, a invenção de tecnologias, a construção de grandes centros urbanos, e, como resultado, estamos cada vez mais isolados, amedrontados pela violência, estupefatos por uma destruição insana da natureza, fragmentados interiormente pelo conflito interno de ter que suportar a massificação da nossa subjetividade. Apesar desses acontecimentos ou, por que não di-zer, em função deles, é que novos conhecimentos surgem, para responder ao momento presente.

Kaplan (1995, p. 174) desenvolveu um estudo que de-nominou de "os benefícios restauradores da natureza", o qual basicamente evidencia por meio de experiências que determi-nados lugares possuem o poder de restabelecer o equilíbrio psíquico. Mas que lugares seriam esses?

Trata-se de lugares mobilizadores de uma atenção que ele denominou de atenção involuntária, capaz de desonerar a sobrecarga de estímulos que levaram a atenção dirigida à exaustão. Imediatamente ao entrar nesses lugares, a pessoa é tomada por sua beleza, amplitude e relativa privacidade, o que possibilita um gradativo desaceleramento do processo cognitivo, fazendo os pensamentos moverem-se mais lentamente. Entretanto, a pessoa permanece consciente e, por meio da atenção informal, começa a perceber os pássaros que voam, o céu azul, o vento a tocar seus cabelos, o sol a banhar sua pele. É como metaforicamente "retornar para casa", o que não deixa de ser verdade, pois nós viemos do ambiente natural, escolhemos muitas vezes um lugar, mesmo sem saber, por sua capacidade restauradora (Mira, Cameselle; Martinez, 2002); mas, pela cultura e desenvolvimento das cidades, afastamo-nos da natureza, de sua harmonia, e tornamo-nos parte do concreto e asfalto dos grandes centros.

Também na área do trabalho, os profissionais da área da saúde têm-se apropriado de técnicas que vêm sendo desenvolvidas ou simplesmente aplicadas – isso porque já existiam há muitos anos – para auxiliar na restauração da atenção dirigida. Segundo Servan-Schreiber (2004), novos tratamentos, como controle da variabilidade cardíaca, meditação, acupuntura, entre outros, estão sendo estudados em todo o mundo, buscando alternativas, além da tradicional utilização de psicofármacos e psicoterapia, para o tratamento do estresse e sintomas correlacionados, como depressão, ansiedade e doenças com comprovados fatores psicossomáticos, como a hipertensão arterial (Schneider et al., 1995).

As técnicas de meditação podem estimular maior atividade no lobo frontal esquerdo, responsável pela percepção de estados emocionais positivos (Barinaga, 2003), provocar alterações no sistema imunológico, fortalecendo o organismo contra agressores externos (Davidson et al., 2003), influenciar na distribuição de recursos de atenção no cérebro (Slagter et al., 2007) ou, ainda, ajudar no gerenciamento do estresse (Bormann, 2006).

Segundo Kaplan (2001, p. 482), "a atenção dirigida permite a pessoa focar em ambas as coisas: percepção e pensamento ao mesmo tempo. O fadigamento deste mecanismo constitui um significativo prejuízo na competência mental do indivíduo". Por meio da atenção dirigida, torna-se possível à pessoa, entre vários estímulos, escolher um que lhe pareça mais adequado, fato este diretamente relacionado à tomada de decisão. A tomada de decisão, por sua vez, está relacionada à memória de trabalho, que funciona por meio do córtex pré-frontal ou "cérebro executivo". Conforme Matlin (2004, p. 71), "o executivo central é também importante na atenção, selecionando estratégias e fazendo planos". A prática da meditação aumenta a atividade no córtex pré-frontal, elevando a capacidade do sujeito em exercer controle sobre suas decisões, modulando o comportamento de forma mais apropriada e assim desenvolvendo um antídoto contra o estresse (Kolb; Whishaw, 2002).

Além da possibilidade de meditar e de estar em contato com ambientes restauradores, é importante estarmos conectados a outros seres humanos de forma significativa, o que possibilita a existência de uma das mais importantes formas de atenção – a social.

Conclusão

O ponto de fusão entre saúde, trabalho, meio ambiente e interação social está em conseguir determinar nesses sistemas como a atenção pode levar à saúde ou ao adoecimento. As situações de adoecimento estão relacionadas, neste estudo, às condições de sobrecarga que comprometem a capacidade em manter a atenção dirigida. Como foi visto, a sobrecarga pode ocorrer em função de um ambiente demograficamente muito populoso, pela carga mental ou física exercida sobre o trabalhador ou, ainda, pelo isolamento social comum nas grandes cidades.

As condições de saúde estão relacionadas à desaceleração do processo cognitivo, possibilitado pela atenção involuntária presente em ambientes restauradores, ou do treinamento da atenção por meio da meditação, ou ainda por meio da atenção social presente em relacionamentos afetivos que liberam endorfina e promovem o relaxamento do organismo.

Dessa forma, percebe-se a atenção como elemento central aos processos e técnicas explicitados neste estudo. Concluindo, podemos enumerar quatro formas de atenção: 1) atenção dirigida, presente nas atividades do córtex pré-frontal; 2) atenção informal, mobilizada no cérebro pelo contato com os espaços naturais restauradores da atenção; 3) treinamento da atenção, por meio da prática da meditação; e 4) atenção social, estimulada no cérebro, no contato significativo com outras pessoas.

Vários outros elementos que também foram abordados possuem um efeito significativo semelhante ao treinamento da atenção, como a privacidade e a territorialidade, que protegem a comunicação e preservam o indivíduo do excesso de estímulos; ou ainda a execução de uma atividade interessante capaz de causar fascinação, que seria um elemento presente em ambientes restauradores.

Como expôs Servan-Schreiber (2002), devemos ser capazes de voltar nossa atenção para o interior, seja por meio da meditação, da busca de ambientes restauradores, seja por meio de relacionamentos significativos. A atenção ocorre no cérebro, mas é mobilizada pelos sistemas estudados neste artigo, entretanto, sua existência e raio de atuação, segundo o que compreendo, estão contidos naquilo que de mais significativo constitui-nos como seres humanos – prestar atenção. Assim sendo, uma maior compreensão dos mecanismos nos variados sistemas, capazes de mobilizar diferentes formas de atenção, pode ser significativa para o desenvolvimento de estratégias e técnicas capazes de promover a saúde. Nesse sentido, a união interdisciplinar faz-se cada vez mais importante.

REFERÊNCIAS

ARAGONÉS, J. I.; AMÉRIGO, M. Psicologia ambiental. *The Journal of Environmental Education*. Madrid: Pirâmide, v. 13, p. 39-42, 1998.

CORRAL-VERDUGO, V. Psicologia ambiental: objeto, "realidades" sócio-físicas e visões culturais de interações ambiente-comportamento. *Psicologia USP*, v. 16, n. 2, p. 71-87, 2005.

COVEY, C. O *8º hábito:* Da eficácia à grandeza. 5. ed.. São Paulo: Elsevier, 2005.

CRUZ, R. M. *Medidas da carga mental de trabalho: avaliação e medidas psicológicas: produção do conhecimento e da intervenção profissional*. 2. ed. São Paulo: Casa do Psicólogo, 2002.

BARINAGA, M.. Buddhism and neuroscience: studying the well-trained mind. *Science 3*, v. 302, n. 5642, p. 44-46, 2003.

BORMANN, J. Mantram repetition for stress management in veterans and employees: a critical incident study. *Journal of Advanced Nursing: Issues and innovations in nursing practice*, v. 53, n. 5, p. 502-512, 2006.

DAVIDSON, R.; et al. Alterations in brain and immune function produced by mindfulness meditation. Laboratory for affective neuroscience. *Psychosomatic Medicine*, v. 65, p. 564-570, 2003.

FRUTUOSO, J.; CRUZ, R. Mensuração da carga de trabalho e sua relação com a saúde do trabalhador. *Revista Brasileira de Medicina do Trabalho*, Belo Horizonte, v. 3, n. 1, p. 29-36, 2005.

GIULIANI, M. V. Theory of attachment and place attachment. In: BONNES, M.; LEE, T.; BONAIUTO, M. *Psychological theories for environmental issues*, Aldershot: Ashgate, 2003. p. 137-170.

KAPLAN, G. Social contacts and ischaemic heart disease. In: *Annals of clinical research*, 1988. p. 131-136.

KAPLAN, S. The restorative benefits of nature toward an integrative framework. *Jornal of Envirommental Psychology*, v. 15, p. 169-182, 1995.

____. Meditation, restoration, and the management of mental fatigue. In: *Environment and Behavior*, v. 33, n. 4, p. 482, 2001.

KOLB, B., & WHISHAW, I. *Neurociência do comportamento*. São Paulo: Manole, 2002.

MATLIN, M. W. *Psicologia cognitiva* 5ª ed. Rio de Janeiro: LTC, 2004.

MILGARM, S. A experiência de viver na cidade: adaptações à sobrecarga urbana criam qualidades características à vida nas cidades que podem ser mensuradas. In: *Science*, v. 167, p. 1461-1468, 1970.

MIRA R. G.; J. M. CAMESELLE J. M. S.; MARTÍNEZ J. R. (Eds.). *Psicología y medio ambiente*: Aspectos psicosociales, educativos y metodológicos. A Coruña: Asociación Galega de Estudios e Investigación Psicosocial, 2002.

PROSHANSKI, H. F.; KAMINOFF, R. Place-identity: physical world socialization of the self. *Journal of Environmental Psychology*, v. 3, p. 57-83, 1983.

PENSON, T. et al. Burnout: caring for the caregivers. In: *Alpha Med Press, Oncologist*, v. 5, p. 425-434, 2000.

SERVAN-SCHREIBER, D. *Curar o stress, a ansiedade e a depressão sem medicamento nem psicanálise*. São Paulo: Sá, 2004.

SCHNEIDER, R. H. et al. A randomized controlled trial of stress reduction for hypertension in older african americans. *American Heart Association*, v. 26, p. 820-826, 1995.

SLAGTER H.; et al. Mental training affects distribution of limited brain resources. *PloS*, v. 5, n. 6, p. 138, 2007.

TAMAYO, A. (Org.). *Cultura e saúde nas organizações*. Porto Alegre: Artmed, 2004.

VIEIRA, M. L; MOTTA, E. Play fighting of juvenile golden hamsters (*Mesocricetus Auratus*): Effects of litter size and analysis of social interaction among males. *Behavioural Processes*. Irlanda, v. 43, n. 3, p. 265-273, 1998.

13

CONTRIBUIÇÕES DO *BIOFEEDBACK* DE VARIABILIDADE DE FREQUÊNCIA CARDÍACA NO CONTROLE DO ESTRESSE

Roberte Araújo Metring[1]

INTRODUÇÃO

Ciência e tecnologia unem-se por meio de um processo denominado Convergência Tecnológica (Cavalheiro, 2007, p. 24) para criar e implementar meios e recursos que sirvam à melhoria das condições de vida do ser humano – bem-estar, conforto, produtividade e saúde. Convergência Tecnológica, segundo Cavalheiro, é uma ação sinérgica[2] de quatro campos científicos: nanotecnologia[3], biotecnologia[4], tecnologias da comunicação e informação e ciências cognitivas ou neurociências[5], associados na busca de um objetivo comum. A Figura 1 ilustra essa integração.

---

[1] Psicólogo, professor *ad oc* do Instituto Brasileiro de Pós-Graduação e Extensão – IBPEX. E-mail: psicologoroberte@ig.com.br

[2] Sinergia: associação simultânea de vários fatores que contribuem para uma ação (Ferreira, 2004).

[3] A nanotecnologia estende a ciência de materiais para o domínio de partículas e interfaces com dimensões extremamente pequenas, da ordem de um a cem nanômetros (Quina, 2004).

[4] A biotecnologia pode ser definida como um conjunto de técnicas de manipulação de seres vivos ou parte destes para fins econômicos (Silveira, Borges & Buainain, 2005).

[5] Neurociência: qualquer das ciências que estudam o funcionamento do sistema nervoso, especialmente do cérebro (Ferreira, 2004).

278

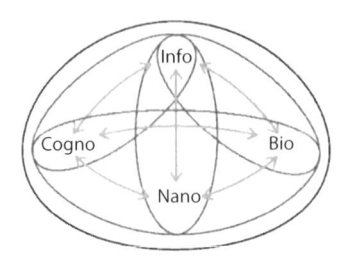

Figura 1: As quatro áreas da Convergência Tecnológica.
Fonte: Cavalheiro, 2007.

Associada à globalização, a convergência tecnológica estimula a quebra de paradigmas e a incorporação, criação e modificação de comportamentos, conceitos, modelos e instrumentos, tanto de medição como de controle e aplicabilidade, tudo em altíssima velocidade, forçando um repensar sobre as relações tempo-espaço até então conhecidas, passando a ser elemento estruturante de uma nova forma de ser, pensar e viver (Pretto; Pinto, 2006). Em relação aos instrumentos e equipamentos, o avanço tecnológico permitiu desenvolvimento e fabricação com alta sofisticação e precisão. Entre esses equipamentos estão aqueles que permitiram o surgimento e aperfeiçoamento de sistemas de *feedback*[6].

No século XVIII, Luigi Galvani (1737-1798), estudando os efeitos da eletricidade na fisiologia da rã, descobriu que músculos e células nervosas eram capazes de conduzir e produzir eletricidade, que passou a ser conhecida como eletricidade galvânica, em sua homenagem. Por volta de 1960, as ideias de

[6] Retroalimentação, ou seja, sistemas que processam e devolvem informações para que possam ser utilizadas em novos processamentos.

Galvani começaram a ser aprimoradas surgindo oficialmente o termo *"biofeedback"*[7]. Um dos primeiros instrumentos de *biofeedback* permitiu a verificação da resistência e condutividade de energia na pele, mas surgiram outros que permitiram outros tipos de verificação das respostas fisiológicas.

Este trabalho tem por objetivo apresentar a importância do *biofeedback* de análise da Variabilidade da Frequência Cardíaca – HRV[8] *Biofeedback*, como ferramenta de controle consciente das reações fisiológicas desencadeadas pelo Sistema Nervoso Autônomo (SNA)[9] em situações de enfrentamento do estresse, e da importância da interface gráfica no monitoramento desse tipo de *feedback* para treinamento clínico.

BIOFEEDBACK

Biofeedback é uma ferramenta resultante do avanço tecnológico, em particular da bioengenharia (Kawaguchi et al., 2007), que possibilita a interação de uma máquina e um sistema fisiológico, a fim de coletar dados de um organismo para o entendimento dessa fisiologia. As informações obtidas poderão ser interpretadas a partir de conhecimentos científicos prévios,

---

[7] *Biofeedback*: Procedimento em que, geralmente por meio auditivo ou visual, se fornecem a um indivíduo dados relativos a certos fenômenos fisiológicos dele próprio, tais como pressão arterial, temperatura cutânea etc., o que lhe possibilita, muitas vezes, o controle voluntário, até certo ponto, desses fenômenos (Ferreira, 2004).

[8] HRV é a sigla de Herat Rate Variability na língua inglesa, equivalente à Variabilidade da Frequência Cardíaca – VFC na língua portuguesa. Embora a maioria das pesquisas a respeito do tema sejam publicadas na língua inglesa, neste trabalho vamos utilizar a sigla VFC.

[9] Será utilizada a sigla SNA como sinônimo de Sistema Nervoso Autônomo durante o desenvolvimento deste trabalho.

permitindo a construção de inferências, hipóteses e conclusões, e a preparação de intervenções e treinamentos experimentais que possam conduzir uma pessoa a aprender mais sobre si mesma e promover melhores condições de saúde.

Essa coleta de informações pode se dar de muitas maneiras e com vários objetivos. Um desses objetivos é a análise do funcionamento do SNA. O SNA sempre foi visto como um conjunto de funções biológicas autorreguladoras do organismo, atuando de forma involuntária e em um limiar abaixo do nível de consciência (Kawaguchi et al., 2007), portanto, imperceptível, a não ser pelos sinais fisiológicos decorrentes de seu funcionamento interpretados de forma subjetiva. Por meio de dados coletados em equipamentos sensíveis a determinadas respostas fisiológicas, hoje sabemos objetivamente que o SNA exerce influência principalmente sobre a pressão arterial, a resistência galvânica periférica e o funcionamento cardíaco, sobretudo a frequência cardíaca, e que essas funções orgânicas exercem influência sobre todo o resto do complexo fisiológico.

Entre os equipamentos desenvolvidos para esses fins, podem ser encontrados, por exemplo, os que permitem a medição da resistência galvânica da pele –SCL[10] *Biofeedback* –, considerando que agentes tensionais geradores de estresse promovem alterações na condutividade cutânea; a captação e medição de ondas mentais produzidas pelo cérebro em forma de eletricidade – também conhecido por EEG[11] *Biofeedback*, ou simplesmente *neurofeedback*; a medição da temperatura do corpo

---

[10] SCL: Skin Conductance Level. Também são encontradas as siglas SCR (Skin Conductance Resistence) e GSR (Galvanic Skin Response).

[11] Eletrencefalografia: estudo do registro gráfico das correntes elétricas que se originam no encéfalo, mediante eletrodos colocados no couro cabeludo, na superfície encefálica, ou dentro

– considerando que alterações fisiológicas e metabólicas acionadas pelo SNA promovem variações da temperatura corporal; a captação de sinais derivados da atividade cardíaca – ECG[12] *Biofeedback*; que também permite medições de frequência, e variabilidade da frequência dos pulsos cardíacos, e suas alterações conforme as exigências feitas ao organismo – *Biofeedback* de VFC.

Um equipamento de *biofeedback* associado à tecnologia da informática possibilita dispor os dados em formato gráfico em um *display*, permitindo monitoramento em tempo real das alterações das respostas fisiológicas por quem quer que seja. Baseados nessa interação tecnológica, já são desenvolvidos *softwares* interativos que permitem, para além do monitoramento, treinamentos que interferem diretamente no funcionamento orgânico, propiciando que profissionais habilitados possam lidar tanto com os dados, quanto com as intervenções imediatamente, bem como viabiliza ao usuário a apropriação da informação imediatamente aumentando seu nível de consciência e apropriação sobre sua própria fisiologia, até então de caráter não responsivo e inconsciente.

BIOFEEDBACK DE VFC

O SNA exerce grande influência sobre o funcionamento do sistema cardíaco, tanto na sua frequência como em seu débito

da substância encefálica, constituindo valioso método auxiliar de diagnóstico de numerosas doenças nervosas. Este método de captação de estímulos surgiu a partir das pesquisas de Hans Berger em 1929, com o registro de respostas elétricas cerebrais a estímulos sensoriais, visuais, auditivos e somestésicos (Gil, 2005).

[12] Eletrocardiografia: estudo do registro gráfico das correntes elétricas originadas do músculo cardíaco e que constitui valioso auxiliar de diagnóstico de numerosas doenças cardíacas.

(Guyton; Hall, 2002; Kandel, Schwarts; Jessel, 2000), sendo o coração o órgão central na manutenção da homeostase fisiológica.

Um equipamento que detecte e analise as pulsações do coração em um intervalo R-R[13] possibilita também a determinação da variação de tempo entre esses pulsos, ou seja, com que frequência o coração pulsa. Um pulso R significa que o coração bombeou o sangue na sua maior intensidade, voltando, a seguir, a um estado de despolarização – relaxamento da musculatura cardíaca. Outro pulso R indica a existência de outro ciclo de bombeamento.

A Figura 2 ilustra determinada quantidade de pulsos R (picos maiores) em um intervalo de tempo qualquer. Supondo que esse intervalo de tempo tenha sido de seis segundos, então teríamos uma frequência cardíaca de um pulso R por segundo, com um total de sessenta batimentos por minuto – ou pulsos por minuto.

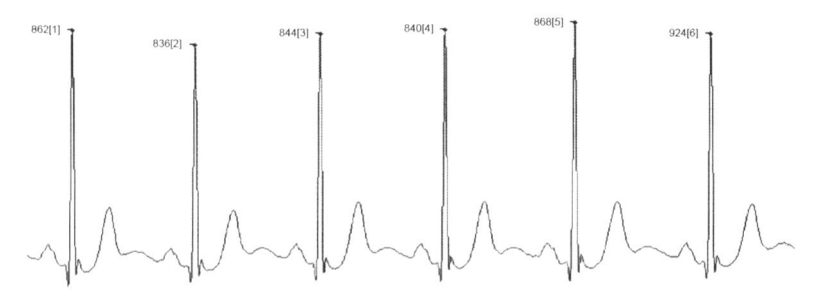

Figura 2: Tacograma.
Fonte: Carvalho, 2002.

---

[13] Cada intervalo R-R corresponde a um ciclo de batimentos cardíacos ao longo do tempo. O registro dos intervalos R-R permite a construção de uma representação gráfica chamada de tacograma. As variações ocorridas nos intervalos R-R são moduladas pelo SNA (Kawaguchi et al., 2007).

No entanto, o número de pulsos R por minuto não é exatamente regular, ou seja, conforme as necessidades do organismo pode aumentar ou diminuir. O *Biofeedback* de Variabilidade de Frequência Cardíaca é uma técnica não invasiva de medição das variações ocorridas entre vários intervalos R-R, que utiliza um equipamento eletrônico de alta *performance* que recebe e processa essas variações a partir de eletrodos de captação extradérmicos. Na sequência, após o processamento, apresenta os resultados em números e, na maioria das vezes, também em gráfico, permitindo análises e interpretações sobre o equilíbrio entre as influências simpática e parassimpática do SNA no ritmo cardíaco (Paulo; Farias, 2007). Esses dados podem ser convertidos em treinamento de pessoas no controle consciente e intencional das funções autonômicas do Sistema Nervoso, com decorrente equilíbrio funcional simpático-parassimpático (Lehrer et al., 2006).

Variabilidade de Frequência Cardíaca – FVC

O SNA, por meio de seus ramos simpático e parassimpático, coordena várias atividades viscerais autônomas[14] do organismo, permitindo a manutenção da sobrevivência.

A Figura 3 ajuda-nos a verificar como o SNA está ligado a todas as funções orgânicas e viscerais basais.

---

[14] As atividades fisiológicas autônomas não estão, *a priori*, sob controle voluntário do indivíduo.

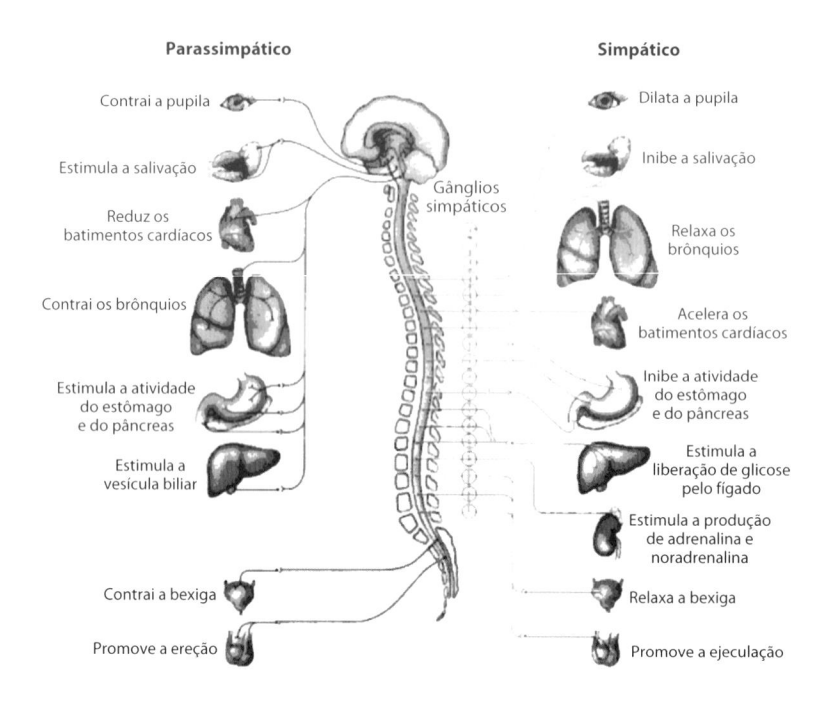

Figura 3: SNA Simpático e Parassimpático.
Fonte: Vilela, 2008.

Entre todos os sistemas influenciados pela atividade do SNA, encontra-se o sistema cardiovascular (Guyton; Hall, 2002). Portanto, permite-se inferir que a análise da função cardíaca pode induzir algum entendimento a respeito do funcionamento do SNA. Várias são as possibilidades para esse entendimento. Entre elas, a análise da VFC, que permite avaliar a influência dos ramos simpático e parassimpático do SNA no ritmo cardíaco.

Uma atividade mais acentuada do ramo simpático é característica de situação de alerta estimuladora de hiperatividade adrenérgica decorrente de um aumento de pressão ao organismo, com o consequente aumento dos níveis de estresse. Ao mesmo tempo, com uma atividade do ramo simpático mais elevada, em um efeito gangorra, menos intensa é a atividade do ramo parassimpático (Reis, Bastos, Mesquita, Romêo; Nóbrega, 1998), e a VFC é também menor. Quanto menos expressiva é a VFC, maior é a associação existente com os índices de morbilidade e mortalidade (Paschoal, Petrelluzzi; Gonçalves, 2002; Reis et al., 1998), constituindo-se, conforme Reis (op.cit., p. 193), em um importante fator diagnóstico para o aparecimento de morbidades futuras, mesmo em indivíduos sadios, já que poderia apontar para um coração menos resiliente.

Quando os ramos simpático e parassimpático estão funcionando adequadamente, ou seja, em coerência com as necessidades do organismo, em situações de prontidão assume com maior intensidade o ramo simpático, provocando as alterações fisiológicas apontadas na Figura 3. Quando o organismo não necessita mais manter estado de prontidão para a ação, deve assumir o controle o ramo parassimpático.

A Figura 3 igualmente mostra quais são as alterações fisiológicas decorrentes desse funcionamento. Se essa harmonia funcional não ocorre, ou ocorre de maneira confusa, então, podemos identificar a anormalidade pela análise da VFC. Metaforicamente, quanto maior for o percurso possível entre os pólos da gangorra, maior será a VFC. Quanto menor, mais no centro ficará a gangorra, e menor será a VFC, o que indicará possibilidade de morbidade, se não imediata, em futuro breve, em decorrência da baixa capacidade de resiliência miocárdica.

Kawaguchi corrobora com essa linha de pensamento, ao afirmar que "a capacidade de variar a frequência cardíaca em função de estímulos externos parece representar um importante papel fisiológico na vida diária, mesmo em situações simples de mudanças posturais" (Kawaguchi et al., 2007, p. 231).

Se nosso organismo é capaz de trabalhar igualmente sob ação dos dois ramos conforme a necessidade, haverá uma VFC ampliada, refletindo em uma melhor condição de saúde do sistema cardiovascular, caso contrário, podemos ter uma VFC pouco elástica, indicando problemas para o organismo. Wolf et al. constataram que 73, de 176 pacientes admitidos com infarto agudo do miocárdio, apresentaram maior VFC e também a menor taxa de mortalidade em relação aos outros 103 pacientes (Wolf, Varigos, Hunt; Sloman, 1978).

Evidências apontam que a patogênese da hipertensão arterial está associada ao aumento da atividade do ramo simpático, e ao mesmo tempo, observações clínicas sugerem que indivíduos hipertensos, ou com predisposição à hipertensão, comumente apresentam estresse em nível mais acentuado (Consolim-Colombo; Krieger, 2000). Embora admita que precisem ser analisados outros fatores como hábitos alimentares, nível socioeconômico, hábitos sociais etc., a mesma autora afirma que a prevalência da hipertensão arterial pode ser até cinco vezes maior em alguns grupos de indivíduos que vivem ou trabalham em situações estressantes. No entanto, considera que um estímulo que acarrete "uma importante alteração no sistema nervoso autônomo" pode influenciar diretamente o tônus simpático (op. cit., p. 88). Portanto, quanto mais equilibrada e harmônica for a relação dos ramos simpático-parassimpático do SNA, provável que se apresente maior VFC, maior situação de saúde e equilíbrio.

ESTRESSE[15]

Nos Estados Unidos, estima-se que "50 a 75% de todas as idas ao médico se devem principalmente ao *stress* [...] fator de risco muito mais sério que o fumo" (Servan-Schreiber, 2004, p. 16). Na sequência, em decorrência de suas pesquisas, o mesmo autor aponta para o fato de "oito em cada dez medicamentos mais comumente usados nos Estados Unidos" servirem para tratar problemas diretamente relacionados ao estresse.

Lipp, citada por Cruz, afirma que, no início do século XX, a causa mais frequente de morte era a infecção; hoje são as doenças cardiovasculares, e o nível de estresse tem sido um dos fatores que mais contribuem para o agravamento desse quadro (Cruz, Sherer; Peixoto, 2004). Podemos pensar no estresse, então, como um caso de saúde pública?

Mas o que é o estresse?

É impossível para um ser vivo não se manifestar em um ambiente. O conjunto sujeito-ambiente é considerado um espaço vital, ou *"life space"* (Aguiar, 2006), podendo apresentar um funcionamento harmonioso e saudável, ou não, conforme o organismo consiga resolver, ali, suas demandas. Sempre que puder dar solução adequada às demandas, o organismo tende a um relativo estado de equilíbrio e conforto.

No entanto, é rotineiro e natural o surgimento nesse *life space* de forças vetoriais que impelem o organismo a dar foco a novas e emergentes necessidades, descompensando, mesmo que temporariamente, o equilíbrio dessa relação sujeito-ambiente.

---

[15] Na língua inglesa, *stress*.

Equilíbrio e desequilíbrio são, portanto, estados permanentes que alteram a relação organismo-meio, aumentando ou diminuindo a tensão. Esse estado de tensão é conhecido por estresse, palavra derivada do latim, significando "estreitamento", que foi utilizada durante o século XVII para representar estados de "adversidade" ou "aflição". Em fins do século XVIII, seu significado evoluiu para "força", "pressão" ou "esforço exercido", sendo até hoje utilizado com esse significado.

Quanto mais o organismo é exigido na geração e organização de energias que possam ser utilizadas em trabalho para atender e solucionar uma demanda existente, mais alto o nível do estresse – considerando trabalho como uma atividade humana que consome energia para atingir determinados objetivos, envolvendo todo o organismo: físico, cognitivo e psíquico (Cruz, 2006, p. 201-233). Uma vez realizado o trabalho, a tendência é que o organismo volte a um relativo estado de equilíbrio, e suas energias voltem a ser utilizadas para fins de manutenção da vida e estados prazerosos, com um nível baixo e administrável de estresse, que, porém, não cessa nunca, já que até mesmo exigências internas como fome ou sede são geradoras de certo estado de estresse, sem o qual o organismo não se mobilizaria em direção a coisa alguma.

O mecanismo fisiológico responsável pela estabilização dos níveis de estresse é o SNA, por meio das ações dos ramos simpático e parassimpático. Quando o organismo não encontra uma forma ou possibilidade de resolver a causa do estado tensional, pode entrar no "estágio de esgotamento da capacidade do indivíduo em responder ao trabalho" (Cruz, 2006), com o nível de estresse podendo aumentar até chegar a um estado de descompensação severo, desorganizando todo o organismo, advindo, na sequência, problemas comportamentais e/ou relacionais – com toda sua gama de consequências inevitáveis e problemas de saúde física ou mental, pessoal ou coletiva.

Percepção do estado de estresse

Sempre que uma ação importante deve ser realizada de forma imediata, uma área do sistema nervoso entra em atividade, em um limiar muitas vezes bem abaixo do nível consciente de ação: o sistema límbico-reptiliano (Gil, 2005), um sistema neuronal muito antigo, que não só controla as emoções, mas também atua diretamente na regulação dos comportamentos instintivos, das funções viscerais vitais à sobrevivência, e da memória, portanto, com poderes de afetar, alterar ou suprimir estados de percepção, bem como, de forma ainda mais intensiva e delicada, de afetar também as funções executivas do cérebro, perturbando os planejamentos e decisões.

Esse sistema também é conhecido como cérebro emocional. Servan-Schreiber (2004) afirma que esse cérebro emocional controla tudo aquilo que governa o nosso bem-estar psicológico e também grande parte da fisiologia, como o bom funcionamento cardíaco, o sistema digestivo, o sistema imunológico, a pressão arterial, entre tantos outros fatores de continuidade da vida. Portanto, pressões que levem a uma descompensação no seu funcionamento podem ser fatais para a manutenção do estado de saúde do organismo, já que este sistema influencia todos os demais sistemas vitais.

Segundo Rocha (1999), os conceitos contemporâneos de reação a um evento, tentativa de preservar o equilíbrio, busca de estabilidade para a adaptação, estado de desarmonia e tentativa de retorno a homeostase ameaçada, acabam desaguando e/ou sendo vinculados à situação de estresse. E não é demais lembrar que situações que coloquem em risco o organismo e sua sobrevivência acionam imediatamente o sistema límbico-reptiliano, que assumirá o controle da situação, comandando de forma automática ações e reações de longe da consciência, e, se preciso for, chegando a provocar uma ruptura com o sistema cortical, alterando planos e decisões.

Quando o sujeito está com suas funções corticais superiores comprometidas, em função da necessidade de manter o ciclo vital, a percepção sobre as ocorrências do estresse e seu controle está igualmente comprometida. A deterioração do organismo e das suas relações é marcante. É como se o sujeito desaprendesse a tomar conta de suas reações e emoções. Torna-se útil uma intervenção que devolva ao sujeito a capacidade de assumir determinados controles sobre seu SNA, a fim de recuperar a capacidade de identificar sinais e comandar seu organismo no sentido do reequilíbrio da relação tensão-trabalho, minimizando os efeitos do estresse.

BIOFEEDBACK DE VFC, CONTROLE DO ESTRESSE E PROMOÇÃO DA SAÚDE

Por meio da medição do índice de Variabilidade da Frequência Cardíaca de um organismo é possível verificar em que nível esse organismo sinaliza para morbidade ou saúde (Paschoal et al., 2002; Reis et al., 1998). Assim, é possível a utilização da verificação da VFC como importante fator diagnóstico.

Em situações de estresse, o organismo, pelas exigências do ramo simpático do SNA, acelera os batimentos cardíacos e desestabiliza a homeostase do organismo no sentido do alerta e da prontidão para um enfrentamento.

Atualmente, já existem equipamentos de *Biofeedback* de VFC que permitem essa medição e ampliam os recursos para a possibilidade de monitoramento em tempo real, tanto pelo observador como pelo sujeito observado. Por meio dessa visualização em *display*, a pessoa pode ser conduzida a uma tomada de "consciência" sobre como seus pensamentos, sentimentos e treinos de relaxamento, por exemplo, podem afetar diretamente suas respostas fisiológicas para melhor ou para pior. Um exemplo de *display* de monitoramento é apresentado na Figura 4.

Quando o monitoramento é feito sem a participação ativa do observado, a maioria deles mostra dificuldade em acreditar nos resultados, já que a mensuração, sem monitoramento, fica no âmbito da subjetividade, podendo, inclusive, ser tratada como mero efeito placebo. O recurso terapêutico do relaxamento, por exemplo, que tem a capacidade de ampliar a VRC e produzir um estado de coerência cardíaca, nem sempre é adequadamente percebido pelo sujeito, o que pode levar à extinção de um comportamento de treinamento que poderia ser extremamente eficaz para a recuperação ou manutenção de saúde da pessoa.

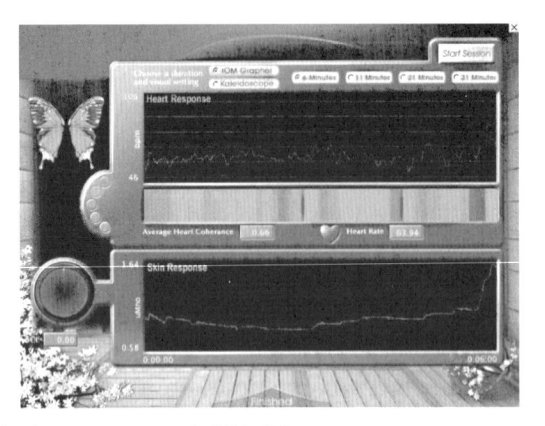

Figura 4: Display de monitoramento de HRV e SCL.
Fonte: Wild Divine (2008)[16].

Considerando as afirmações de Simões e Tiedeman (1985), de que "o ser humano é predominantemente visual" e que "nenhum outro, nem mesmo os outros primatas, têm seu sentido de visão tão desenvolvido e tão versátil", defendemos a ideia de o treinamento em *biofeedback* ganhar poder sempre que for oferecido com o recurso do monitoramento visuoperceptivo.

Pelo fato de o sujeito "ver" que é possível exercer controle sobre seu sistema nervoso, e, por conseguinte, sobre seu estado de estresse, pela experimentação e pelos treinos, devolve a si mesmo um estado de autossuficiência emocional, cognitiva e fisiológica. Fisiologicamente, devolve ao seu organismo um estado ótimo de atividade do sistema nervoso autônomo, o que pode representar melhoras no sistema imunológico, melhoras do

[16] Disponível em: <http://www.wilddivine.com/WildDivineAboutBiofeedback/. Acesso em: 1 jun. 2008.

funcionamento das funções mentais superiores, principalmente as funções de memória e executivas, auto-suficiência no controle dos agentes ansiogênicos extrínsecos, melhora nas relações e interações sociais, aumento da competência em afetividade e emotividade, aumento de produtividade e maior assertividade na tomada de decisões, consequentemente, adquirindo estado de autoestima mais saudável. O mundo deixa de ser um agente de estresse e pode ser visto como um problema a ser resolvido, que gera o estresse necessário à produção de carga hormonal adequada ao estímulo, com capacidade de resiliência e adaptação, estimulando a realização de um trabalho, nos termos já apresentados por Cruz (2006), de uma atividade humana que consome energia para atingir determinados objetivos, envolvendo todo o organismo: físico, cognitivo e psíquico.

Em relação ao profissional que esteja acompanhando o processo e desenvolvendo os treinamentos necessários, o *biofeedback* é igualmente útil, uma vez que permite ao instrutor maior controle sobre a situação em virtude dos resultados observados objetivamente. É possível um protocolo de atendimento e treinamento para lidar inclusive com pessoas com dificuldades ou deficiências visuais, já que as medições levam em consideração as reações fisiológicas associadas ao SNA, ou seja, mesmo que a pessoa não esteja literalmente vendo, ainda sim, será impossível não produzir reações fisiológicas a partir de sentimentos, como, por exemplo, estímulos auditivos, e o equipamento acusará essas reações.

Note-se que, a princípio, o estado acentuado de estresse, o medo e o desconforto são agentes cerceadores à percepção que um sujeito possa fazer tanto do meio quanto de si mesmo; por conseguinte, aumenta as dificuldades de promover reações que permitam ao organismo o retorno a um estado homeostático. O *biofeedback* devolve essa capacidade perceptiva ao sujeito, na medida em que o equipamento é capaz de permitir o confronto desse com suas próprias ações inconscientes.

CONCLUSÃO

O estresse não é o verdadeiro problema. A forma que o organismo usa para fazer o enfrentamento às demandas e situações tensoras é que é o problema. "Tudo é processo – tudo está se movendo e se transformando" (Yontef, 1998).

O controle sobre a frequência cardiorrespiratória permite treinar o organismo para manter-se em estado de coerência frente às exigências tensionais, minimizando os efeitos perniciosos e nocivos do alto nível de estresse, e ao mesmo tempo, permitindo ao organismo manter algum estado de estresse necessário ao cumprimento de suas atividades na interação com os outros e com o meio ambiente. Portanto, esse acompanhamento e treinamento, na verdade, tem seus limites de saúde estendidos para além do indivíduo, passando a irradiar no ambiente, ou seja, é possível atingir um estado de saúde biopsicoambiental.

A tecnologia do *biofeedback* pode capacitar o sujeito, por meio do controle consciente de suas reações fisiológicas, a viver de maneira saudável, mesmo enfrentando situações tensas, permitindo-lhe a retomada da vida em seu ambiente, restabelecendo a ordem das coisas: a máquina servindo ao homem para a melhoria da sua condição de vida, abrindo-lhe as portas para atuar no mundo, sem medos, podendo usufruir da beleza e magnitude da natureza, produzindo estado de espírito que pode levá-lo a harmonizar-se com o ecossistema de forma a torná-lo, e à sua própria vida, autossustentáveis.

O desenvolvimento da capacidade de ampliação da VFC é capaz de maximizar a capacidade de um organismo de lidar com agentes estressores, ampliando a condição de saúde e da qualidade de vida.

Referências

AGUIAR, M. A. F. *Psicologia aplicada à administração* - uma abordagem interdisciplinar. São Paulo: Saraiva, 2006.

CARVALHO, J. L. A. *Sistema para análise da variabilidade da frequência cardíaca*. TCC. Brasília: Universidade de Brasília - UNB, 2002.

CAVALHEIRO, E. A. A nova convergência da ciência e da tecnologia. *Novos Estudos - CEBRAP*, São Paulo, v. 78, p. 23-30, 2007.

CONSOLIM-COLOMBO, F. M.; KRIEGER, E. M. Sistema nervoso simpático e hipertensão arterial. In: *Sociedade Brasileira de Hipertensão*, 2000, 3, p. 86-89.

CRUZ, R. M. Saúde, trabalho e psicopatologias. In B. W. AUED (Ed.), *Traços do trabalho coletivo*. São Paulo: Casa do Psicólogo, 2006. p. 201-233.

____.; SHERER, C. G.; PEIXOTO, C. N. Estresse ocupacional e cargas de trabalho. In ALCHIERI, J. C.; CRUZ, R. M. (Eds.). *Estresse:* conceitos, métodos, medidas e possibilidades de intervenção. São Paulo: Casa do Psicólogo, 2004. p. 37-48.

FERREIRA, A. B. H. (Ed.). *Novo Dicionário Eletrônico Aurélio versão 5.0.* Curitiba, Positivo Informática, 2004.

GIL, R., *Neuropsicologia* 2. ed. São Paulo, Santos: 2005.

GUYTON, A. C.; HALL, J. E. *Tratado de fisiologia médica.* Rio de Janeiro: Guanabara Koogan, 2002.

KANDEL, E. R.; SCHWARTS, J. H.; JESSEL, T. M. *Principles of neural science.* 4. ed.. New York: MacGraw Hill, 2000.

KAWAGUCHI, L. Y et al. Caracterização da variabilidade de frequência cardíaca e sensibilidade do barorreflexo em indivíduos sedentários e atletas do sexo masculino. *Revista Brasileira de Medicina do Esporte,* v. 13, p. 231-236, 2007.

LEHRER, P. M. et al. Heart rate variability biofeedback: effects of age on heart rate variability, baroreflex gain, and asthma. *Chest,* v. 129, n. 2, p. 278-284, 2003.

PASCHOAL, M. A.; PETRELLUZI, K. F. S.; GONÇALVES, N. V. L. Estudo da variabilidade da frequência cardíaca em pacientes com doença pulmonar obstrutiva crônica. *Rev. Ciência Médica,* v. 11, p. 27-37, 2002.

PAULO, M. F.; FARIAS, R. A. C. Análise da variabilidade da frequência cardíaca por meio de técnicas no domínio da frequência. *Iniciação Científica,* v. 1, p. 41-44, 2007.

PRETTO, N.; PINTO, C. D. C. Tecnologias e novas educações. *Revista Brasileira de Educação,* v. 11, p. 19-30, 2006.

QUINA, F. H. Nanotecnologia e o meio ambiente: perspectivas e riscos. *Química Nova,* v. 27, p. 1028-1029.

REIS, A. F. et al. Disfunção parassimpática, variabilidade da frequência cardíaca e estimulação colinérgica após infarto agudo do miocárdio. *Arquivo Brasileiro de Cardiologia*, v. 70, p. 193-199, 1998.

ROCHA, A. F. *O cérebro* - um breve relato de sua função. São Paulo: EINA - Estudos em Inteligência Natural e Artificial, 1999.

SERVAN-SCHREIBER, D. *Curar o stress, a ansiedade e a depressão sem medicamento nem psicanálise.* 14. ed. São Paulo: Sá Editora, 2004.

SILVEIRA, J. M. F. J. D.; BORGES, I. D. C.; BUAINAIN, A. M. Biotecnologia e agricultura: da ciência e tecnologia aos impactos da inovação. *São Paulo em Perspectiva*, v. 19, p. 101-114, 2005.

SIMÕES, E. A. Q.; TIEDEMANN, K. B. Psicologia da percepção. In: RAPPAPORT, C. R. (Ed.). *Temas básicos de psicologia.* São Paulo: E.P.U., 1985. v. 10-I

VILELA, A. L. M. Fisiologia da reprodução. Anatomia e Fisiologia Humanas. Seção: Endócrino. Disponível em: http://www.afh.bio.br/. Acesso em: 05 mar. 2009.

WOLF, M. M. et al. Sinus arrhythmia in acute myocardial infarction. *Med J Aust*, v. 2, p. 52-53, 15 Jul. 1978.

YONTEF, G. M. *Processo, diálogo e awareness.* 2. ed. São Paulo: Summus, 1998.

14

FATORES AMBIENTAIS E GENÉTICOS QUE CONTRIBUEM PARA A OBESIDADE

Talita Lopes Marques[1]

INTRODUÇÃO

A obesidade[2] é uma doença ou faz parte da natureza humana? O que determina se uma pessoa será obesa é o ambiente ou sua predisposição genética? Como ambiente e genética influenciam a obesidade? Para Almeida e Ferreira (2005), a maneira como se compreende a obesidade varia ao longo do tempo, de

---

[1] Mestranda do Programa de Pós-Graduação em Psicologia da Universidade Federal de Santa Catarina, psicóloga, licenciada no Programa RAFCAL (Reeducação afeto-cognitiva do comportamento alimentar); especializações em intervenção cognitiva/teoria da aprendizagem mediada, e em transtornos alimentares e obesidade. Email: talimarques@hotmail.com

[2] A Organização Mundial da Saúde (OMS) define sobrepeso e obesidade como acúmulo anormal ou excessivo de gordura corporal que apresenta risco para a saúde. Uma medida populacional de obesidade é o Índice de Massa Corporal (IMC), calculado pelo peso da pessoa (em quilogramas) dividido pelo quadrado de sua altura (em centímetros). Resultados entre 25 e 30 indicam sobrepeso e acima de 30 obesidade. Sobrepeso e obesidade são os maiores riscos para o desenvolvimento de doenças crônicas como o diabetes, doenças cardiovasculares e câncer. Já foi considerado um problema de países ricos, mas atualmente cresce vertiginosamente em todos os países, inclusive nos pobres. Há evidências de crescimento de risco para doenças crônicas em pessoas com IMC a partir de 21.

acordo com os valores científicos e culturais vigentes. Fortes (2006) exemplifica com a época em que havia muita escassez de alimentos e o homem praticava muita atividade física para conseguir comida. Naquela época, a capacidade de estocar energia em forma de gordura representava uma vantagem em relação à sobrevivência da espécie, ou seja, sobreviviam os indivíduos com maior capacidade de adaptação ao meio. A seleção natural nesses indivíduos permitiu, mediante a evolução das sociedades, o surgimento da obesidade como doença, pois, principalmente nas sociedades industrializadas e com hábitos de vida ocidentalizados, a estocagem de energia em forma de gordura não é mais necessária porque é fácil o acesso aos alimentos.

O avanço tecnológico contribui imensamente para a preservação do gasto de energia, ou seja, para o aumento do sedentarismo (Fortes, 2006). Atualmente tem-se controle remoto, escada rolante, elevadores, diversos aparatos elétricos, eletrodomésticos, facilidade de transporte, entrega domiciliar de alimentos para consumo imediato etc., que fazem com que não se queime calorias com atividades físicas diárias básicas (Felippe, 2003; Molina Jr., Zanella, 2005). Assim, o peso corporal da população global vem aumentando significativamente, muito influenciado pela revolução industrial, que proporcionou o declínio da atividade física e alimentação mais calórica (Fortes, 2006).

A obesidade tem sido considerada por muitos pesquisadores, principalmente da medicina, uma doença[3] crônica,

---

[3] Doença/saúde: para Araújo (2004) saúde é um estado de ausência de doença, sensação de bem-estar resultante do equilíbrio entre os aspectos: biológico, psicológico, social, emocional, mental e intelectual. Pode-se avaliar a saúde segundo um *continuum* composto por pólo positivo (ausência de doenças) e pólo negativo (estar doente). Conforme o *continuum*, as

epidêmica, que reduz a quantidade e a qualidade de vida dos indivíduos (Busse, 2004; Garrido Jr. et al. 2006; Halpern; Mancini, 2002; Nunes et al., 2006; Viuniski, 1999). É o resultado do aporte calórico excessivo de energia obtida nos alimentos em relação ao gasto energético (metabolismo basal, efeito termogênico e atividade física), ou seja, consome-se mais energia do que se gasta, o que favorece o acúmulo dessa energia em forma de gordura (Halpern; Mancini, 2002; Nunes et al., 2006). Esse acúmulo de gordura é, por sua vez, decorrente de hábitos alimentares, estilo de vida, fatores sociológicos e alterações metabólicas e neuro-endócrinas – como os componentes hereditários, por exemplo (Marques-Lopes, 2004; Pereira, 2007). Para Coutinho e Dualib (2006, p. 265), "as mudanças de comportamento alimentar e os hábitos de vida sedentários[4] atuando sobre os genes de susceptibilidade são o determinante principal do crescimento da obesidade no mundo". Muitos autores (Busse, 2004; Coutinho; Dulib, 2006; Garrido Jr. et al., 2006;

pessoas com nível de saúde situadas no pólo positivo apresentam capacidade de aproveitar a vida e superar desafios, já as pessoas com níveis de saúde situados no pólo negativo são caracterizadas pela morbidade (portar alguma enfermidade) ou, em seu extremo, pela mortalidade. Levando-se em consideração que o indivíduo obeso é tolhido de aproveitar a vida e superar desafios devido às suas limitações físicas e comorbidades, pode-se considerá-lo doente.

[4] Sedentarismo: de acordo com o dicionário Aurélio, sedentarismo vem de sedentário + -ismo. Hábitos sedentários; vida sedentária. Sedentário, do latim *sedentariu*: que está comumente sentado; que anda ou se exercita pouco; inativo. Aquele que tem vida sedentária. Para Roeder (2003) é o estilo de vida que não inclui atividades físicas regulares; considera-se sedentário o indivíduo que tenha um gasto calórico semanal em atividades físicas inferior a 500 kcal (além da necessidade basal). De acordo com a OMS, pelo menos 60% da população mundial não cumpre as recomendações de prática de atividade física que resultem em benefícios à saúde. Isso se deve parcialmente à participação ineficiente em atividades físicas nas horas de lazer e ao aumento do sedentarismo nas atividades de trabalho e atividades domésticas. O aumento do uso de formas "passivas" de transporte também está associado ao declínio dos níveis de atividade física.

Halpern; Mancini, 2002; Marques-Lopes, 2004; Nunes et al., 2006; Viuniski, 1999) atestam que a obesidade é resultante de fatores poligênicos complexos e de um ambiente obesígeno[5].

Estudos genéticos têm apresentado descobertas de uma íntima relação entre a biologia humana e a obesidade. Esses estudos mostram como a genética atua na obesidade e como desequilíbrios químicos podem ser responsáveis pelo desenvolvimento dessa doença. A importância do ambiente, entretanto, não é renegada (Cercato, 2006; Claudino; Zanella, 2005; Marques-Lopes, 2004; Nunes et al., 2006; Pereira, 2007).

Diversos estudos (Claudino; Zanella, 2005; Lottenberg, 2002; Nunes et al., 2006; Pereira, 2007), inclusive da psicologia ambiental (Chandon; Wansink, 2002; Sobal; Wansink, 2007; Wansink, 2004; Wells et al., 2007), relatam como a interação do indivíduo com o ambiente podem favorecer o consumo excessivo de alimentos e inatividade física.

O objetivo deste capítulo é discorrer sobre algumas questões genéticas e ambientais intricadas na obesidade e como esses fatores podem desencadear ou manter essa condição.

---

[5] É o ambiente que promove o comer mais do que o necessário. Esse ambiente influencia o comportamento alimentar propiciando fácil acesso aos alimentos (ex.: *bombonieres* espalhadas pela casa recheadas de doces), fartura de alimentos não saudáveis (alimentos industrializados, ricos em gordura e açúcares como salgadinhos, bolachas, balas etc.), travessas, pratos, copos e talheres grandes, propagandas que atrelam alimentos (geralmente "engordativos") a estilos de vida almejados pela população (ex.: pessoas magras fazendo propagandas, como as propagandas de cerveja, de refrigerantes, sopas, *shakes* que prometem emagrecimento etc.).

FATORES GENÉTICOS PRESENTES NA OBESIDADE

Para Cercato (2006), é pela identificação dos genes que favorecem o balanço energético positivo e outros que protegem do ganho de peso que é possível compreender a obesidade. Sob o ponto de vista da evolução[6] filogenética, pessoas com genes "austeros" ou "poupadores" podem ter sido beneficiadas, pois a função reprodutora está relacionada à capacidade de fazer reservas energéticas.

Durante a época de escassez de alimentos, nos primórdios da civilização, pessoas que eram mais resistentes à desnutrição (que tinham maior capacidade de armazenamento de energia) possivelmente sobreviveram em maior proporção (Marques-Lopes, 2004). Para Cercato (2006), a consequência dessa contingência foi a programação do genoma humano para a estocagem do excesso de energia. Sob esse ponto de vista, pode-se compreender a obesidade como consequência da evolução da espécie. A autora acrescenta ainda que a crescente prevalência da obesidade e seu caráter epidêmico parecem estar relacionados também a mudanças ambientais que favorecem o aumento da ingestão calórica e diminuição da atividade física – condições pobremente compensadas pelas características do genoma humano.

---

[6] Conforme Catania (2006), as palavras evolução e revolução derivam do latim *volvere, to roll* (em inglês, rolar): a diferença é que evolução implica *unrolling* (em inglês, desenrolar), ou *rolling out* (em inglês, rolar para fora), e revolução implica *rolling over* (em inglês, rolar sobre) ou *turning around* (em inglês, voltar ao redor de si). A seleção natural pode estar relacionada a *legere*, em latim, *to gather* (em inglês, conseguir) ou *to choose* (em inglês, escolher). O prefixo acrescenta-se à implicação de *weending out from a large number* (em inglês, eliminação ou exclusão de um grande número), em contraste com *bringing together* (em inglês, agrupar ou juntar), implicado pelo *con–*, o prefixo radical da palavra *collection*.

Conforme Uehara e Mariosa (2005), os genes influenciam a manutenção da estabilidade do peso e da gordura corporal ao longo do tempo por meio da sua participação no controle de vias eferentes (leptina, nutrientes, sinais nervosos, entre outros), de mecanismos centrais (neurotransmissores hipotalâmicos) e de vias aferentes (insulina, catecolaminas, sistema nervoso autônomo). Assim, de acordo com Coutinho e Dualib (2006), o balanço energético, do qual participam a energia ingerida e a energia gasta, parece depender cerca de 24 a 40% da herança genética, podendo afetar ambas as partes da equação energética (apetite e gasto energético).

As doenças que têm sua origem na genética podem ser divididas em: 1) alterações cromossômicas; 2) doenças monogênicas ou de transmissão mendeliana e 3) síndromes multifatoriais ou complexas. As síndromes multifatoriais ou complexas geralmente afetam vários genes (poligênicos) e sua manifestação pode decorrer de fatores ambientais. Sendo a obesidade um transtorno de origem múltipla, pode ser explicada, em alguns casos, como resultado de uma doença de origem multifatorial com implicações genéticas (Marques-Lopes, 2004). A autora afirma que o avanço científico aponta para a existência de uma base genética transmissível que determina a manutenção de um peso corporal estável, por meio dos seguintes mecanismos: 1) no controle de péptidos e monoaminas presentes na regulação do apetite; 2) nas variações do metabolismo basal, no efeito termogênico dos alimentos ou na atividade física espontânea e 3) na regulação da utilização metabólica dos nutrientes energéticos, para suprir as necessidades do organismo.

Outro fator que corrobora a relação entre biologia e obesidade é a coexistência de vários casos de obesidade em uma mesma família, confirmando a ação da herança genética na incidência da obesidade. Estudos afirmam que, quando ambos os pais são obesos, estima-se uma probabilidade de 50 a 80% de que os filhos também o sejam (Halpern; Mancini, 2002). Os principais estudos da genética da obesidade incluem os estudos de segregação de núcleos familiares, de adoção, entre gêmeos e de associações genéticas, e suportam a teoria de que descendentes de pessoas obesas são mais predispostos a ela (Cercato, 2006; Halpern; Mancini, 2002; Marques-Lopes, 2004).

Com a evolução das pesquisas genéticas, descobriu-se que pessoas que desenvolvem a obesidade de início precoce e severa são fortemente influenciadas pela genética; sua massa adiposa é determinada por ela. Assim como estudos de adoção apontam para a distinção da influência biológica (pais biológicos e seus filhos compartilham os fatores genéticos) e ambiental (pais adotivos e seus filhos adotados compartilham o ambiente). Pesquisas nesse âmbito mostram uma relação significativa entre o índice de massa corporal (IMC) dos pais biológicos e dos filhos adotados, não sendo observada a mesma relação entre os filhos adotivos e os pais adotivos. Esses achados não descartam a importância do ambiente na gênese da obesidade, mas confirmam que há uma diferença na predisposição ao ganho de peso entre pessoas que habitam um mesmo ambiente, e essa predisposição é geneticamente determinada (Cercato, 2006).

As pesquisas genéticas estão caminhando para o descobrimento do perfil genético da obesidade, porém, enquanto não se descobre a totalidade desse perfil, partes fundamentais já são conhecidas. Sabe-se, por exemplo, que, assim como camundongos, os humanos possuem um fenótipo da agitação, ou seja, há uma molécula no gene humano que predispõe a pessoa à agitação motora. Exemplo disso são as pessoas que ficam chacoalhando as pernas ou batucam coisas sem parar. A consequência dessa agitação é o maior gasto de energia em relação às pessoas menos agitadas. Essa inquietação motora dificulta que esse indivíduo desenvolva obesidade em decorrência de hábitos alimentares inadequados (Treier et al., 2007).

Em estudo no qual foram examinados dados de 40 mil pessoas, constatou-se uma relação positiva entre mutação no gene FTO e o peso corporal. Nesse estudo, observou-se que pessoas com apenas uma cópia da variação "gorda" do FTO tiveram risco 30% maior de serem obesas comparadas àquelas sem nenhuma cópia de variação do gene. As que tinham duas cópias do gene mudado apresentavam risco 70% maior e, além disso, eram cerca de três quilos mais gordas do que as pessoas sem nenhum gene. Esse é o primeiro gene que confirma a susceptibilidade genética à obesidade. Essas descobertas sugerem que apesar de as melhorias no estilo de vida serem fundamentais para a diminuição da obesidade, algumas pessoas podem ter mais dificuldade para perder peso por causa dos seus genes (McCarthy et al., 2008).

Cercato (2006) relata estudos em que pesquisadores analisaram os genomas de mais de 90 mil pessoas e foi descoberta uma variante próxima ao gene MC4R que está ligado à predisposição ao acúmulo de gordura corporal. Ainda não está clara a influência dessa variante na expressão ou na função do MC4R, contudo, já foi constatada a relação entre mutações desse gene e casos raros de obesidade infantil. Diversos grupos de mutações no MC4R têm sido identificados em diferentes grupos étnicos. Percebe-se que indivíduos que possuem essa mutação apresentam melhoras fenotípicas da doença com o tempo, sendo que adultos apresentam fome menos intensa e são menos hiperinsulinêmicos que crianças.

Em seu artigo, a autora supracitada destaca ainda diversos genes que estão sendo estudados pela suspeita de relação com a obesidade. Esses estão ligados a regulação da ingestão alimentar no sistema nervoso central, modulação da insulina e metabolismo da glicose em tecidos alvo e o gasto energético, metabolismo lipídico e metabolismo do tecido adiposo. Esses estudos são significativos, pois contribuem para um diagnóstico mais acurado e, consequentemente, escolha mais adequada de tratamento. Além disso, as alternativas de tratamento estão evoluindo concomitantemente, dentre as quais as denominadas terapias genéticas, que tendem a favorecer não só o tratamento, mas também a prevenção deste transtorno.

FATORES AMBIENTAIS RELACIONADOS À OBESIDADE

Embora muitas pesquisas acerca das relações genéticas entre graus de parentesco e presença de obesidade sejam significativas, não se pode esquecer que as famílias compartilham de outros fatores que interferem no surgimento da obesidade, como o estilo de vida, os hábitos alimentares e o ambiente (Marques-Lopes, 2004).

Diversos estudos sobre a obesidade defendem a interação genética e ambiental como a maior determinante para a ocorrência dessa doença (Cercato, 2006; Claudino; Zanella, 2005; Marques-Lopes, 2004; Nunes et al., 2006; Pereira, 2007).

Ambas variáveis apresentam estudos ainda muito recentes sobre a abrangência de sua influência nesse contexto.

Em pesquisa realizada por Idaghdour, Storey e Gibson (2008), esperava-se constatar a supremacia genética sobre o ambiente. Contudo, com o objetivo de comparar três grupos geneticamente homogêneos que vivem em lugares diferentes do Marrocos, para avaliar a influência dos hábitos de vida (como dieta, ocupação e estresse) não foram encontrados os resultados esperados. Os pesquisadores esperavam encontrar em torno de 5 a 10% de divergência nos perfis das três populações em questão, divergências estas que seriam as "assinaturas geográficas" (influência do ambiente local) ou culturais (dieta, estilo de vida). O estudo revelou cerca de 30% dessas divergências que comprovam como as condições de vida podem afetar o funcionamento do corpo de uma pessoa. Os autores concluem que a compreensão da influência do ambiente sobre a pessoa é a via para desvendar a origem de diversas doenças da humanidade, uma vez que, por ser uma espécie jovem, ainda não desenvolveu defesas contra doenças decorrentes do seu ambiente.

No que se refere à interação pessoa-ambiente e a obesidade, os primeiros estudos da psicologia ambiental sobre o tema eram direcionados a como os ambientes influenciam a prática de atividades físicas. Nos últimos anos, essa área emergente da psicologia vem ampliando e aprofundando seus estudos sobre ambiente-obesidade, investigando como os ambientes podem influenciar duas esferas centrais: 1) os ambientes influenciam as pessoas a ter uma alimentação saudável (abrangendo desde as escolhas dos alimentos até o ato de comer); e 2) os ambientes incentivam ou não a prática de atividades físicas, ou seja, o gasto ou acúmulo de energia (Sobal; Wansink, 2007; Wansink, 2004).

Wells et al. (2007) ressaltam a importância dos ambientes no estudo da obesidade baseando-se em três áreas temáticas: 1) modelo ecológico do comportamento, no qual ambiente é tudo que está fora do sujeito e abrange desde o vestuário, apresentação e embalagens dos alimentos, tecnologias, até as construções, áreas naturais, vizinhança e desenhos urbanos; 2) balanço energético, composto por duas faces, que são a entrada de energia (consumo dietético) e a saída de energia (gasto calórico); 3) a terceira área refere-se a como os ambientes físicos podem funcionar como barreiras ou promotores da alimentação saudável e prática de atividades físicas.

A Figura 1 ilustra um quadro conceitual que integra essas três perspectivas. Fatores da perspectiva ecológica (fatores biológicos, demográficos, socioculturais, organizacionais e políticas) são considerados, contudo, não são escopo da leitura da psicologia ambiental na temática da obesidade.

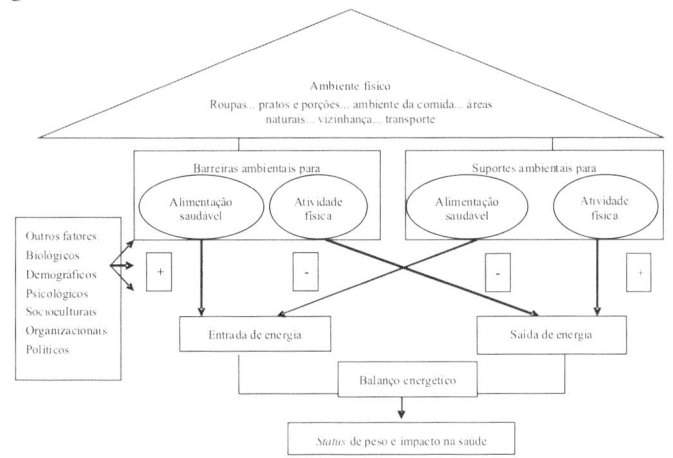

Figura 1: Quadro conceitual que relaciona o ambiente com resultados de peso e saúde.
Fonte: adaptado e traduzido a partir de Wells et al., 2007, p. 9.

Como mostra a Figura 1, características do ambiente físico que funcionam como barreiras para alimentação saudável e atividade física estão associadas ao aumento da entrada de energia e diminuição da saída de energia, o que promove um acúmulo de calorias no organismo, em forma de gordura, e consequente ganho de peso. O oposto é verdadeiro: características ambientais que promovem atividades físicas e alimentação saudável estão relacionadas à menor entrada de energia e maior gasto calórico, tornando o balanço energético mais provável. Por sua vez, o balanço energético está associado ao *status* do peso (peso saudável, sobrepeso ou obesidade) e riscos para a saúde (Wells et al., 2007). Os autores supracitados asseguram que esse quadro conceitual não pretende sugerir um determinismo da perspectiva ambiental, mas apenas que as barreiras e suportes do comportamento saudável tornam tais comportamentos mais ou menos prováveis.

Sobal e Wansink (2007) segmentam a influência dos ambientes construídos em escalas, macro e microescala, que interferem no tipo e na quantidade de alimentos consumidos. A macroescala do sistema alimentar e os cenários dos alimentos (*food landscape)* estão relacionados à escolha dos alimentos, são os locais onde os alimentos são adquiridos (ex.: supermercado, panificadora, praça de alimentação etc.). A microescala, que engloba as peças/ambientes, mobiliário, recipientes e objetos, influencia o consumo alimentar.

Esses autores fazem uma revisão de literatura contemplando quatro áreas da microescala que, segundo eles, têm um alto poder de influência, mas que são frequentemente desconsideradas. São elas: cenário da cozinha (*kitchenscapes*), que está relacionado ao consumo alimentar e é influenciado pela variedade, disponibilidade e visibilidade dos alimentos; cenário da mesa (*tablescapes*), influenciado pela variedade, abundância e acessibilidade aos alimentos; cenário do prato (*platescape*), influenciado pela porção ou tamanho das embalagens, organização dos alimentos e tipos de utensílios utilizados; e cenário do alimento (*foodscapes*), influenciado pelo formato e apresentação da comida.

O Quadro 1 ilustra a microescala no que diz respeito à abrangência da escala, ao exemplo de cenários e à definição.

Escala	Exemplo de cenários	Definição
Ambiente/ peça	Cozinha	Vista ou aparência do ambiente ou espaço limitado onde o alimento é consumido
Mobiliário	Mesa	Vista ou aparência do móvel ou superfície de onde o alimento é consumido
Recipiente	Prato	Vista ou aparência do recipiente de onde o alimento é consumido
Objeto	Alimento	Vista ou aparência do que foi preparado e será consumido

Quadro 1: Microescala – cenários influenciando a ingestão de alimentos.
Fonte: Sobal; Wansink, 2007.

Wansink e Sobal (2007) conduziram dois estudos que tinham por objetivo investigar quão conscientes as pessoas estão sobre suas decisões alimentares e como o ambiente as influencia. O primeiro estudo constatou que os 139 participantes subestimavam o número de decisões alimentares que eles tomavam, em uma média de mais de 221 decisões. O segundo estudo examinou 192 pessoas que se serviam e comiam 31% mais comida do que o grupo controle, como resultado de estar em um ambiente obesígeno (com pratos maiores, por exemplo). Corroboram os resultados da segunda pesquisa os estudos de Young e Nestlé (2002, citado por Coutinho e Dualib 2006), que confirmam haver uma aparente relação entre o aumento do consumo calórico e o crescimento progressivo das porções nas últimas décadas. Com esses resultados, Wansink e Sobal (2007) constataram que 21% dos participantes negaram ter comido mais, 75% atribuíram esse comportamento a outras razões, como fome, e apenas 4% atribuíram à influência do ambiente. Os autores concluem dois pontos: 1) as pessoas têm consciência de apenas uma fração de suas escolhas alimentares, ou seja, comem sem consciência (*mindless eating*) e 2) as pessoas não têm consciência de como o ambiente influencia essas decisões ou não querem se dar conta disso.

Wansink (2004) criou um esquema que elucida como o ambiente influencia no comportamento de se servir de muita comida e de comer demais, que foi adaptado por Wansink e Sobal em 2007.

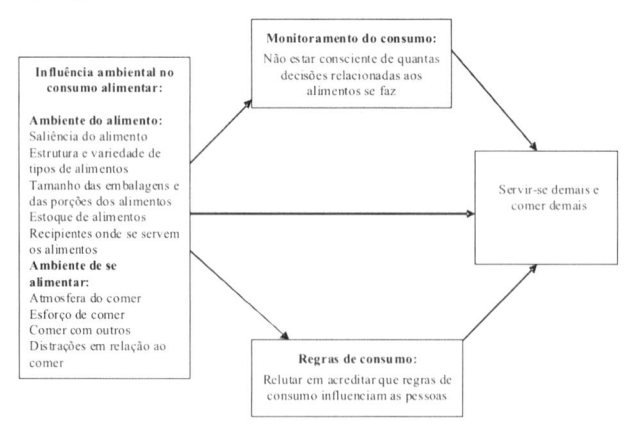

Figura 2: Influências ambientais no servir-se e comer demais. Fonte: Wansink & Sobal, 2007.

Conforme a Figura 2, o ambiente do alimento está relacionado diretamente aos fatores referentes a como o alimento foi preparado e é apresentado, além da saliência, tamanho das porções e embalagens, se há estoque de alimentos e como ele é servido (Chandon; Wansink, 2002; Wansink, 2004). O ambiente de se alimentar refere-se aos fatores ambientais que são independentes do alimento em si; são a atmosfera, o esforço em conseguir o alimento, a hora do dia, as relações sociais que acontecem no momento de alimentar-se e as distrações que podem acontecer (Birch; Fisher, 2000).

Observa-se, na Figura 2, o monitoramento do consumo, que é importante para se conscientizar sobre a discrepância entre o quanto se come e o quanto se pensa que come, no que diz respeito ao número de vezes que a pessoa decide iniciar ou finalizar o ato de comer. É comum as pessoas pensarem que a quantidade do que irão comer não é influenciada por regras de consumo, contudo, há certas normas que influenciam o comportamento alimentar: "guardar espaço para a sobremesa", comer o pacote todo, como se portar na presença de outras pessoas são exemplos dessas normas (Wansink; Sobal, 2007).

Ainda em relação ao consumo dos alimentos, Lottenberg (2002), em seus estudos, constatou que as pessoas, em geral, selecionam seus alimentos primeiramente pelo sabor, seguindo pelo custo, conveniência e por último pelo valor nutricional. A autora ressalta ainda que os alimentos industrializados e a frequência de consumo de *fast-food* têm aumentado a ingestão de gordura. É possível observar nos lanches escolares, consumidos por crianças e adolescentes, que fornecem em média 500 a 700 kcal, sendo que em torno de 50% destas calorias estão dispostas em forma de gordura.

Se nos focarmos apenas nos fatores ambientais, é perceptível que os ambientes exercem uma influência muito grande na gênese da obesidade. Contudo, esses estudos são muito recentes, o que significa que essa etiologia possivelmente não se confirme para muitos casos de obesidade, pois esta é composta por causas multifatoriais. Entretanto, é muito importante saber como os ambientes influenciam na promoção ou prevenção de doenças, pois é possível intervir neste cenário, amenizando um quadro ou mesmo exercendo prevenção primária. Estudos nesse sentido são necessários para se confirmar ou refutar essas hipóteses.

Conclusão

A obesidade parece ser tanto uma doença quanto uma condição humana, pois a capacidade genética de armazenamento de gordura foi selecionada filogeneticamente quando essa característica era necessária. Contudo, como a maioria da sociedade moderna (em especial as do ocidente ou com hábitos de vida ocidentalizados) não mais sofre com escassez de alimentos, essa característica não é mais necessária. Porém, essa adaptação do genoma humano ainda não aconteceu, de tal forma que muitos indivíduos que tem capacidade de estoque de gordura ainda o fazem, e o resultado disso são doenças decorrentes do excesso de peso; assim, a obesidade pode ser considerada uma doença.

Genética e ambiente exercem papéis distintos, mas de igual relevância no desencadeamento ou manutenção da obesidade. A genética está relacionada, entre outros fatores, à susceptibilidade ao ganho de peso ou redução do gasto de energia. O ambiente relaciona-se principalmente a como certas características suas são capazes de influenciar tanto positiva quanto negativamente no comportamento alimentar e na prática de atividades físicas. E é nesse contexto que os psicólogos podem atuar para promover maior bem-estar e qualidade de vida dessas pessoas em ambientes nos quais estão inseridos. Ambas as áreas são relativamente recentes no estudo da obesidade e podem contribuir muito para estudos que vislumbrem alternativas de tratamento e, principalmente, de prevenção primária.

REFERÊNCIAS

ALMEIDA, B. de; FERREIRA, S. R. G. Epidemiologia. In: CLAUDINO, A. de M.; ZANELLA, M. T. *Guias de medicina ambulatorial e hospitalar*: UNIFESP/Escola Paulista De Medicina. São Paulo: Manole, 2005. p. 185-193.

ARAÚJO, D. S. M. S. *Corpo e movimento:* percepção corporal e aptidão física. Rio de Janeiro: Revinter, 2004.

BIRCH, L. L., FISHER, J. O. Mother's child-feeding practices influence daughter's eating and weight. *American Journal of Clinical Nutrition*, v. 71, p. 1054-1061, 2000.

BUSSE, S. de R. *Anorexia, bulimia e obesidade*. Barueri: Manole, 2004.

CATANIA, A. C.. *Aprendizagem:* comportamento, linguagem e cognição. 4. ed. Porto Alegre: Artmed, 2006.

CERCATO, C. Perspectivas dos conhecimentos genéticos para a compreensão e tratamento da obesidade. *Einstein*, supl1: S14-S17, 2006.

CHANDON, P.; WANSINK, B. When are stockpiled products consumed faster? A convenience-salience framework of post-purchase consumption incidence and quantity. *Journal of Marketing Research*, v. 39, p. 321-335, 2002.

CLAUDINO, A. de M.; ZANELLA, M. T. (Org.). *Guias de medicina ambulatorial e hospitalar UNIFESP/Escola Paulista de Medicina: transtornos alimentares e obesidade*. Barueri: Manole, 2005.

COUTINHO, W.; DUALIB, P. Etiologia da obesidade. In: NUNES, M. A. et al. (Org.) *Transtornos alimentares e obesidade*. 2. ed. Porto Alegre: Artmed, 2006. p. 265-272.

FELIPPE, F. *Obesidade zero:* a cultura do comer na sociedade de consumo. Porto Alegre: Sulina, 2003.

FORTES, M. Atividade física no tratamento da obesidade. In: NUNES, M. A. et al. (Org.). *Transtornos alimentares e obesidade*. 2. ed. Porto Alegre: Artmed, 2006. p. 299-314.

GARRIDO Jr., A. B. et al.. *Cirurgia da obesidade*. São Paulo: Atheneu, 2006.

HALPERN, A.; MANCINI, M. C. *Manual de obesidade para o clínico*. São Paulo: Roca, 2002.

IDAGHDOUR, Y. et al. A genome-wide gene expression signature of environmental geography in leukocytes of moroccan amazighs. *Plos genet*, v. 4, n. 4, 2008.

LOTTENBERG, A. M. P. Influência do meio ambiente na gênese da obesidade. In: HALPERN, A.; MANCINI, M. C. *Manual de obesidade para o clínico*. São Paulo: Roca, 2002. p. 45–59.

MARQUES-LOPES, I. et al. Aspectos genéticos da obesidade. *Rev. Nutr.*, Campinas, v. 17, p. 3, 2004.

Mc CARTHY, M. et al. Common variants near MC4R are associated with fat mass, weight and risk of obesity. *Nature Genetics*, v. 40, p. 768-775, 1 jun. 2008.

MOLINA Jr, S.; ZANELLA, M. T. Atividade física no tratamento da obesidade. CLAUDINO, A. de M.; ZANELLA, M. T. (Org.). *Guias de medicina ambulatorial e hospitalar Unifesp/ Escola Paulista de Medicina:* transtornos alimentares e obesidade. Barueri: Manole, 2005. p. 253–258.

NUNES, M. A. et al. *Transtornos alimentares e obesidade*. 2. ed. Porto Alegre: Artmed, 2006. p. 416.

PEREIRA, E. de A. *Prática interdisciplinar na cirurgia bariátrica*. São Borja: Conceito, 2007.

ROEDER, M. A. *Atividade física, saúde mental e qualidade de vida*. Rio de Janeiro: Shape, 2003.

SOBAL, J.; WANSINK, B. Kitchenscapes, tablescapes, platescapes, and foodscapes: influences of microscale built environments on food intake. *Environment and Behavior*, v. 39, p. 124, 2007.

TREIER, M. et al. A role for brain-specific homeobox factor bsx in the control of hyperphagia and locomotory behavior. *Cell Metabolism*, v. 5, n. 6, p. 450-463, Jun. 2007.

UEHARA, M. H.; MARIOSA, L. S. S. Etiologia e história natural. In: CLAUDINO, A. de M.; ZANELLA, M. T. (Org.). *Guias de medicina ambulatorial e hospitalar UNIFESP/Escola Paulista de Medicina:* transtornos alimentares e obesidade. Barueri: Manole, 2005. p. 195-2001.

VIUNISKI, N. *Obesidade infantil:* guia prático. Rio de Janeiro: Epub, 1999.

WANSINK, B. Enviromental factors that increase the food intake and consumption volume of unknowing consumers. *Annual Review of Nutrition*, v. 24, p. 455-479, 2004.

WANSINK, B.; SOBAL, J. Mindless eating: the 200 daily food decisions we overlo. *Environment and Behavior*, v. 39, p. 106, 2007.

WELLS, N. M. et al. Environment, design, and obesity: opportunities for interdisciplinary collaborative research. *Environment and Behavior*, v. 39, p. 6, 2007.

Dados sobre os autores

Ariane Kuhnen - Professora do Departamento de Psicologia do Programa de Pós-Graduação em Psicologia.

Roberto Moares Cruz - Professor do Departamento de Psicologia do Programa de Pós-Graduação em Psicologia.

Emilio Takase - Professor do Departamento de Psicologia do Programa de Pós-Graduação em Psicologia.

Ricardo Carlos Hartmann - Psicólogo, mestrando em Arquitetura e Urbanismo (PósARQ/UFSC).

Carlos Loch - Coordenador do Laboratório de Fotogrametria, Sensoriamento Remoto e Geoprocessamento (LabFSG/UFSC).

Jeovane Gomes de Faria - Psicólogo, especialista em Atenção Psicossocial em Saúde Mental e em Psicologia da Saúde.

Maíra Longhinotti Felippe - Mestranda do Programa de Pós-Graduação em Psicologia da Universidade Federal de Santa Catarina, Arquiteta, servidora pública estadual.

Luana dos Santos Raymundo - Psicóloga, mestranda do Programa de Pós-Graduação em Psicologia da Universidade Federal de Santa Catarina.

Igor Reszka Pinheiro - *Designer*, especialista em Educação, mestrando do Programa de Pós-Graduação em Psicologia da Universidade Federal de Santa Catarina.

Luciana Rabello Silva - Psicóloga, especialista em Gestão de Pessoas nas Organizações.

Mariana López - Mestranda do Programa de Pós-Graduação em Psicologia da Universidade Federal de Santa Catarina, psicóloga. Pós-graduada em Neuropsicologia Clínica, pelo Instituto Catarinense de Terapia Cognitiva, Florianópolis.

Caroline Di Bernardi Luft - Graduada em Educação Física, especialista em Neuropsicologia, mestre em Ciências do Movimento Humano e doutoranda do Programa de Pós-Graduação em Psicologia da Universidade Federal de Santa Catarina.

Pedro Paulo Mendes Sbissa - Psicólogo, mestrando do Programa de Pós-Graduação em Psicologia da Universidade Federal de Santa Catarina.

Roberte Araújo Metring - Psicólogo, professor *ad hoc* do Instituto Brasileiro de Pós-Graduação e Extensão (IBPEX).

Talita Lopes Marques - Mestranda do Programa de Pós-Graduação em Psicologia da Universidade Federal de Santa Catarina, psicóloga, licenciada no Programa RAFCAL (Reeducação Afeto-Cognitiva do Comportamento Alimentar), especializações em Intervenção Cognitiva/Teoria da Aprendizagem Mediada e em Transtornos Alimentares e Obesidade.